HENRIK PFEIFER

Aktfotografie zu Hause

Der Einstieg in die Aktfotografie
Grundlagen, Bildideen und Anleitungen

Leicht erklärt – perfekt für Anfänger

humboldt

INHALT

VORWORT

Träume sind keine Schäume

Du hast in einem Magazin oder einem Bildband tolle erotische Fotos gesehen und würdest selbst gerne so fotografieren können? Du fragst dich, wie und wo das geht?

Schnell sind wir mit unseren Vorstellungen an einem Traumstrand in der Karibik oder einer Luxussuite eines Fünfsternehotels in Las Vegas. Wir sehen unser Model vor einer weiten Wüste im Abendrot auf einem Elefanten reiten und mit Kleopatra in einem goldenen Tempel in Milch baden. Seine bronzene Haut gleitet weich über ein Leopardenfell, um sich am Horizont in der Ferne zu verlieren ... Und noch schneller als die Fan-

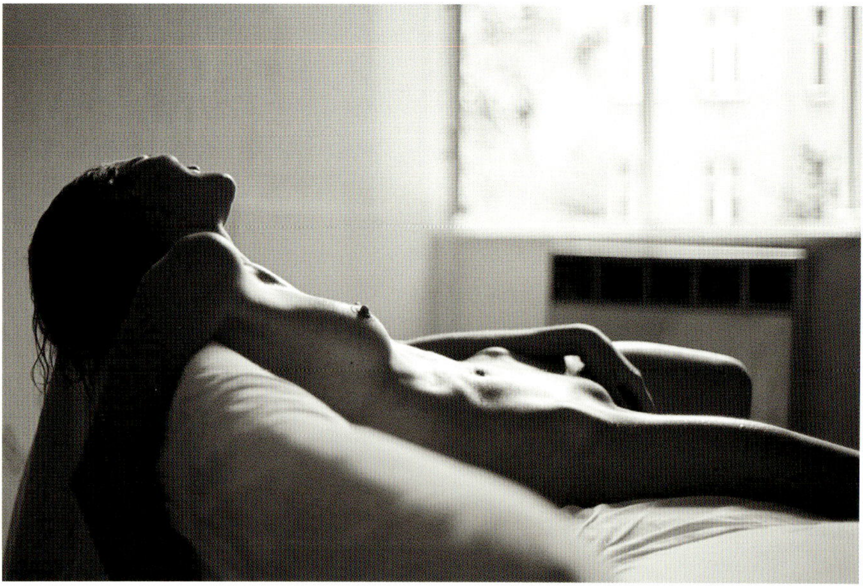

tasie uns eingelullt hat, sitzen wir wieder auf unserer heimischen Wohnzimmergarnitur und können uns nicht vorstellen, wie wir ohne eine solche Traumlocation auch nur ansatzweise an unseren Tagtraum herankommen können.

Träume sind keine Schäume! Träume sind da, um realisiert zu werden!

Und genau darum geht es in diesem Buch. Mit vielen praktischen Beispielen, Workshops und Anleitungen sollst du Ideen bekommen, wie du in deinen eigenen vier Wänden schöne Fotos machen kannst. Dieses Buch soll dir eine Inspiration geben, mit deinen Möglichkeiten deine Träume umsetzen zu können. Es muss nicht zwangsweise die Designsuite im Grandhotel sein und auch nicht die professionellste Studiolichtanlage. Ein Baustrahler oder eine alte Super-8-Filmleuchte tun es auch. Und sehr oft reicht schlicht und ergreifend das vorhandene Tageslicht oder die Nachttischlampe im Schlafzimmer.

Anhand meines eigenen Werdegangs will ich dir einige Möglichkeiten zeigen, die ich selbst ausprobiert habe. Außerdem zeige ich aber auch eine Menge sehr unterschiedlicher Beispiele anderer Fotografen und ihre Wege zu ihrem Ziel.

Über mich

Mit 16 wollte ich Starfotograf werden und für große Modemagazine und den „Playboy“ fotografieren. Meine gleichaltrige Cousine und deren Freundinnen verfolgten den gleichen Traum als Model. So stylten sich die Mädchen auf dem heimischen Garagenhof, und ich beleuchtete das Szenario mit einer alten Super-8-Filmleuchte meines Opas. Zu diesem Zeitpunkt war ich mir nicht darüber im klaren, dass man Licht auf unterschiedliche

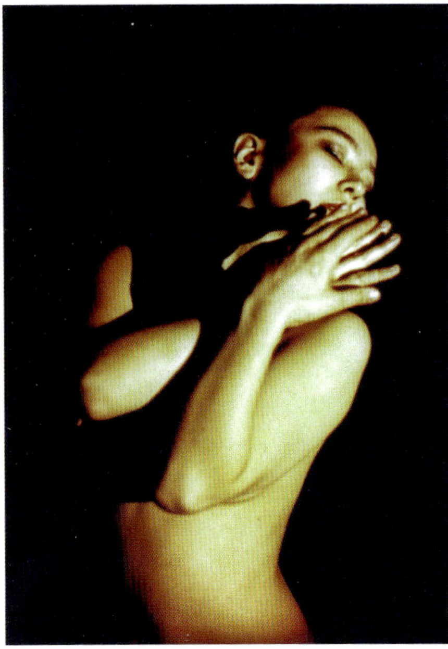 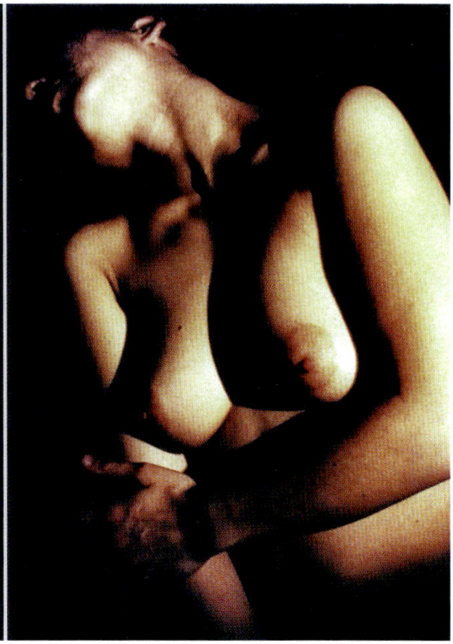

Art und Weise einsetzen kann und dadurch sehr unterschiedliche Wirkungen zustande kommen können. Mir ging es ausschließlich darum, dass es hell genug war, um das Filmmaterial belichtet zu bekommen.

Ich arbeitete ausschließlich mit der Vollautomatikeinstellung meiner Spiegelreflexkamera und hatte nicht den blassesten Schimmer, was es für einen Unterschied macht, wenn ich die Blende oder die Brennweite verändere. Wo ich die eine Lampe aufstellte, die ich damals zur Verfügung hatte, hing in erster Linie davon ab, wie lang das Verlängerungskabel war und wie nah ich damit an meine Location herankam. Alles war also sehr willkürlich.

Ein paar Jahre später entdeckte ich dann als Lichtquelle den Diaprojektor meiner Eltern. Ein alter schwarzer Theatersamt, ein Reststück, das

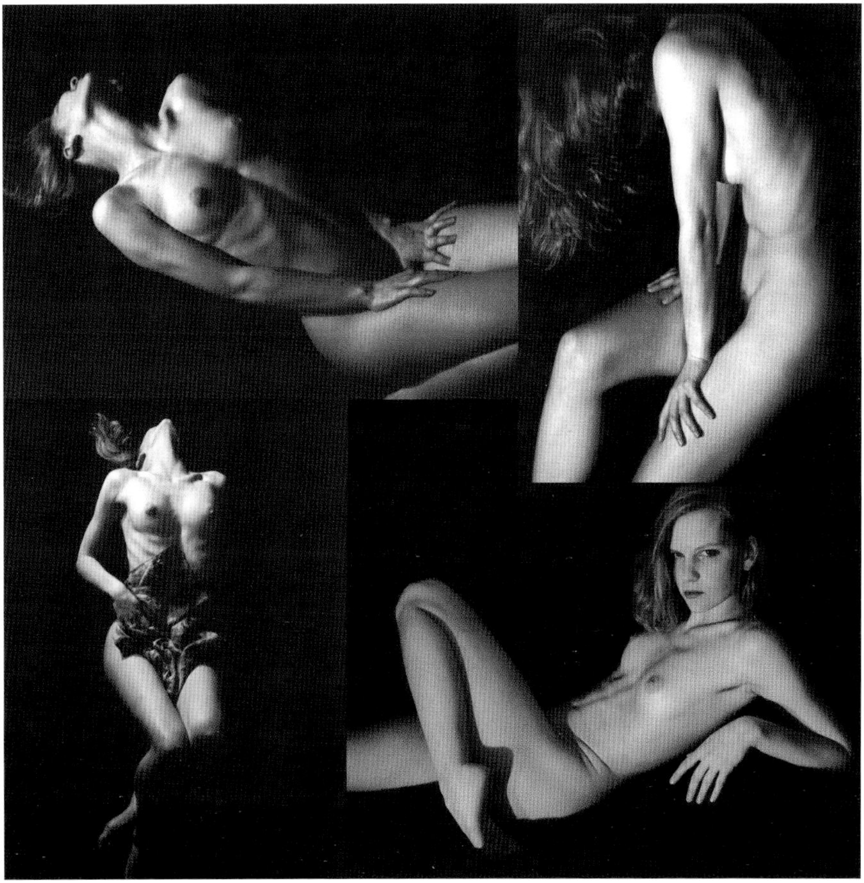

ich aus dem Fundus eines Theaters mitnehmen durfte, wurde mein Hintergrund. Eine Schulfreundin war mein erstes Aktmodel.

Erneut bewaffnet mit der Super-8-Filmleuchte fing ich mich an zu bewegen, und die Lampe diente auf einmal nicht einfach nur als Lichtquelle, sondern wurde zum Gestaltungswerkzeug.

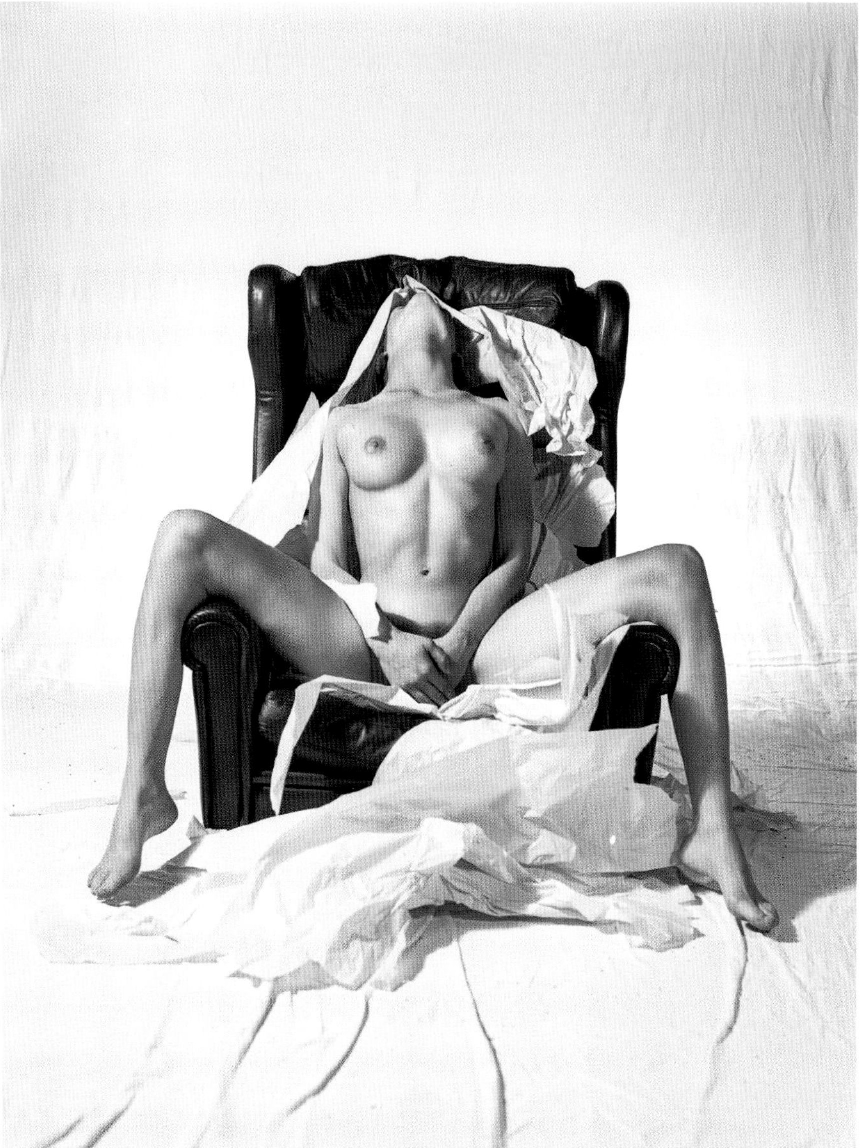

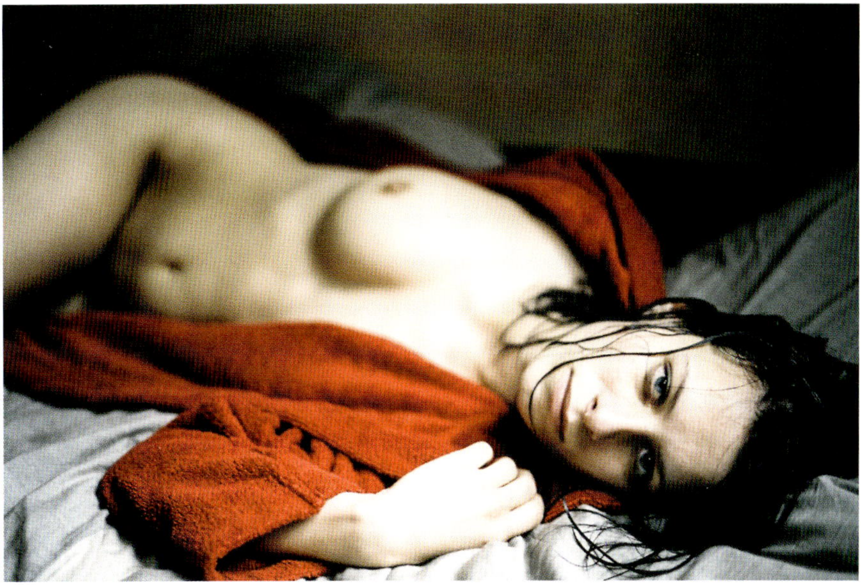

Mit dem Licht zu spielen wurde zu einer spannenden Entdeckungsreise, die mich bald dazu brachte, eine Blitzanlage haben zu wollen. Ich kaufte mir eine kleine mobile Blitzanlage und gleich eine professionelle Mittelformatkamera dazu, mietete ein kleines Studio und fing an, mit zwei Blitzköpfen vor dem schwarzen Samt und einem großen weißen Tuch, das aus mehreren alten Bettlaken zusammengenäht war, zu experimentieren.

Jetzt kam ich mir vor wie der Starfotograf, der ich immer sein wollte. Inmitten der für meine damaligen Verhältnisse vielen Technik sah ich mich als einen der großen Fotografen, der jetzt nur noch entdeckt werden müsse.

Als ich alles wieder verkaufen musste, da ich kein Geld mehr hatte, um meine Miete zu bezahlen, war ich gezwungen, mit Tageslicht zu arbeiten, und fing quasi wieder von vorne an. Erst jetzt entdeckte ich, was passiert, wenn man mit der Blende spielt, und dass es eine Wirkung hat, wie man sein Model zum Licht positioniert.

Zusammenfassend kann man sagen, dass ich gelernt habe, dass man nicht zwangsweise viel braucht, um zu einem guten Ergebnis zu kommen. Wichtig ist, dass man weiß, was man tut. Also will ich dir Mut machen, deine eigenen Erfahrungen zu machen, und dich anregen, einfach auszuprobieren, was geht. Letzten Endes muss jeder seinen eigenen Weg finden. Öffne deine Sinne, erweitere dein Bewusstsein, werde kreativ und entdecke deine Möglichkeiten. In diesem Sinne viel Spaß mit dem Buch und beim Experimentieren.

Henrik Pfeifer
www.henrik-pfeifer.de

WELCHE KAMERA BRAUCHE ICH?

Im Prinzip lässt sich mit jeder Kamera ein gutes Foto machen. Sogar mit dem Handy ist jedem bestimmt schon mal ein tolles Bild gelungen. Daher möchte ich in erster Linie dazu aufmuntern, erst mal mit dem anzufangen, was man hat.

Wichtig ist, dass deine Kamera es zulässt, im manuellen Modus zu arbeiten, damit du die in den folgenden Kapiteln beschriebenen Einstellungsmöglichkeiten wie Verschlusszeit und Blende selbst vornehmen kannst. Ratsam ist grundsätzlich eine Kamera, bei der man die Objektive wechseln kann, damit man, je nachdem, was man fotografieren möchte, das richtige Objektiv dazu wählen kann.

Die Wahl des Objektivs

Meistens werden Kameras gleich mit Objektiv in einem Paket angeboten. Um einen verlockenden Preis anbieten zu können, ist dann meistens das Objektiv von minderwertiger Qualität. Je nachdem, was für ein Budget zur Verfügung steht, empfehle ich in jedem Fall, nicht an dem Objektiv zu sparen. Canon, Nikon oder Sony bieten zum Beispiel eine Spiegelreflexkamera um die 400 Euro an. Das Standardobjektiv, das meistens mit angeboten wird, ist ein 18–55-mm-Objektiv, dass keine 200 Euro kostet und meines Erachtens noch viel weniger wert ist, da es leider nicht wirklich glücklich macht. Wer solch ein Objektiv nun hat, der soll damit auch ruhig erst mal arbeiten. Wenn du aber noch vor der Kaufentscheidung stehst, würde ich dir etwas anderes empfehlen.

Gerade dann, wenn du vorhast, Menschen zu fotografieren, rate ich zu einer 50-mm-Festbrennweite. Für ca. 300 Euro bieten alle drei genannten Hersteller ein 50-mm-1:1,4-Objektiv an. Damit lassen sich super Ergebnisse erzielen. Ein etwas günstigeres Allroundobjektiv ist ein 40-mm-1:2,8-Pancake-Objektiv. Das gibt es bisher leider nur von Canon. Es ist eigentlich für den Videobereich entwickelt worden, da es die Schärfe sehr weich und langsam zieht, kostet aber keine 200 Euro und sorgt für wirklich tolle Fotos. Einige der Fotos im Buch sind mit diesem Objektiv entstanden. Wenn der Geldbeutel sehr schmal geschnitten ist, gibt es noch die Möglichkeit, auf ein 50-mm-1:1,8-Objektiv auszuweichen. Das kostet bei allen drei Herstellern zwischen 100 und 140 Euro.

! **BRENNWEITE UND LICHTSTÄRKE**

Die Millimeterangabe beschreibt die Brennweite und die Zahlen dahinter die Lichtstärke des Objektivs.

Je grösser die Millimeterangabe, umso länger die Brennweite, je kleiner die Zahl dahinter, umso lichtstärker das Objektiv.

Selbstverständlich gibt es auch empfehlenswerte Zoomobjektive. Die sind allerdings alle eindeutig teurer. Wichtig ist es, darauf zu achten, dass sie möglichst lichtstark sind. So gibt es zum Beispiel von allen drei Herstellern und auch von der Firma Sigma ein 24–70-mm-1:2,8-Objektiv, das je nach Hersteller zwischen 700 und 1700 Euro kostet. Schluck – ja, so viel kostet ein vernünftiges Zoomobjektiv. Auf jeden Fall würde ich das teurere Objektiv einem teureren Kameragehäuse vorziehen. Bei einem Objektiv kann man recht allgemein sagen: Je teurer, desto besser. Was die Kamera angeht, möchte ich da sehr viel zurückhaltender sein, denn die günstigsten sogenannten Einsteigermodelle sind schon verdammt gut.

An dieser Stelle möchte ich noch erwähnen, dass man natürlich genauso gut mit einer Systemkamera, also einer Kamera ohne Spiegel, arbeiten kann. Ich selbst fotografiere seit meiner Kindheit mit einer Spiegelreflexkamera. Das ist aber nicht zwangsweise besser. Es hat eher etwas mit Gewohnheit zu tun, und ich mag mich nicht umgewöhnen. Alles was ich hier über Spiegelreflexkameras geschrieben habe, lässt sich auch 1:1 auf Systemkameras übertragen und anwenden.

TIPP !

Ein gutes Objektiv ist viel wichtiger als ein teures Kameragehäuse.

Mehr zu der Wahl des Objektivs findest du in dem Kapitel „Bildaufbau". Dort gehe ich darauf ein, was für Vor- und Nachteile eine Festbrennweite oder ein Zoomobjektiv haben. Auch erkläre ich dort, was es überhaupt auf sich hat mit der Brennweite.

TECHNISCHES GRUNDWISSEN

Die vielen Knöpfe, Rädchen, Programmautomatiken und Einstellungsmöglichkeiten an einer modernen Kamera können gerade den blutigen Anfänger schnell verunsichern. Auf den nächsten Seiten möchte ich dir die Angst vor deiner Kamera nehmen. Du wirst sehr schnell sehen, dass alles halb so wild ist.

Vom Kampf mit den Einstellungsmöglichkeiten

Damit du deine Kamera von vornherein richtig kennenlernst, will ich zu Beginn auf Automatikeinstellungen verzichten. Schnell wirst du sehen, dass es gar nicht so schwer ist, im manuellen Modus mit einer Kamera zu arbeiten, denn von Anbeginn der Fotografie bis heute hat sich im Wesentlichen nichts verändert. Der Unterschied ist eigentlich nur, dass du eine Speicherkarte einlegst und den richtigen ISO-Wert, also die elektrische Verstärkung des Bildsensors, an der Kamera einstellst, anstatt einen Film einzulegen.

Wichtig ist das Zusammenspiel von Zeit, Blende und ISO. Es sind also erst einmal nur drei Dinge, die du an einer Kamera einstellen musst. Egal ob es eine alte analoge Kamera aus Opas Zeiten oder eine moderne digitale Spiegelreflex- oder Systemkamera ist.

Stelle deine Kamera also auf „M“. Das ist bei den meisten Kameras die Bezeichnung für den „manuellen Modus“. Nun finde heraus, wo du die Zeit (Verschlusszeit), die Blende und den ISO-Wert an deiner Kamera einstellen kannst.

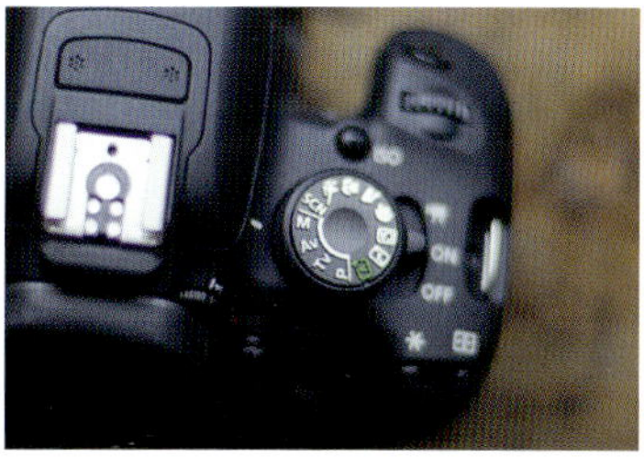

EIN BLICK IN DIE BEDIENUNGSANLEITUNG

!

Wenn du nicht sofort herausfinden kannst, wo sich an deiner Kamera der manuelle Modus einstellen lässt, schaue in die Bedienungsanleitung deiner Kamera. Dort wirst du mit Sicherheit schnell herausfinden, wie man den Modus an deiner Kamera einstellen kann und über welche Knöpfchen oder Rädchen sich Verschlusszeit, Blende und ISO einstellen lassen.

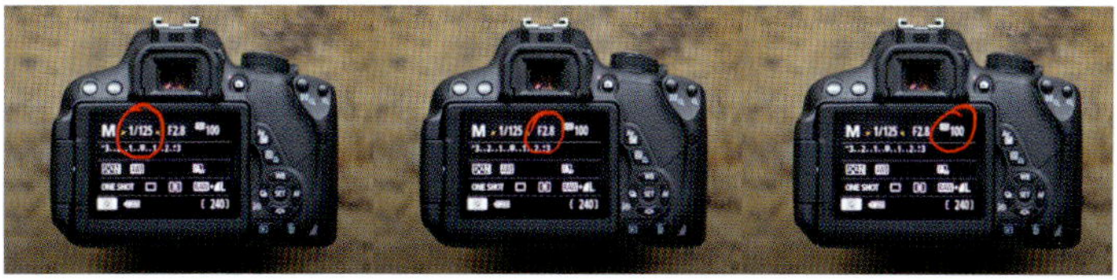

Eine moderne Kamera verfügt in der Regel über ein Display, über das sich alle Einstellungen vornehmen lassen.

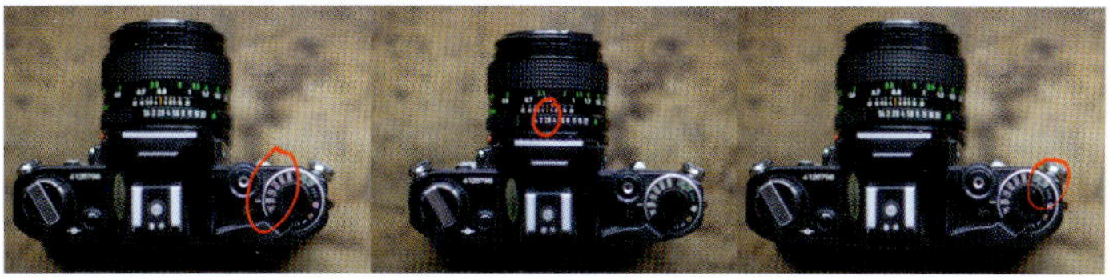

Bei älteren analogen Kameras sind diese Einstellungen noch mechanisch direkt am Objektiv und am Kameragehäuse vorzunehmen.

ISO-Wert

Während man sich früher vor dem Fotografieren für den richtigen Film entscheiden musste, kann man den ISO-Wert heute zwischen jedem Auslösen jederzeit verändern.

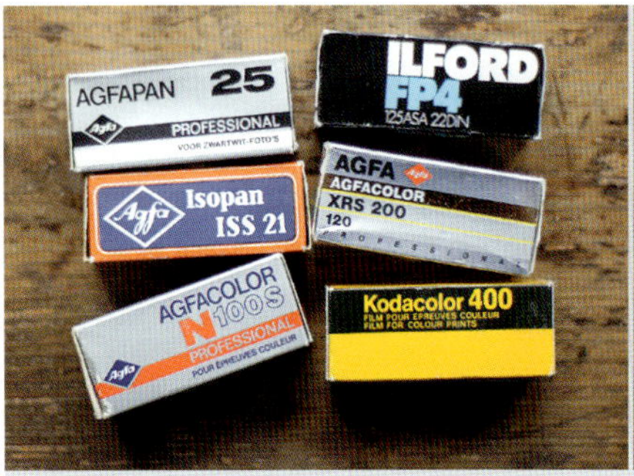

Altes Filmmaterial mit unterschiedlichen ISO-Werten.

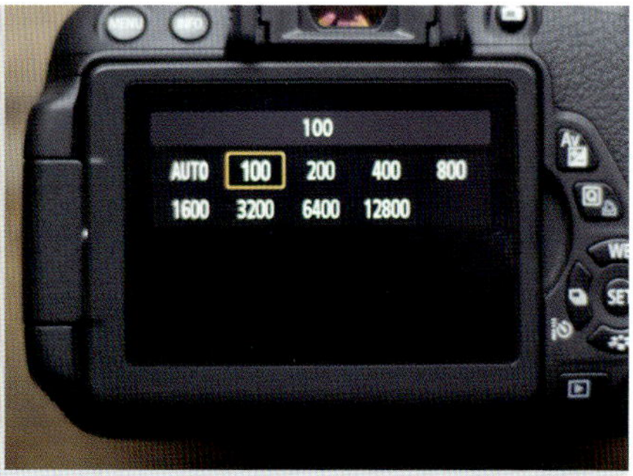

Menü der Digitalkamera mit ISO-Werten von 100 bis 6400.

Der ISO-Wert beschrieb ursprünglich die Empfindlichkeit des Filmmaterials. Bei Sonnenschein legte man einen 100-ISO-Film ein, bei leicht bedecktem Himmel einen 200-ISO-Film und für Innenaufnahmen bei Tageslicht einen 400- oder 800-ISO-Film. Für extrem schlechte Lichtverhältnisse gab es sogar 1600- und 3200-ISO-Filme, die man im Labor bei der Filmentwicklung sogar noch auf 6400 ISO oder mehr pushen konnte. Je höher der ISO-Wert, umso empfindlicher war ein Film und umso weniger Licht brauchte man. Allerdings wurde die Auflösung (das Korn) auch immer gröber.

Bei einer digitalen Kamera musst du zwar keinen Film mehr wechseln, die Entscheidung für einen ISO-Wert fällt allerdings nicht weg. Auch bei einer digitalen Kamera richtet sich der ISO-Wert nach den vorhandenen Lichtbedingungen. Je sonniger oder heller es ist, umso niedriger kannst du ihn an deinem Fotoapparat einstellen. Hast du nur wenig Licht zur Verfügung, musst du den Wert anpassen und einen höheren Wert einstellen.

TIPP !

Je heller, umso niedriger der ISO-Wert. Je dunkler, umso höher sollte er sein.

Leider ist es so, dass die Qualität unter einem hohen ISO-Wert sehr leidet. Ähnlich wie früher das Korn immer gröber wurde, bekommt heute das Bild ein sogenanntes „digitales Rauschen“. Wenn du dieses Rauschen vermeiden möchte, solltest du also immer schauen, dass du einen möglichst niedrigen ISO-Wert an deiner Kamera einstellst. Ich persönlich finde dieses digitale Rauschen manchmal sehr schön und setze es bewusst als Stilmittel ein.

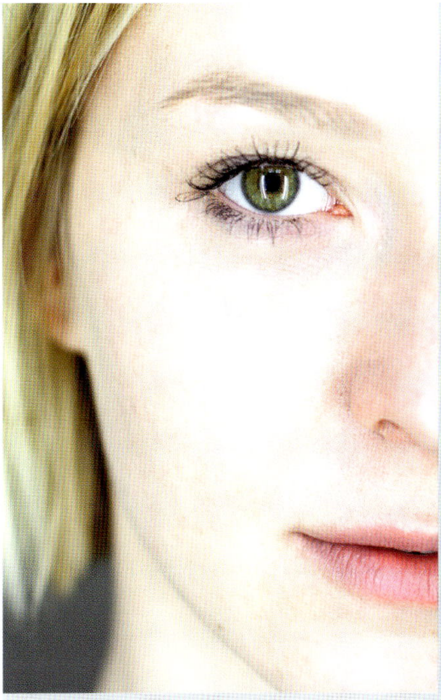

Bildausschnitt bei 100 ISO.

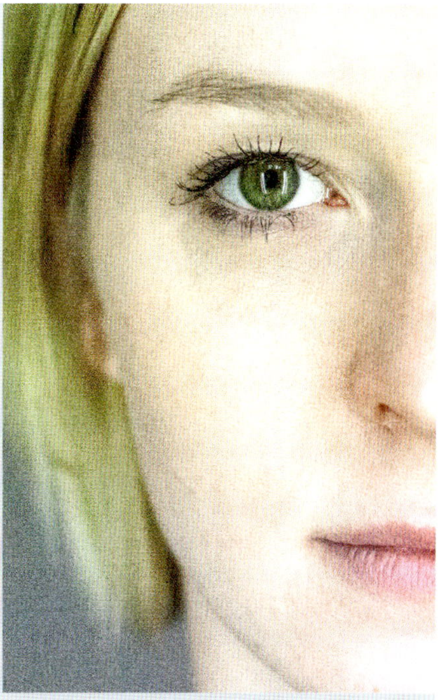

Bildausschnitt bei 12800 ISO.

Um einen für dich passenden ISO-Wert zu finden, musst du also abwägen, ob du unter schlechten Lichtbedingungen ein digitales Rauschen in Kauf nimmst oder lieber mit einer künstlichen Lichtquelle arbeiten möchtest, um das fehlende Licht auszugleichen.

Auf die Arbeit mit unterschiedlichen Lichtquellen gehe ich in einem späteren Kapitel noch genauer ein.

Blende

Mit der Blende (die mit *f* angegeben wird) stellst du die Größe der Öffnung des Objektivs ein. Je niedriger die Blende ist, umso mehr Licht fällt in die Kamera. Je höher die Blende ist, umso weniger Licht fällt in die Kamera. Über die Verschlusszeit kannst du steuern, wie lange du wie viel Licht in die Kamera fallen lässt. Um ein Foto zu belichten, braucht es eine bestimmte Menge Licht. Kommt zu wenig Licht in die Kamera, ist das Foto zu dunkel. Kommt zu viel Licht in die Kamera, ist es zu hell.

! OFFENE UND GESCHLOSSENE BLENDE

Das Zusammenspiel von Verschlusszeit und Blende ist also entscheidend dafür, ob ein Foto über- oder unterbelichtet ist. Bei einer sehr offenen Blende fällt in sehr wenig Zeit viel Licht in die Kamera. Bei einer nahezu geschlossenen Blende braucht es sehr viel mehr Zeit, bis die Kamera genügend Licht hat.

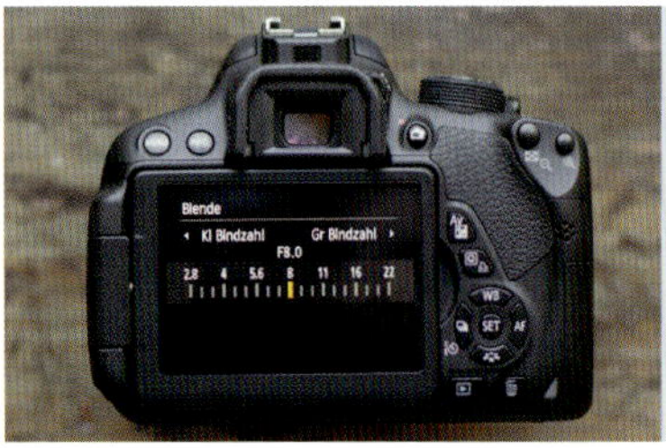

Je nachdem was für ein Objektiv du verwendest, stehen dir unterschiedliche Blendeneinstellungen zur Verfügung. Bei dem abgebildeten Beispiel ist ein 40-mm-Objektiv mit einem Spielraum von *f*2,8 bis *f*22 im Einsatz.

Je nach Objektiv lassen sich folgende Blenden einstellen:

*f*1,2 (offene Blende) *f*1,4 *f*1,8 *f*2 *f*2,8 *f*3,5 *f*4 *f*5,6 *f*8 *f*11 *f*16 *f*22 (nahezu geschlossene Blende)

Die meisten Zoomobjektive beginnen erst mit einer Blende *f*3,5 oder *f*5,6. Objektive mit einer festen Brennweite (Festbrennweiten) beginnen schon bei *f*2,8 oder sogar *f*1,2.

Warum also nicht einfach grundsätzlich die Blende sehr weit öffnen, um so schnell wie möglich genügend Licht in die Kamera zu bekommen? Das hat einen sehr guten Grund. Denn durch die Blende hast du sehr großen Einfluss auf die Gestaltung des Fotos. Mit der Wahl der Blende kannst du die Tiefenschärfe verändern. Mit der Tiefenschärfe wird beschrieben, wie viel in welcher Entfernung von der Kamera scharf ist. Das bedeutet, dass du darüber entscheiden kannst, wie viel auf einem Foto scharf oder unscharf ist.

Am einfachsten lässt sich das in zwei Beispielen veranschaulichen.

Mit einer offenen Blende bekommst du wenig Tiefenschärfe in das Foto. Die Schärfe liegt in diesem Beispiel auf den Augen des Models. Vordergrund und Hintergrund sind unscharf. Durch eine offene Blende lässt sich also der Fokus des Betrachters auf etwas Bestimmtes richten. Das Foto zwingt den Betrachter zu einer subjektiven Wahrnehmung. Dadurch kannst du den Blick steuern und gezielt auf ein Detail lenken.

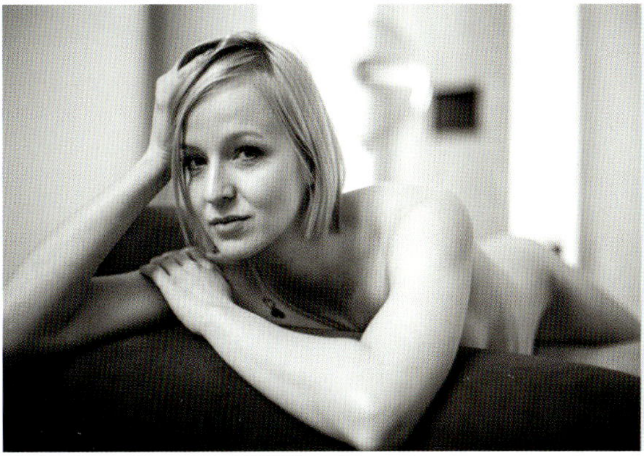

Fotografiert mit offener Blende (*f*2). Der Schärfebereich ist sehr gering.

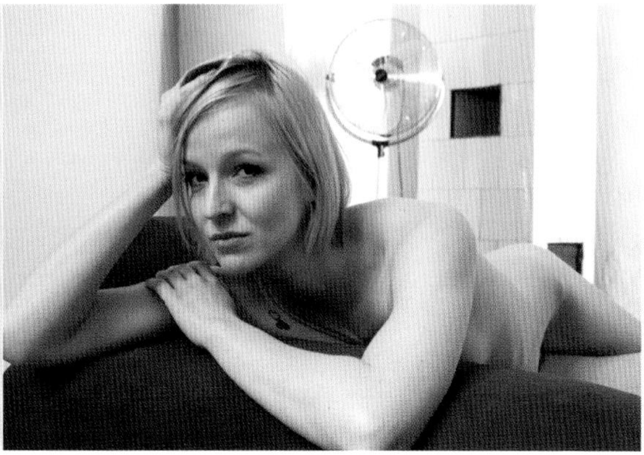

Fotografiert mit einer nahezu geschlossenen Blende (f22). Fast alles ist scharf.

Mit der geschlosseneren Blende bekommst du sehr viel Tiefenschärfe in das Bild. Die Schärfe ist zwar auch hier auf den Augen des Models, allerdings sind Vordergrund und Hintergrund fast genauso scharf. Das Foto lässt für den Betrachter eine viel objektivere Wahrnehmung zu.

Mit der Wahl einer möglichst offenen Blende kann ich also den Blick des Betrachters auf Details oder Dinge im Bild lenken. Bei einem Porträt sind das in der Regel die Augen des Models. Gerade bei einem Aktfoto finde ich es sehr spannend, mit dem Verlagern der Schärfe zu spielen. In ein und derselben Pose kann ein Foto aus dem exakt gleichen Blickwinkel so eine sehr unterschiedliche Wirkung bekommen.

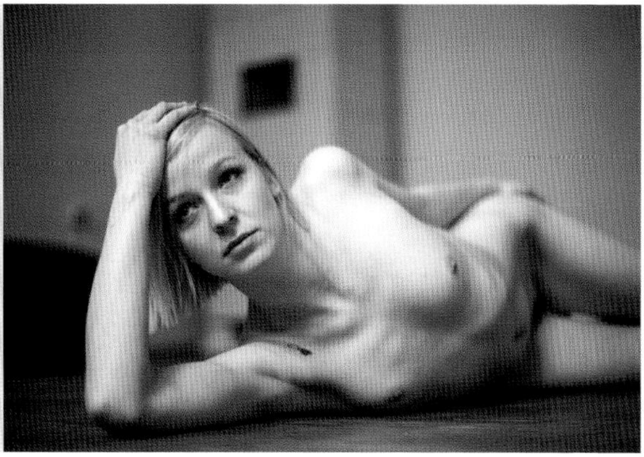

Fotografiert mit offener Blende (f2). Der Schärfebereich ist sehr gering und lenkt den Blick des Betrachters automatisch auf den scharf eingestellten Bereich des Bildes. Die Schärfe ist hier auf den Augen eingestellt.

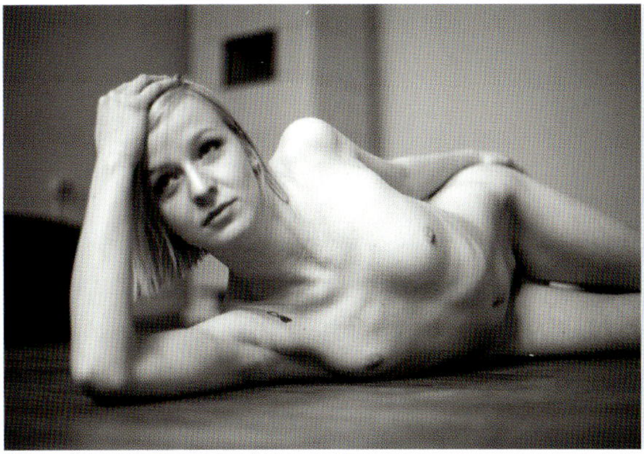

Die Einstellungen hier sind gleich. Die Schärfe ist hier jedoch auf die Brust eingestellt.

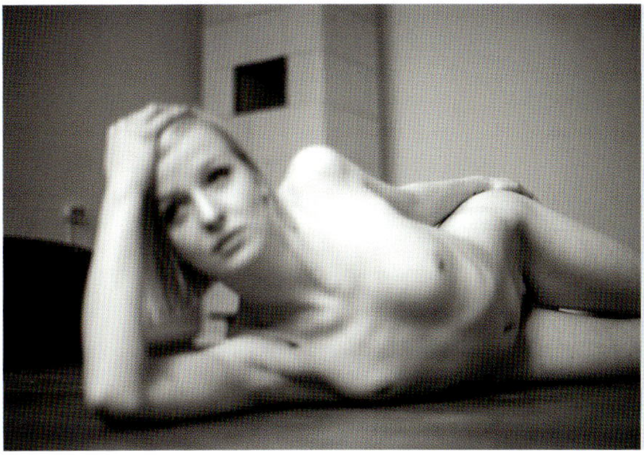

Hier ist die Schärfe auf das Becken eingestellt.

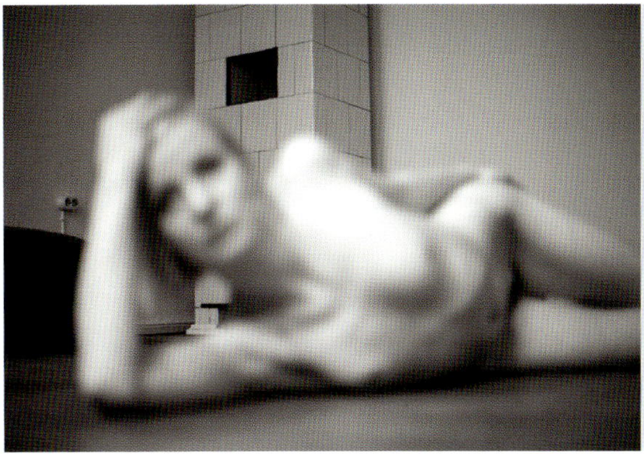

Und noch eine Variante: Die Schärfe ist hier auf dem Kachelofen im Hintergrund eingestellt.

Das gleiche Foto habe ich auch noch mal mit einer sehr viel geschlosseneren Blende fotografiert, um dir zu zeigen, wie sich das auf die Fotos auswirkt.

Fotografiert mit nahezu geschlossener Blende (ƒ22). Vordergrund und Hintergrund sind sehr viel schärfer als auf den Fotos, die mit offener Blende fotografiert wurden.

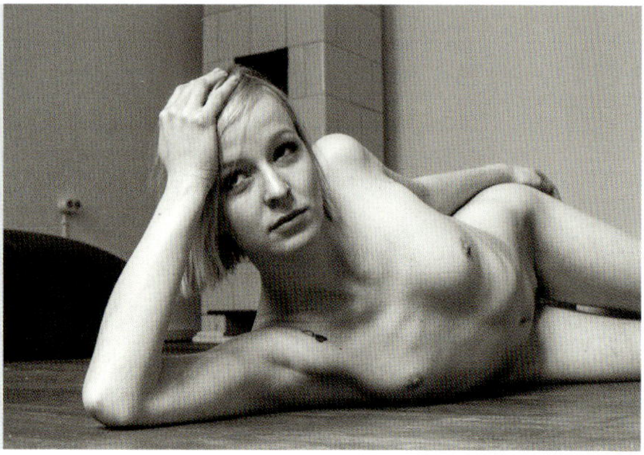

Mit einer geschlosseneren Blende bekommst du viel mehr Tiefenschärfe in das Foto. Die Schärfe liegt zwar auch in diesem Beispiel auf den Augen des Models, aber Vordergrund und Hintergrund sind deutlich schärfer. Mit einer geschlosseneren Blende lässt sich der Fokus des Betrachters weniger auf ein bestimmtes Details richten. Das Foto lässt den Betrachter das Bild objektiver wahrnehmen. Der Blick lässt sich nicht mehr so eindeutig auf ein Detail lenken.

! DIE BLENDE LENKT DEN BLICK

Die Wahl der Blende ist eine gestalterische Entscheidung. Mit offener Blende lenkst du den Blick des Betrachters genau dahin, wohin du es willst. Mit geschlossenerer Blende lässt du einen objektiven Blick auf das Bild zu.

Zeit

Mit der Verschlusszeit stellst du ein, wie lange der Verschluss der Kamera offen bleibt, damit Licht durch das Objektiv auf den Chip oder bei analogen Kameras auf das Filmmaterial gelangen kann. In den meisten Fällen empfiehlt es sich aus den im Kapitel zuvor genannten Gründen, die Zeit nach der Blende auszurichten.

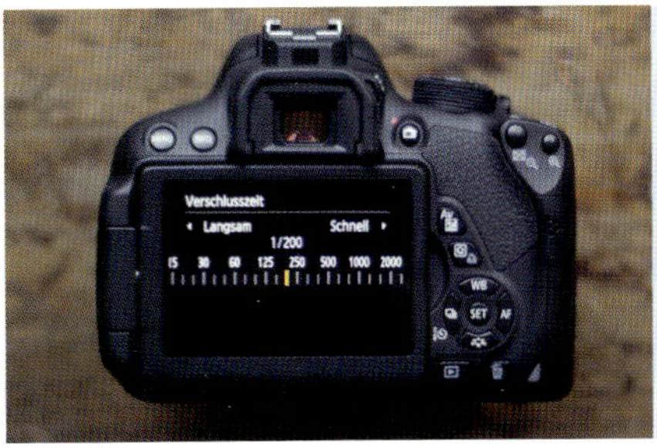

Je nach Kamera stehen dir unterschiedliche Verschlusszeiten zur Verfügung. Bei dem abgebildeten Beispiel ist ein Kamera mit einem Spielraum von 30 Sekunden bis zu einer 1/4000 Sekunde im Einsatz.

Die Belichtungszeiten werden in Bruchteilen einer Sekunde angegeben. Je nach Kamera kannst du zwischen einer Tausendstelsekunde (1/1000) und 2 bis 3 Sekunden Verschlusszeit bei der Kamera einstellen. Die klassischen Einstellungsmöglichkeiten sind:

KLASSISCHE BELICHTUNGSZEITEN

1/1000 s 1/500 s 1/250 s 1/125 s 1/60 s 1/30 s 1/15 s 1 s

B = beliebig: Stellt man die Kamera auf „B“, bleibt der Verschluss so lange offen, wie du auf den Auslöser drückst.

Bei den meisten neuen Kameras lassen sich auch Belichtungszeiten, die dazwischen liegen, einstellen. Auch Kameras, die eine Verschlusszeit von 1/4000 s oder sogar 1/8000 s schaffen, sind heutzutage keine Ausnahme mehr.

Eine Sekunde ist beim Fotografieren also eine ziemlich lange Zeit. Es ist ratsam, unabhängig von der Blende, immer eine möglichst kurze Belichtungszeit zu wählen, da sonst durch die Bewegung des Models oder eine eigene Bewegung leicht eine sogenannte Bewegungsunschärfe entstehen kann. Das Drücken auf den Auslöser oder eine leichte Bewegung durch tiefes Einatmen können schon ausreichen, damit eine solche ungewollte Unschärfe entsteht. Natürlich kannst du eine solche Unschärfe auch bewusst als Stilmittel einsetzen. Ich empfehle, immer mit mindestens 1/125 Sekunde zu fotografieren, damit bist du auf der sicheren Seite. Wer eine sehr ruhige Hand hat, kann auch Glück mit 1/60 Sekunde haben.

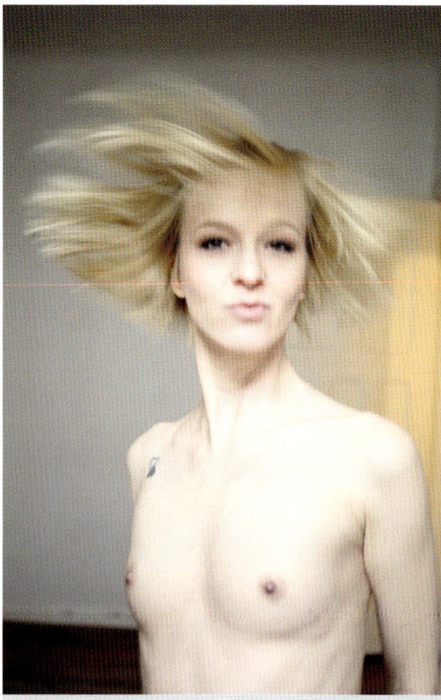

Fotografiert mit 1/30 Sekunde. Die Haare fliegen durch die Luft. Durch die Bewegungsunschärfe wird der Schwung der Bewegung verstärkt.

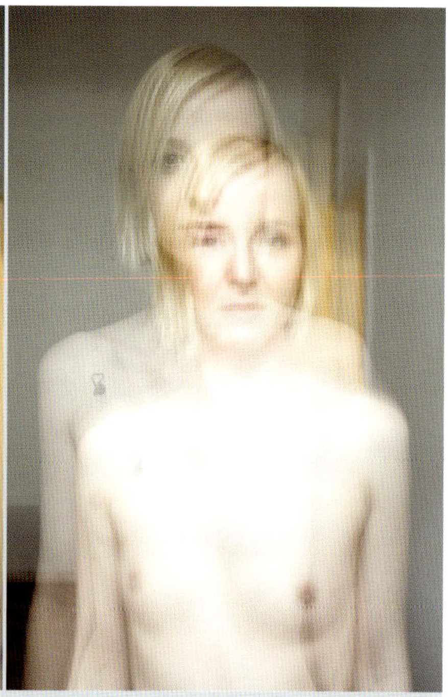

Fotografiert mit 1 Sekunde. Durch die lange Belichtungszeit und gleichzeitige Bewegung der Kamera oder des Models entsteht der Effekt einer Mehrfachbelichtung.

Eine Bewegungsunschärfe ist nicht automatisch falsch. Wird sie bewusst eingesetzt, kann sie ein spannendes Stilmittel sein, um damit Bewegungen oder den Effekt einer Mehrfachbelichtung zu erreichen. In der Sport- oder Tanzfotografie wird gerne damit gearbeitet, um Schwung und Bewegung zu verdeutlichen.

Belichtung messen

Die meisten Kameras bieten verschiedene Belichtungsmessmethoden an. Man kann je nach Bedürfnis zwischen Integral-, Mehrfeld oder Spotmessung oder weiteren Einstellungen wählen. Im Zeitalter der digitalen Kameras hat sich das meiner Meinung nach jedoch erübrigt, da man ja sofort nach der Aufnahme das Bild auf dem Display angezeigt bekommt und selbst entscheiden kann, ob einem die Aufnahme zu hell oder zu dunkel erscheint. Um aber keine Fragen offen zu lassen, will ich kurz auf die verschiedenen Messmethoden eingehen.

Mehrfeldmessung (Matrixmessung)

Bei der Mehrfeldmessung wertet die Kamera die Messergebnisse vieler verschiedener Messpunkte im Sucherbild aus. Die Kamera ist allerdings von ihrer Programmierung abhängig. Verschiedene mögliche Lichtsituationen sind programmiert und können von der Kamera erkannt werden, wie zum Beispiel Gegenlicht. Da es allerdings nicht möglich ist, alle zu erwartenden Lichtsituationen abzuspeichern, kann man sich also nicht ausschließlich auf diese Belichtungsmethode verlassen.

Integralmessung (Ganzfeldbelichtungsmessung)

Bei der Integralmessung wird das gesamte Sucherbild gleichermaßen gemessen. Hier kann sehr schnell ein Messfehler entstehen, zum Beispiel bei einem sehr hellen oder sehr dunklen Hintergrund. Im Gegensatz zur

Mehrfeldmessung sind hier keine vorgegebenen Lichtsituationen programmiert. Die Kamera tappt also quasi im Dunkeln, da sie ja nicht wissen kann, um welchen Bereich es im Bild geht.

Spotmessung

Bei der Spotmessung hat man den größten Einfluss darauf, was gemessen werden soll, da man relativ punktgenau messen kann. Der Fotograf kann mit einem vorgegebenen Messpunkt exakt einen Punkt anpeilen und dort messen. Um zu einem exakten Ergebnis zu kommen, sollte man mit einer sogenannten Graukarte arbeiten. Der Belichtungsmesser ist auf einen bestimmten Reflexionswert eingestellt. Eine Graukarte ist mit einem bestimmten mittleren Grauwert auf diesen Reflexionswert abgestimmt. Das klingt etwas kompliziert – und ist es auch. Um ohne Graukarte auszukommen, braucht man sehr viel Erfahrung, um abzuschätzen, welcher Bereich im Bild diesem Grauwert am nächsten kommt. Für Fotografen, die ausschließlich analog arbeiten, ist eine Graukarte allerdings unentbehrlich.

Selektivmessung

Die Selektivmessung ist eine Mischung aus Integral- und Spotmessung. Der Messbereich ist ein wenig größer als bei der Spotmessung und nicht so umfangreich wie bei der Ganzfeldbelichtungsmessung.

Mittenbetonte Messung (Mittenbetonte Integralmessung)

Die mittenbetonte Messung beruht ebenfalls auf der Integralmessung. Wie der Name schon sagt, werden die Messwerte aus der Mitte des Bildes verstärkt berücksichtigt.

Auch diese Messmethode führt nur selten zu dem gewünschten Ergebnis, da das zu messende Objekt sich ja nicht zwangsweise in der Mitte des Bildes befindet.

Das Messen der Belichtung mit dem integrierten Belichtungsmesser der Kamera führt in der Regel in die Nähe der richtigen Belichtung. Wenn das Bild aber so werden soll, wie du es gerne haben möchtest, empfehle ich immer die Kontrolle über die eigene Wahrnehmung. Die Kamera kann ja nicht wissen, was du willst. Und genau deshalb bin ich persönlich kein Fan von Automatikeinstellungen. Sie helfen zwar, einem guten Foto nahezukommen, aber warum es nicht weiter verbessern?

Ich selbst benutze den Belichtungsmesser nur, um einen ungefähren Wert zu bekommen. Dazu eignet sich meiner Meinung nach am besten die Mehrfeldmessung oder Matrixmessung. So bekommst du in jedem Fall schon mal ein nahezu gut belichtetes Foto. Zur Feinjustierung kannst du dann wunderbar von dort aus weiterarbeiten.

Im Alltag mache ich es folgendermaßen: Im Sucher findest du unter dem Bild eine Anzeige, auf der es einen Minus- und Plusbereich gibt. Wenn du ISO-Wert, Blende oder Zeit veränderst, wandert ein kleiner Strich in den Plus- oder Minusbereich. Wenn er genau in der Mitte gelandet ist, bedeutet das, dass die Belichtung jetzt richtig sein sollte. Also machst du einfach mal ein Foto und schaust es dir auf dem Display deiner Kamera an. Jetzt kannst du selbst entscheiden, ob du mit dem Ergebnis bereits zufrieden bist oder etwas daran korrigieren möchtest.

Ist das Foto zu dunkel, benötigt die Kamera mehr Licht. Verlängere die Verschlusszeit oder erhöhe den ISO-Wert und mache erneut ein Foto. Ist das Foto immer noch zu dunkel, wiederhole diesen Vorgang so lange, bis du mit dem Ergebnis zufrieden bist.

Ist das Licht dagegen zu hell, so benötigt die Kamera weniger Licht. Verkürze die Verschlusszeit oder stelle einen niedrigeren ISO-Wert ein und mache erneut ein Foto. Ist das Foto immer noch zu hell, wiederhole diesen Vorgang so lange, bis du mit dem Ergebnis zufrieden bist.

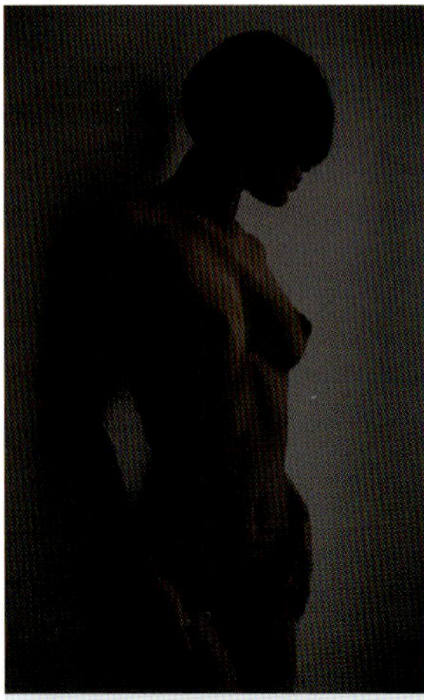

Total unterbelichtetes Foto.

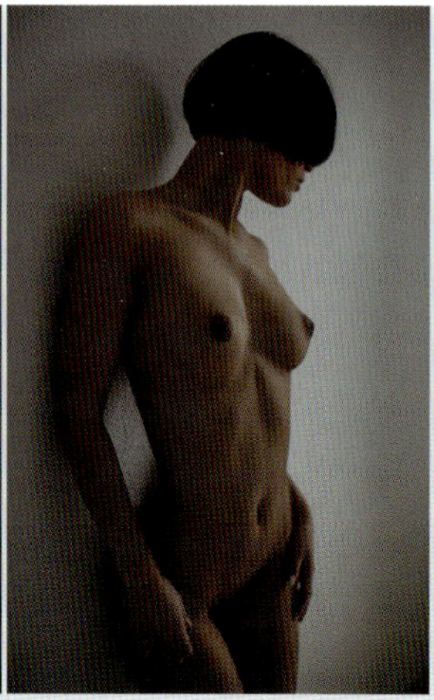

Weniger unterbelichtetes Foto.

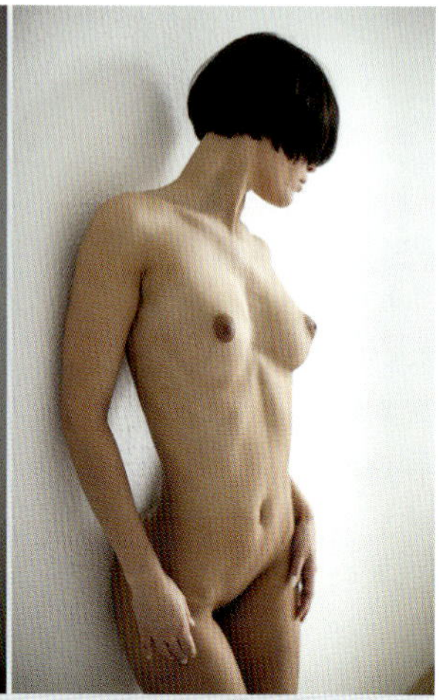

Richtig belichtetes Foto.

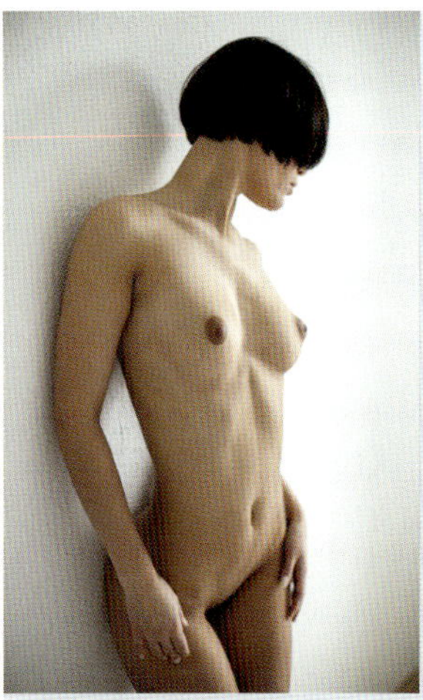

Richtig belichtetes Foto.

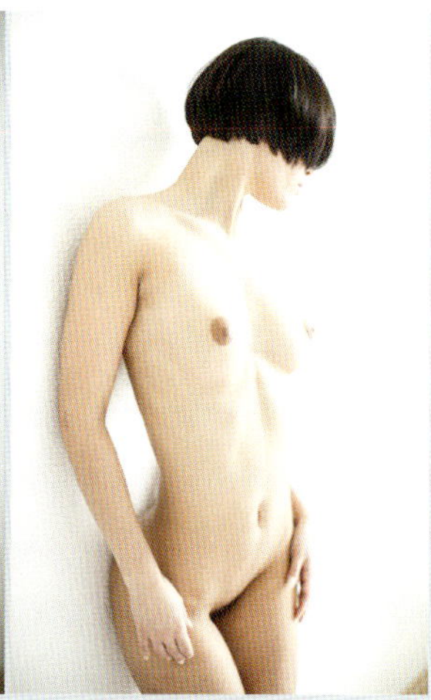

Weniger überbelichtetes Foto.

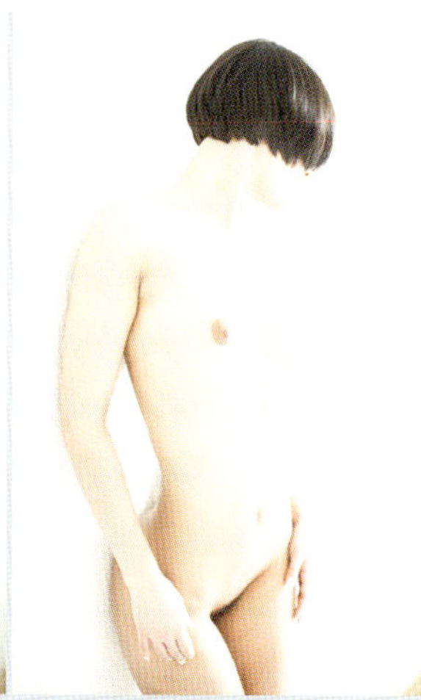

Total überbelichtetes Foto.

Automatikeinstellungen

Um schnell und spontan reagieren zu können, ist es manchmal hilfreich, auf eine Automatikeinstellung zurückgreifen zu können. Wenn du trotzdem den Einfluss auf die Blende und die Zeit nicht aufgeben möchtest, empfiehlt sich der Modus der ISO-Automatik und der Zeitautomatik. Sie sind bei den meisten Kameras mit „Av“ (bei einigen Herstellern auch als „A“) für die Zeitautomatik und in den ISO-Einstellungen als „Auto“ beschriftet.

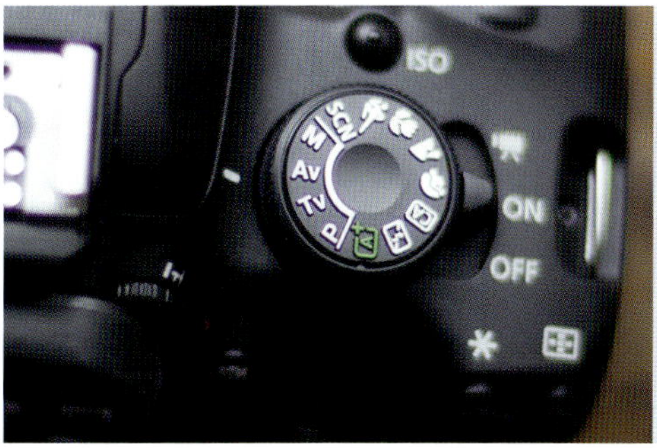

Einstellrädchen auf Av.

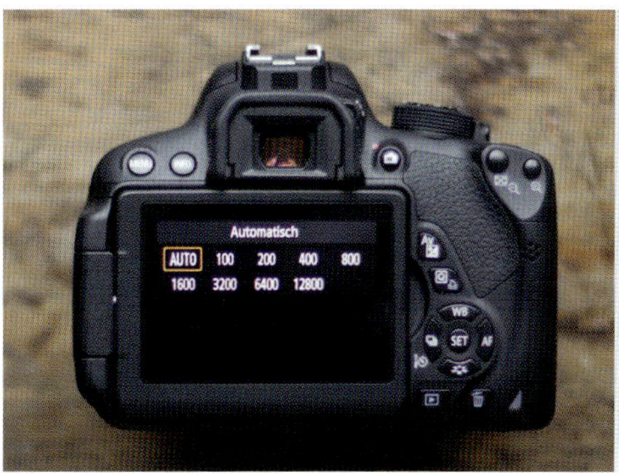

Display der ISO-Einstellung auf „Auto“.

Im Av-Modus kannst du einen Blendenwert festlegen. Die Kamera misst dann eigenständig eine geeignete Verschlusszeit. Bei schneller Bildfolge an einem Ort mit ständig wechselndem Licht kann die Zeitautomatik einem eine Menge Stress abnehmen.

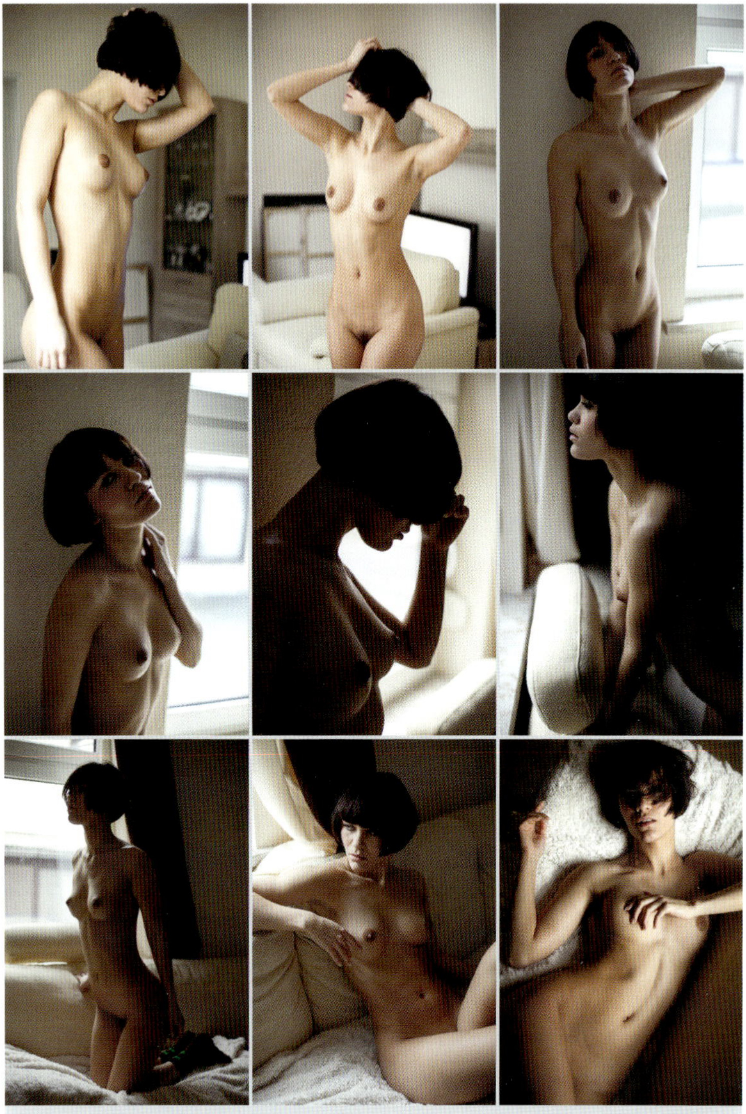

Das Model sollte sich für diese Fotos frei im Raum bewegen. In der Nähe des Fensters bekommt es viel mehr Licht ab als in der Mitte des Raums. Da ich das Model in seinem Bewegungsdrang nicht bremsen wollte, habe ich mich hier für die Zeit- und ISO-Automatik entschieden, um schnell reagieren zu können. Wie man erkennen kann, wäre es viel besser gewesen, in den unterschiedlichen Lichtsituationen manuell zu arbeiten.

Auch bei der Verschlusszeit gibt es Situationen, in denen es hilfreich ist, auf eine Automatikeinstellung zurückgreifen zu können. Wenn du trotz Automatik den Einfluss auf die Verschlusszeit nicht aufgeben möchtest, empfiehlt sich der Modus der Blendenautomatik. Sie ist bei den meisten Kameras mit „Tv“ (oder je nach Hersteller auch mit „S“) beschriftet.

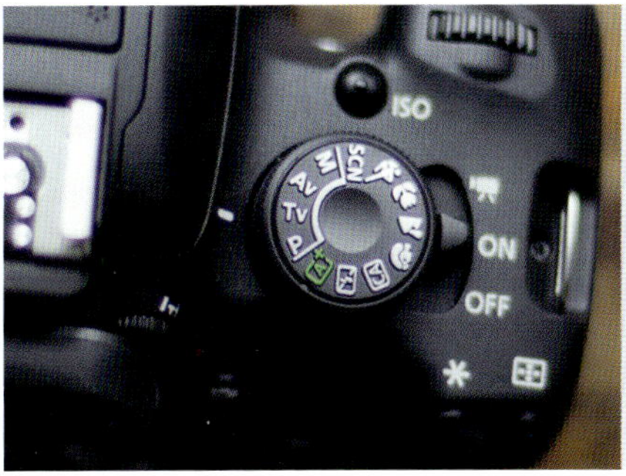

Im Tv-Modus kannst du eine Verschlusszeit festlegen. Die Kamera misst dann eigenständig eine geeignete Blende.

In den meisten Fällen ist in einem Raum die Lichtsituation über einen längeren Zeitraum konstant und verändert sich nicht so schnell. Solange man also die Zeit und die Ruhe hat, sich um manuelle Einstellungen zu kümmern, sollte man das auch machen. Denn es gibt eine Menge Situationen, in denen die Kamera nicht wissen kann, um was es dir geht.

Beispiel: Wenn das Model vor einer hellen Wand steht, ist der Belichtungsmesser von den großen hellen Flächen irritiert und darauf programmiert, das Bild nicht überzubelichten. Er macht es also automatisch etwas dunkler. Unser Model wird demzufolge automatisch unterbelichtet.

Genau so kann es Probleme vor einem sehr dunklen Hintergrund geben: Auch hier wird der Belichtungsmesser von der großen dunklen Fläche irritiert und neigt dazu, das Bild überzubelichten. Er macht es also automatisch etwas heller. Unser Model wird automatisch überbelichtet.

Bei Gegenlicht hat man eine ähnliche Problematik. Da das Model zu der vom Licht abgewandten Seite steht, ist es quasi mit der zur Kamera gewandten Seite im Schatten und damit sehr viel dunkler als der vom Gegenlicht überstrahlte Hintergrund. Das grelle Gegenlicht irritiert den

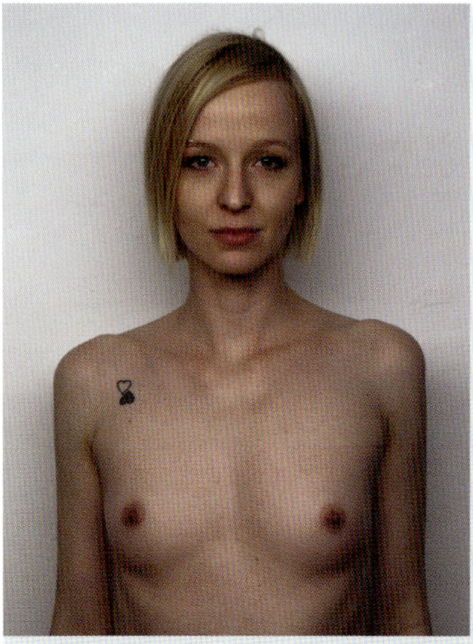

Model vor einer hellen Wand mit Belichtungsautomatik.

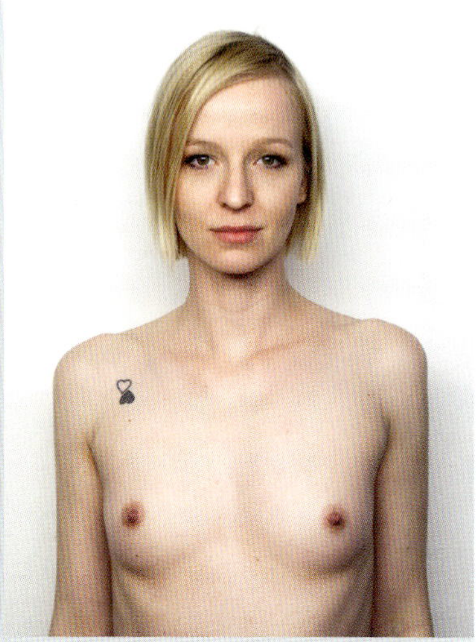

Model vor einer hellen Wand mit manuell eingestellter Belichtung.

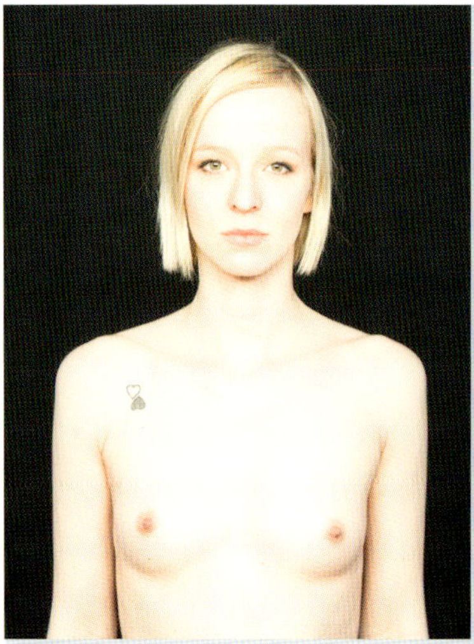

Model vor einer dunklen Wand mit Belichtungsautomatik.

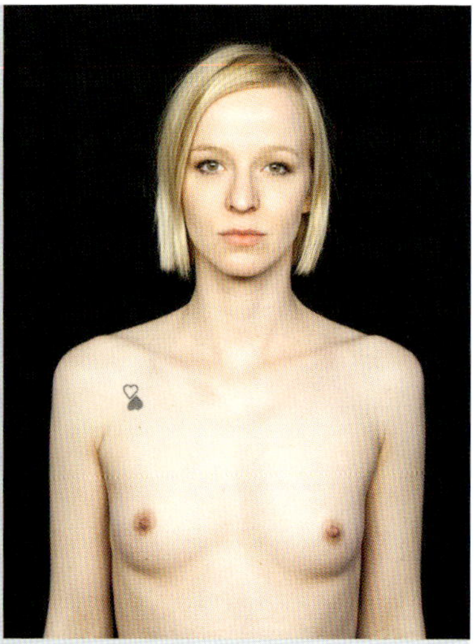

Model vor einer dunklen Wand mit manuell eingestellter Belichtung.

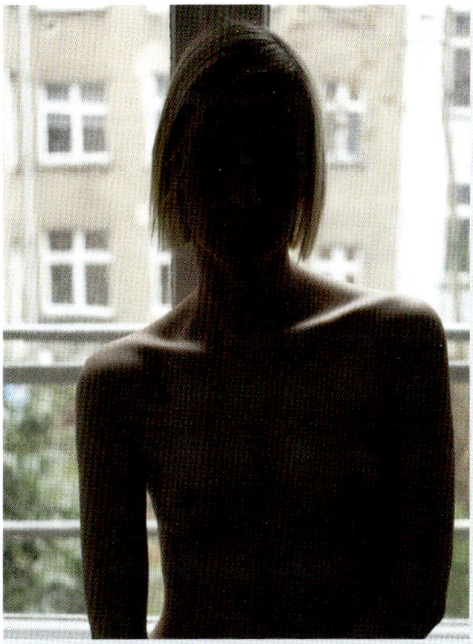

Model im Gegenlicht mit Belichtungsautomatik.

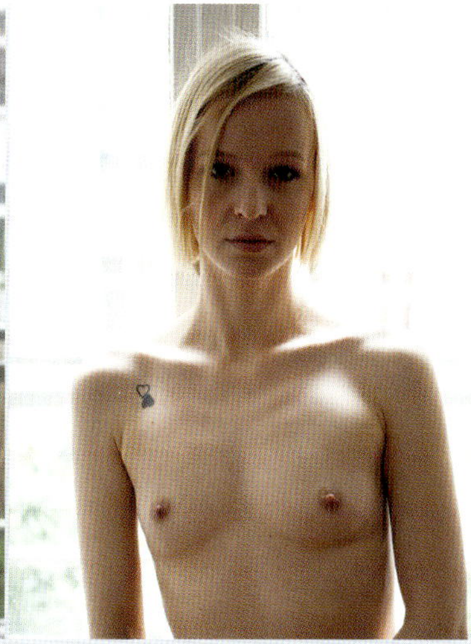

Model im Gegenlicht mit manuell eingestellter Belichtung.

Belichtungsmesser auch hier, was dazu führt, dass das Bild automatisch unterbelichtet wird.

Für Schnappschüsse und immer wenn es schnell gehen soll, sind Automatikeinstellungen also eine tolle Sache. Sie helfen dir sehr schnell, an ein oft auch gutes Ergebnis zu kommen. Du kannst dich eben nur nicht darauf verlassen. Arbeite deshalb, solange du die Zeit dafür hast, am besten im manuellen Modus. Denn dann weißt du, was du tust, und hast das Ergebnis in der Hand.

KREATIVES GRUNDWISSEN: DER UMGANG MIT LICHT, BILDAUFBAU & POSING

Lichtbild, so wurde eine Fotografie früher genannt. Und das beschreibt wunderbar, worauf es in erster Linie beim Fotografieren ankommt: Ohne Licht kannst du kein Foto machen. Es ist nicht unwichtig, wie du das Licht einsetzt, und sehr spannend, was du dadurch erreichen kannst. Genauso spannend ist es, wie unterschiedlich ein Foto alleine durch die Positionierung des Models oder die Wahl deines Blickwinkels wirken kann.

Licht

Egal ob du mit natürlichem Tageslicht oder künstlichen Lichtquellen arbeiten möchtest, es gibt verschiedene Möglichkeiten, mit dem Licht umzugehen. Und diese Möglichkeiten lassen sich eigentlich auf alles übertragen.

Die drei wesentlichen Positionierungen von dir zum Licht sind: mit dem Licht, seitlich zum Licht und gegen das Licht.

Wie sich das auf dein Foto auswirkt, lässt sich wunderbar an den folgenden drei Beispielen erklären, die alle mit Tageslicht entstanden sind. Die Lichtquelle ist ein Fenster.

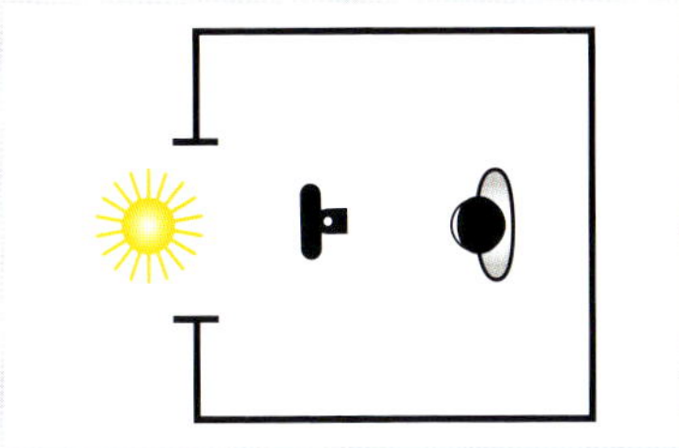

Der Fotograf fotografiert mit dem Licht. Das Licht fällt gerade auf das Model.

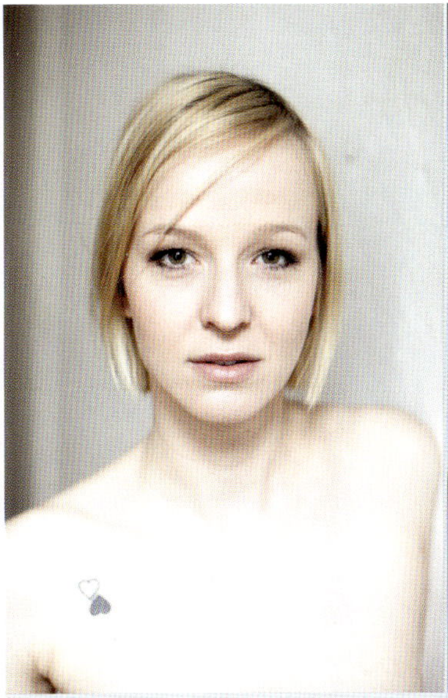

Bei der Einstellung oben fällt das Licht gerade auf das Model. Es entstehen so gut wie keine Schatten, die Augen glänzen in dem direkt einfallenden Licht.

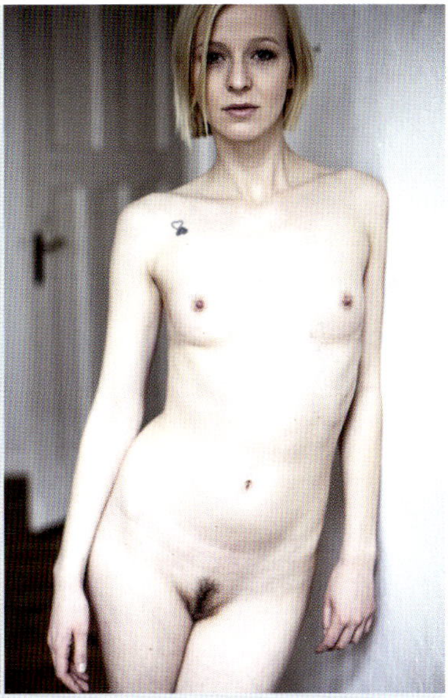

Dadurch dass fast keine Schatten entstehen, wirkt das Foto sehr zweidimensional. Der Körper wird nicht modelliert, und die Rundungen wirken recht flach.

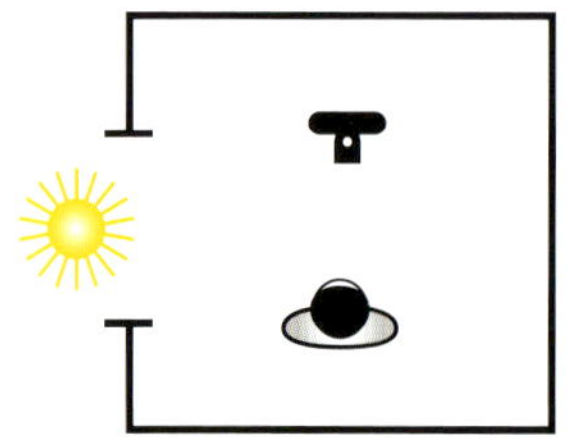

Der Fotograf fotografiert seitlich zum Licht. Das Licht fällt seitlich auf das Model.

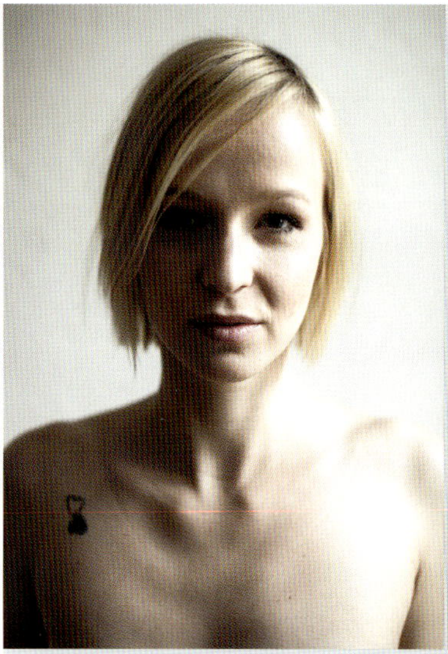

Jetzt fällt das Licht seitlich auf das Model. Es entstehen viele Schatten, die dem Gesicht viel Kontur geben. Allerdings haben die Augen nun viel weniger Glanz.

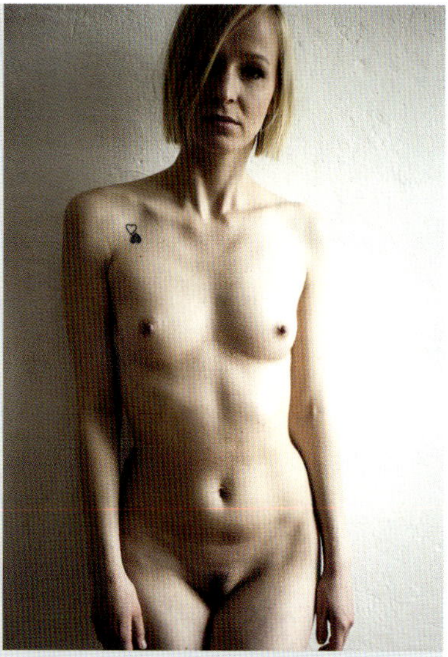

Jetzt entstehen viele Schatten. Das Foto wirkt dreidimensional: Durch die Schatten wird der Körper modelliert, und die Körperrundungen werden wunderbar hervorgehoben.

Der Haken an der Arbeit mit dem Tageslicht ist, dass man die Lichtquelle nicht umstellen kann. Das Fenster ist da, wo es ist, und du musst dich nach den vorhandenen Möglichkeiten richten. Ich persönlich finde das sehr spannend und arbeite hauptsächlich so. Nach dem Motto „Weniger ist mehr" habe ich das Gefühl, dass meine Kreativität durch das Eingrenzen der Möglichkeiten beflügelt wird. Egal wo ich hinkomme, ich

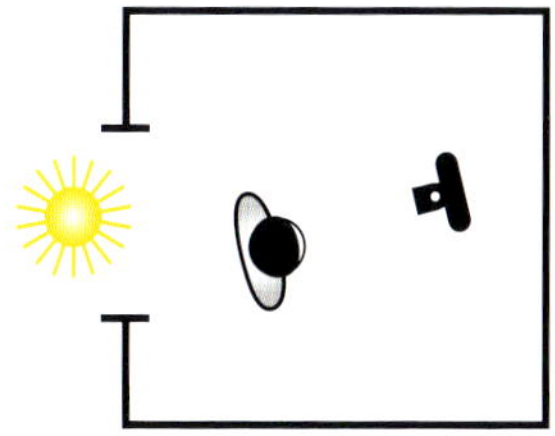

Der Fotograf fotografiert gegen das Licht. Das Licht fällt von hinten auf das Model.

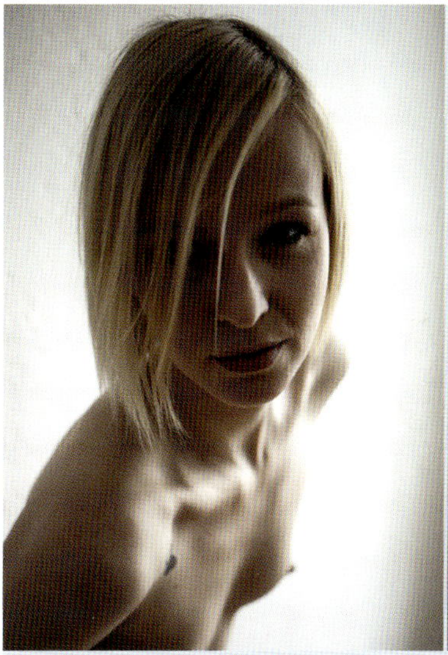

Das vom Licht abgewandte Gesicht ist im Schatten, was das Model sehr geheimnisvoll erscheinen lässt. Die Augen sind völlig dunkel und haben gar keinen Glanz mehr.

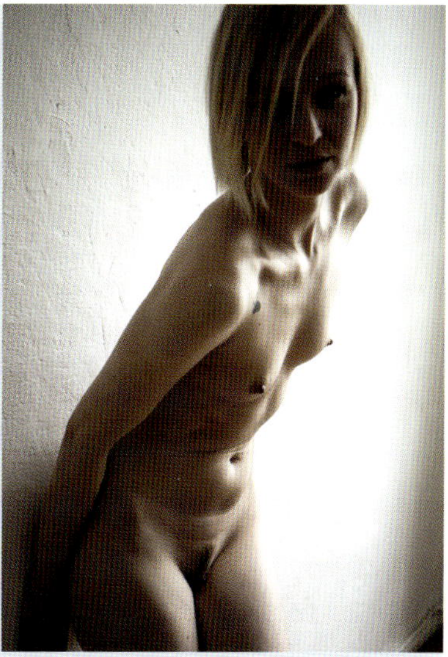

Der vom Licht abgewandte Körper ist im Schatten, was das Model sehr geheimnisvoll erscheinen lässt. Die Konturen des Körpers kommen besonders eindrucksvoll zum Vorschein.

muss mich auf den Raum und seine Möglichkeiten einlassen. Es bringt mir nichts zu meckern und davon zu träumen, alles anders haben zu wollen.

Aber was mache ich, wenn ich in einen Raum komme, in dem gar kein Tageslicht ist? Vielleicht gibt es künstliche Lichtquellen, mit denen ich mir behelfen kann? Eine kleine Nachttischlampe, ein beleuchtetes Aquarium, eine Stehlampe, eine alte Super-8-Filmleuchte oder einen Baustrahler?

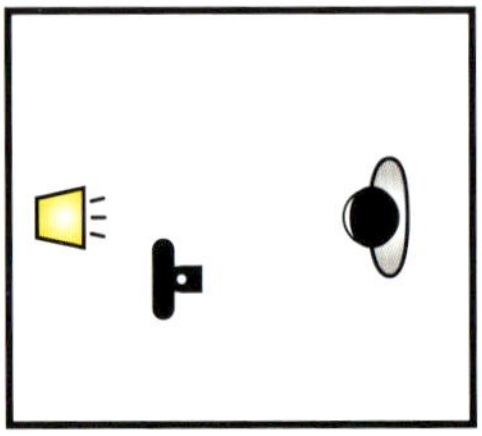

Gleiches Spiel mit künstlicher Lichtquelle: Der Fotograf fotografiert mit dem Licht. Das Licht fällt gerade auf das Model.

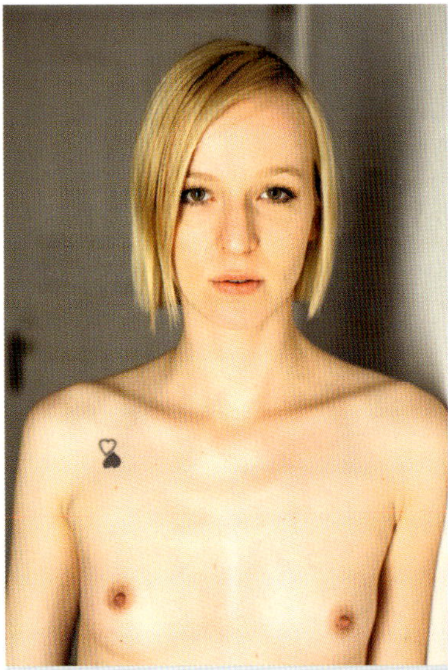

Mit der oben gewählten Einstellung entstehen so gut wie keine Schatten. Die Augen glänzen in dem direkt einfallenden Licht.

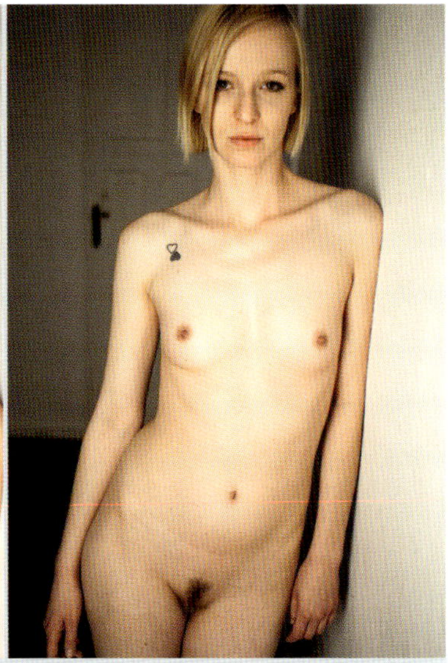

Auch hier entstehen so gut wie keine Schatten. Das Foto wirkt sehr zweidimensional. Durch die fehlenden Schatten wird der Körper nicht modelliert und die Rundungen wirken recht flach.

Das, was ich mit dem Tageslicht gemacht habe, lässt sich auch 1:1 auf die Arbeit mit einer künstlichen Lichtquelle übertragen. Außer einem Aquarium und fest montierten Wandlampen lässt sich in der Regel jede Lichtquelle von A nach B bewegen. Die künstliche Lichtquelle übernimmt quasi die Funktion des Fensters.

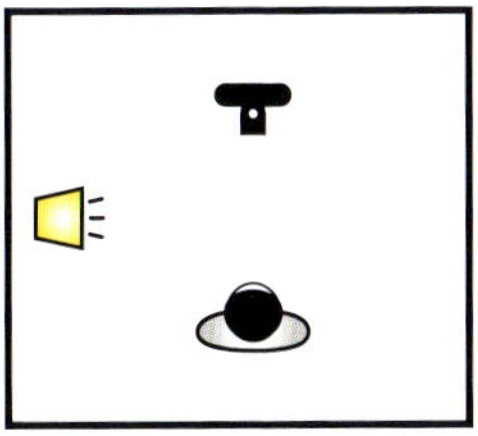

Mit künstlicher Lichtquelle: Der Fotograf fotografiert seitlich zum Licht. Das Licht fällt seitlich auf das Model.

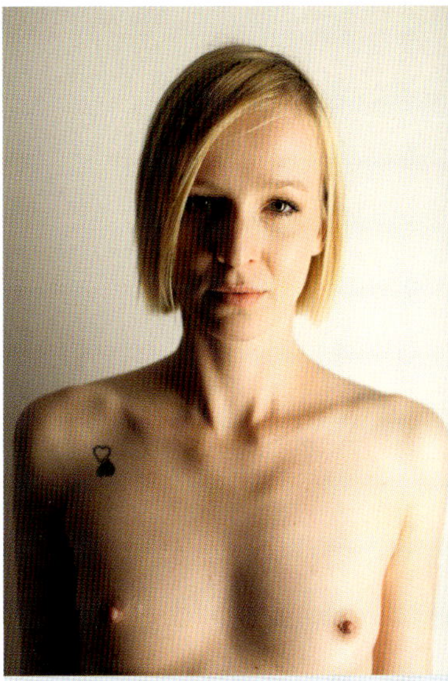

Bei der Einstellung oben entstehen viele Schatten, die dem Gesicht viel Kontur geben. Allerdings haben die Augen jetzt viel weniger Glanz.

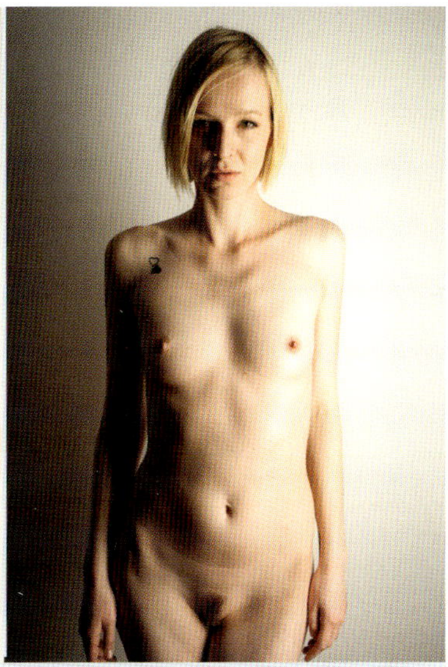

Durch die Schatten wirkt das Foto sehr dreidimensional. Der Körper wird modelliert, und die Körperrundungen werden wunderbar hervorgehoben.

Du siehst: Das Grundprinzip ist immer das Gleiche und lässt sich auf jede andere Lichtquelle übertragen. Auch mit einer semiprofessionellen oder sogar professionellen Blitzanlage zu arbeiten ist im Prinzip nichts anderes. Das, was durch die Positionierung von Model, Licht und Fotograf passiert, ist also erst mal kein großes, kompliziertes Geheimnis, sondern ganz simples Grundwissen.

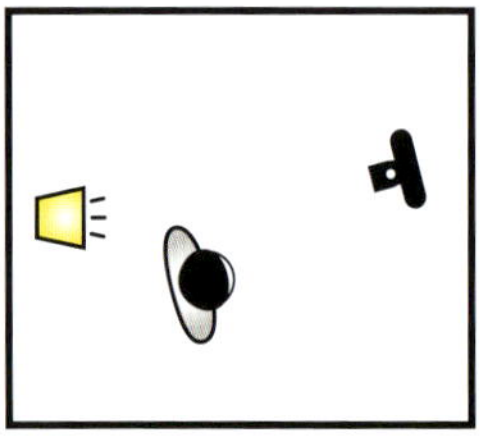

Und noch einmal mit künstlicher Lichtquelle: Der Fotograf fotografiert gegen das Licht. Das Licht fällt von hinten auf das Model.

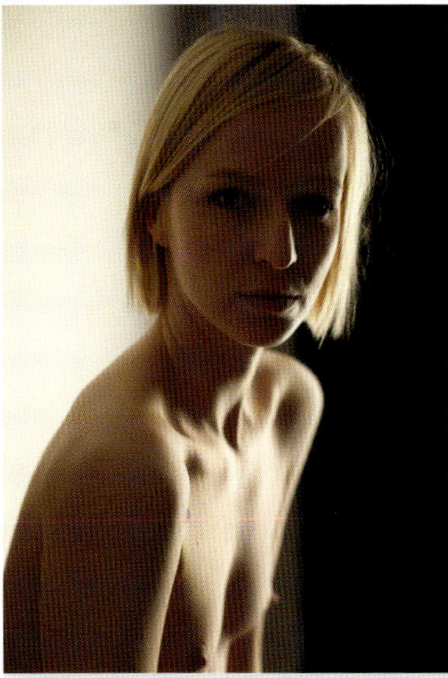

Das vom Licht abgewandte Gesicht ist im Schatten, was das Model sehr geheimnisvoll erscheinen lässt. Die Augen sind völlig dunkel und haben gar keinen Glanz mehr.

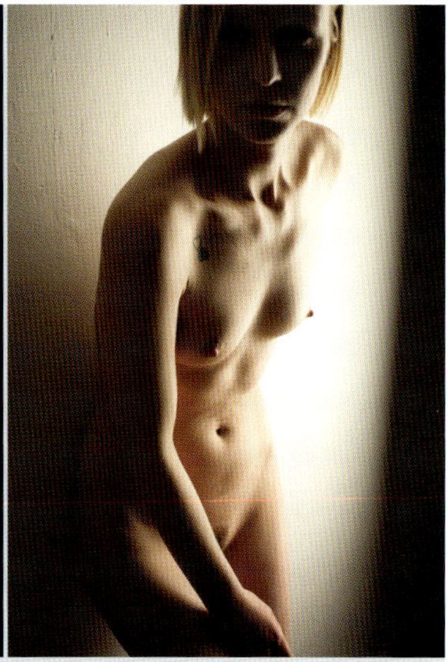

Dadurch dass der vom Licht abgewandte Körper im Schatten Ist, wirkt das Model sehr geheimnisvoll. Die Konturen des Körpers kommen besonders eindrucksvoll zum Vorschein.

Ein wenig komplizierter wird es erst, wenn wir eine weitere Lichtquelle hinzuziehen. Aber auch das ist keine Zauberei.

Bei der Arbeit mit Tageslicht kann ein Reflektor, ein Blitz oder auch eine im Raum vorhandene Lichtquelle als zusätzliche Lichtquelle dienen. So kann man zum Beispiel einen im Schatten liegenden Bereich ganz einfach mit einem Reflektor aufhellen. Als Reflektor reicht oft schon ein weißes Tuch, ein Bettlaken, eine Tischdecke oder manchmal sogar ein Blatt Papier. Ich nutze auch hier gerne die Dinge, die ich finde, und habe bei einem Shooting noch nicht mal einen Aufheller dabei.

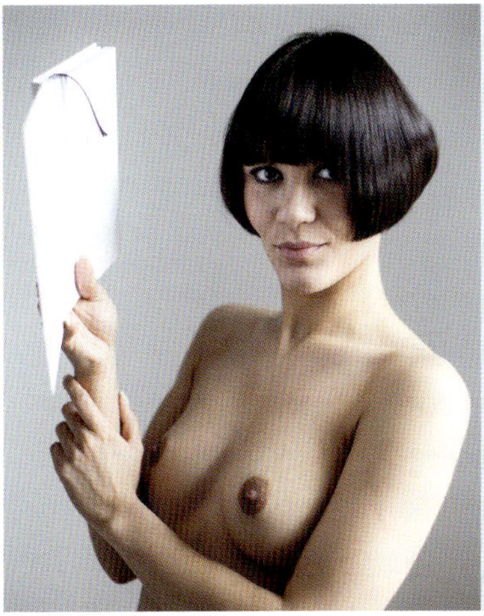

Manchmal reicht ein weißes Blatt Papier als Aufheller. Da ich selbst keine Hand frei hatte und ich in diesem Fall eine Nahaufnahme des Gesichts machen wollte, hab ich den „Aufheller" einfach dem Model in die Hand gegeben.

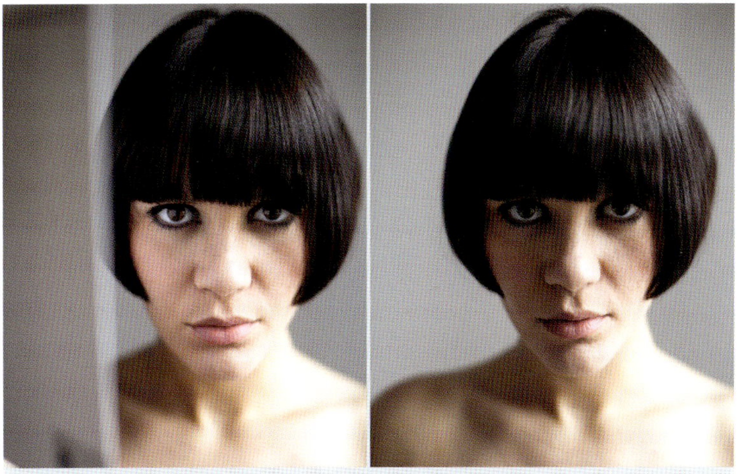

Das auf dem weißen Blatt reflektierte Licht reichte aus, um die Schattenseite des Gesichts ein wenig aufzuhellen.

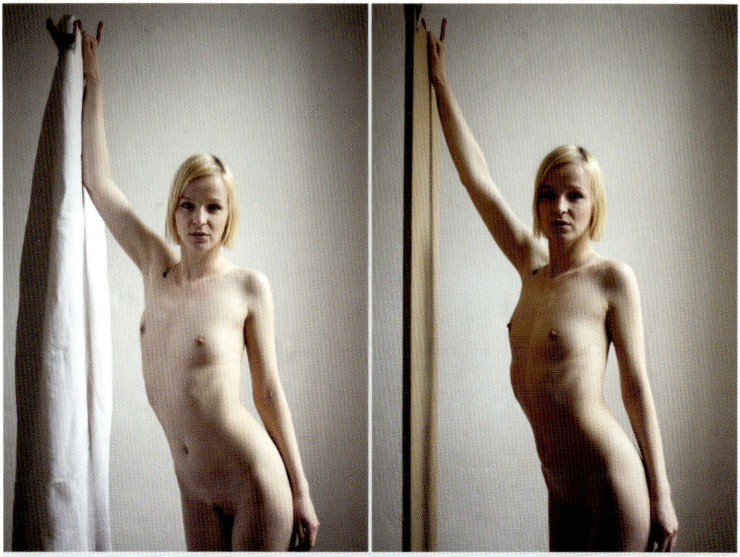

Ein weißes Bettlaken kann man wunderbar als Aufheller einsetzen. Das reflektierte Licht reichte aus, um die Schattenseite des Körpers ein wenig aufzuhellen.

Das funktioniert natürlich auch bei einer Ganzkörperaufnahme. Nur reicht dann das weiße Blatt nicht mehr. Aber vielleicht ist ein weißes Bettlaken oder ein Tischdecke in der Nähe. Selbstverständlich spricht nichts dagegen, auch mit professionellem Equipment zu arbeiten. Das muss man dann allerdings mit sich herumschleppen, und da ich es liebe, mit wenig Equipment unterwegs zu sein, habe ich in der Regel einfach nur meine Kamera dabei und lasse mich von allem anderen überraschen.

Zum Aufhellen kann man auch mit einem Aufsteckblitz arbeiten. Hierbei empfiehlt es sich, das Model nicht direkt anzublitzen, sondern mit indirektem Licht zu arbeiten, indem du den Blitz einfach nach oben gegen die Decke richtest. Mit dem in der Kamera integrierten Blitz ist das nicht möglich, du solltest daher eine Aufsteckblitz verwenden. Eine andere Möglichkeit ist, die Blitzleistung manuell zu reduzieren. Auch das lässt sich mit einem Aufsteckblitz viel besser kontrollieren.

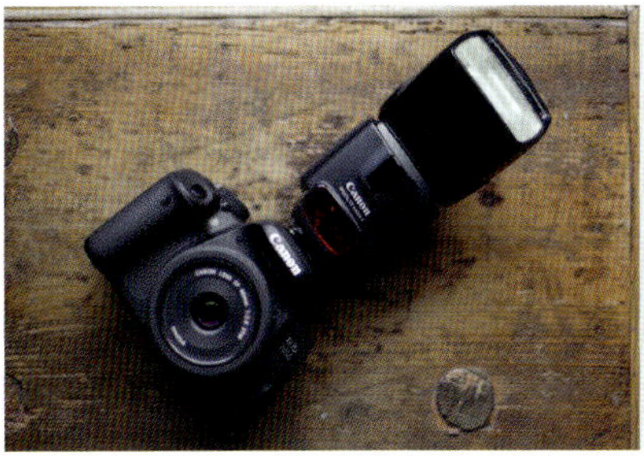

Eine gute Lösung für viele Lichtsituationen: der Aufsteckblitz.

Wenn du das Model direkt anblitzt, ist das auch ein mögliches Stilmittel. Bekannte Fotografen wie Jürgen Teller oder Terry Richardson machen das sehr gerne, aber von Aufhellen kann man dann nicht mehr wirklich sprechen ...

Weitere Lichtquellen müssen auch nicht grundsätzlich direkt das Model anstrahlen. Licht im Hintergrund verleiht einem Bild sehr viel mehr Tiefe und Räumlichkeit. Es kann reichen, im Hintergrund die Tür zu einem anderen Raum offen oder eine Lampe im Hintergrund brennen zu lassen.

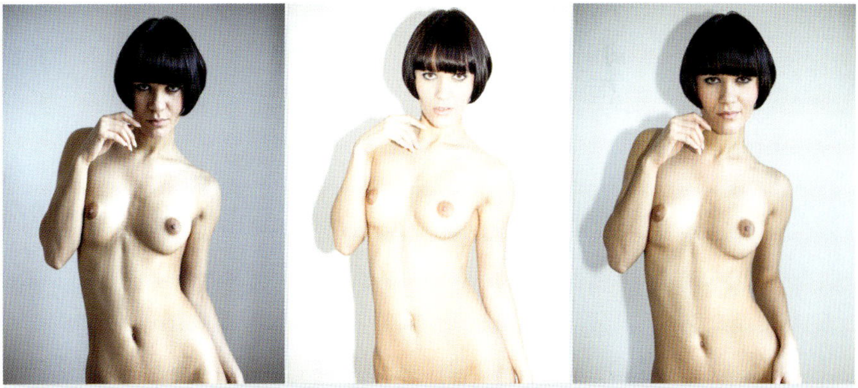

Ohne Aufhellung sehen wir eine extrem natürliche Lichtsituation. Der Körper bekommt viele Konturen, und die Stimmung wirkt sehr intim. Bei dem direkt angeblitzten Foto gibt es im Prinzip keine Schatten mehr. Das Bild wirkt sehr zweidimensional und plakativ. Durch das reduzierte Blitzen bleiben ein wenig Schatten und eine gewisse Dreidimensionalität erhalten.

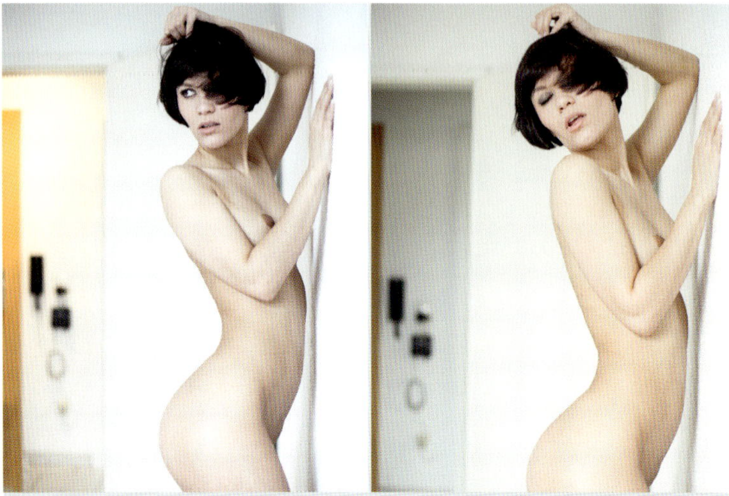

Hier ein Foto mit einer offenen Tür zu einem anderen Raum. Der Raum im Hintergrund ist mit Kunstlicht beleuchtet. Zum Vergleich das Foto auch ohne die Lichtquelle im Hintergrund.

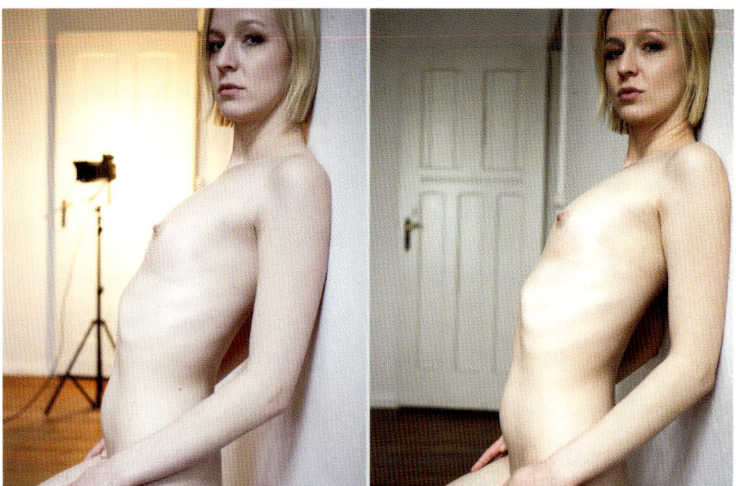

Hier ein Foto mit einer künstlichen Lichtquelle im Hintergrund. Zum Vergleich auch das fast gleiche Foto ohne die Lichtquelle im Hintergrund.

LICHT ALS STILMITTEL

!

Achtung: Wenn du Tageslicht und Kunstlicht mischt, entstehen unterschiedliche Farben. Kunstlicht ist viel gelber als Tageslicht. Darauf ist besonders zu achten, wenn beide Lichtquellen auf dein Model treffen. Wie immer gibt es aber auch hier kein Richtig und Falsch. Es bleibt wie alles eine Frage des Geschmacks und kann durchaus als künstlerisches Stilmittel eingesetzt werden.

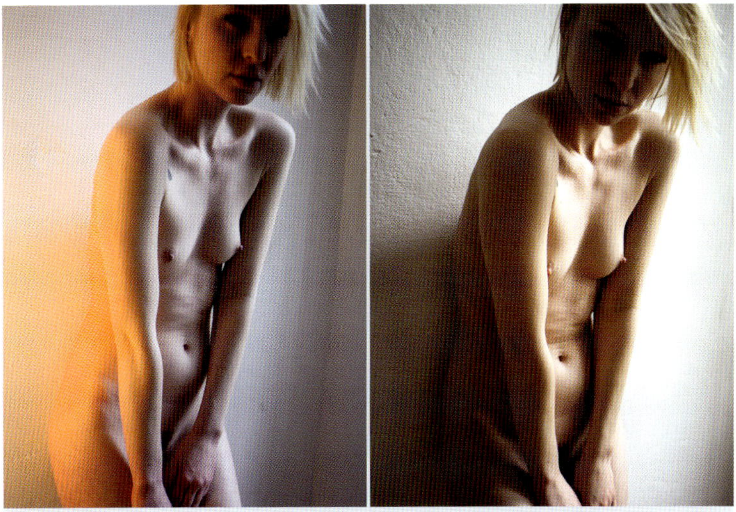

Das Mischen von Tages- und Kunstlicht kann zu spannenden Effekten führen.

Die Möglichkeiten, mit dem Licht das Bild zu gestalten und zu verändern, sind schier endlos. Ich kann hier und jetzt an dieser Stelle nichts anderes machen, als dir die ersten Schritte mit auf den Weg zu geben und dich dazu zu ermuntern, mutig und kreativ weiter damit herumzuspielen. Was passiert, wenn du alles von oben beleuchtest oder das Licht von unten kommen lässt? Was passiert, wenn du zum Beispiel mit farbigen Folien die Farbe des Lichts veränderst oder einfach mal mit Kerzen arbeitest?

Die Spielwiese der unendlichen Möglichkeiten liegt vor dir. Es gibt keine Regeln, an die du dich halten musst. Letzten Endes ist alles, was du tust, Ausdruck deiner Kreativität und Fantasie. Regeln sind da, um gebrochen zu werden. Also fühle dich frei und sei rebellisch. Alles kann, nichts muss!

Bildaufbau

Eine weitere Gestaltungsmöglichkeit ist der Bildaufbau. Du kannst bestimmen, wo du stehst und wohin du schaust, was also im Bildhintergrund zu sehen ist und wie du das Model darin positionierst. Stellst du dein Model vor einen hellen Hintergrund oder lieber vor einen dunklen? Soll der Raum hinter und vor dem Model Tiefe haben oder eher ein zweidimensionaler Eindruck entstehen? Was passiert mit dem Hintergrund, wenn du anfängst, dich zu bewegen? Entdecke Linien und Rahmen im Hintergrund, in die du dein Model harmonisch einbettest oder eine gewisse Unruhe im Bild erzeugst, indem du genau das nicht tust. Welchen Bildausschnitt wählst du? Gehst du sehr nah heran und fotografierst nur den Kopf oder die Brust – oder zeigst du mehr? Positionierst du dein Model in der Mitte des Bildes oder einfach am Rand? Oder auf dem gerne zitierten „Goldenen Schnitt“ (der wird später noch erklärt)? Schneidest du den Körper an oder zeigst du den gesamten Körper?

Du merkst: Auch hier könnten wir uns in unendlich viele Fragestellungen verlieren, anstatt einfach zu fotografieren. Mein wichtigster Tipp ist: Bleibe in Bewegung und beobachte, was passiert. Vertraue auf deinen Bauch und lerne aus Erfahrungen. Was dir in der einen Situation richtig erschien, kann dir im nächsten Moment falsch erscheinen und umgekehrt. Es ist und bleibt schwierig, tatsächliche Regeln aufzustellen. Und es bleiben immer die Fragen: Was willst du? Was gefällt dir?

Deshalb habe ich in diesem Kapitel versucht, immer wieder das gleiche Motiv aus unterschiedlichen Positionen zu fotografieren, um möglichst wertfrei zu zeigen, wie unterschiedlich ein und derselbe Moment oft nur durch eine kleine Veränderung wirken kann.

Brennweite und Bildausschnitt

Um eine physikalisch genaue Erklärung der Brennweite zu bekommen, empfehle ich, mal bei Wikipedia oder auf einschlägigen Fotoseiten im Internet nachzuschauen. Allerdings ist der Laie dann genauso schlau wie vorher, und ich selbst habe dieses Wissen zum Fotografieren noch nie benötigt. Wichtig ist zu wissen, dass eine Brennweite von 35 bis 60 mm der Wahrnehmung des menschlichen Auges sehr nah kommt. Je kürzer oder kleiner die Brennweite (zum Beispiel 17 bis 35 mm), umso mehr bekommen wir aufs Bild. Dieser Brennweitenbereich wird auch als Weitwinkel bezeichnet, eine sehr kleine Brennweite als Fisheye. Je weitwinkliger ein Objektiv ist, umso verzerrter wird das Bild in seiner Darstellung: Linien werden gebogen, und die Nase z. B. wölbt sich leicht in die Kamera.

Ein 50-mm-Objektiv kommt der Wahrnehmung des Auges sehr nahe und eignet sich hervorragend als Allroundobjektiv. Bei Porträts muss man jedoch aufpassen, dass man nicht zu nah an sein Model herangeht, da dann immer noch leichte Verzerrungen entstehen können.

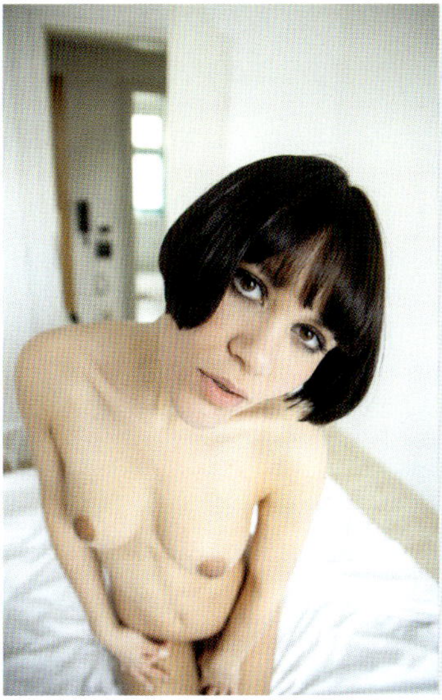

Fotografiert mit 24 mm Brennweite. Die Linien im Hintergrund sind völlig schief und die Körperproportionen sehr eigenwillig.

Ein 80-mm-Objektiv wird daher gerne als Porträtobjektiv bezeichnet. Es hat keine Verzerrungen mehr und eignet sich besonders für einwandfreie Porträts. Durch die lange Brennweite braucht man allerdings auch einen größeren Abstand zu seinem Model, weshalb ich persönlich trotzdem lieber mit einem 50-mm-Objektiv arbeite, da ich damit flexibler bin.

Je länger die Brennweite (70 mm bis 300 mm), umso kleiner wird der Bildausschnitt und umso näher erscheint uns Fernes. Eine lange Brennweite ist vergleichbar mit einem Fernglas. Je länger die Brennweite, desto mehr Abstand brauchen wir zu unserem Model. Für das Fotografieren in Räumen ist eine lange Brennweite also weniger geeignet. Für Sport- oder Tierfotografen, die aus weiterer Entfernung nah an einen Sportler oder zum Beispiel an einen Vogel auf einem Ast herankommen wollen, ist eine lange Brennweite hingegen unentbehrlich.

Die wohl grundlegendste Gestaltungsmöglichkeit ist, wie viel du überhaupt von deinem Model zeigst.

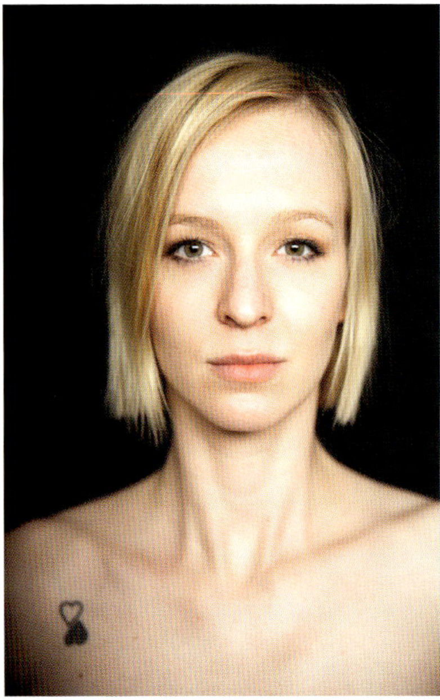

Gehst du nah heran, um einen kleinen Bildausschnitt zu bekommen, ...

Nahaufnahme Kopf

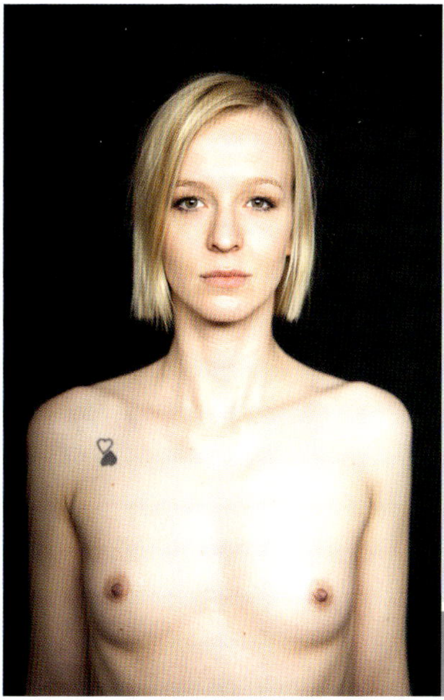

... oder nimmst du die Schultern und die Brust noch mit ins Bild ...

Halbnahe Aufnahme mit Schultern und Brust

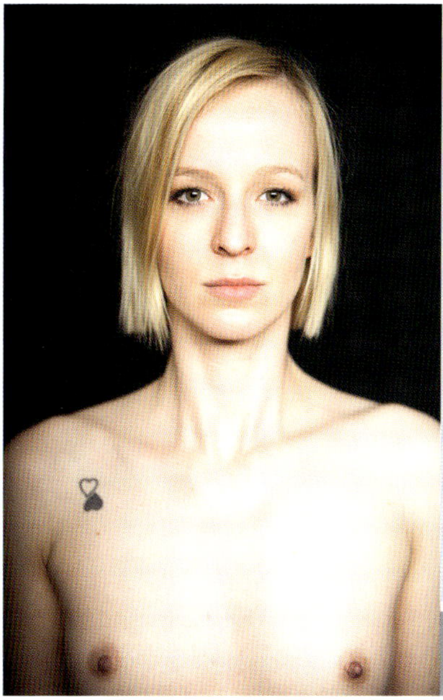

... oder soll die Brust vielleicht nur leicht angeschnitten zu sehen sein?

Halbnahe Aufnahme mit Brust im Anschnitt

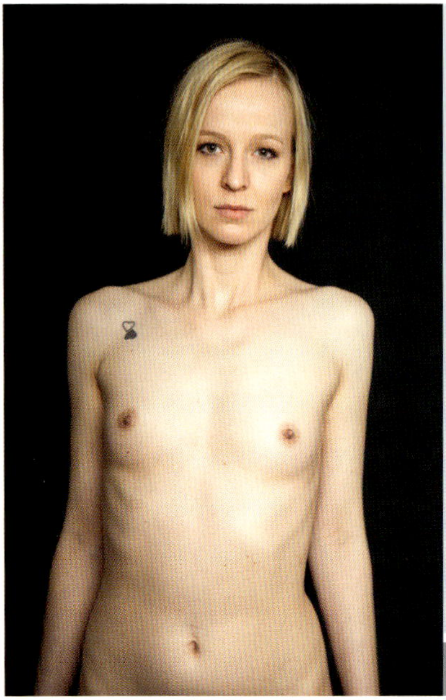

Oder nehme ich den Bauchnabel mit ins Bild ...

Oberkörper mit Bauchnabel

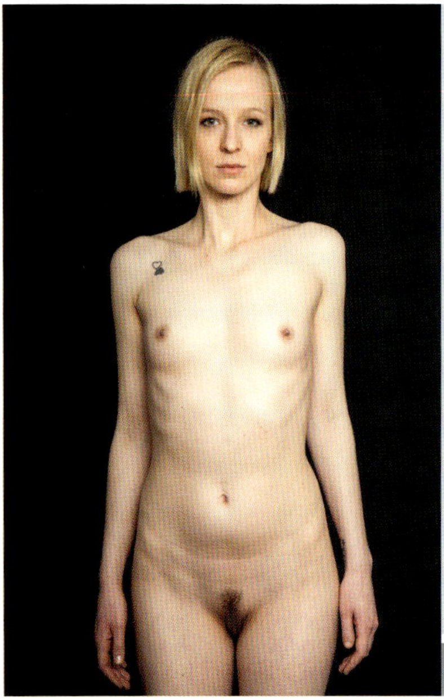

... oder interessiert mich mehr?

Torso bis zu den Fingerspitzen

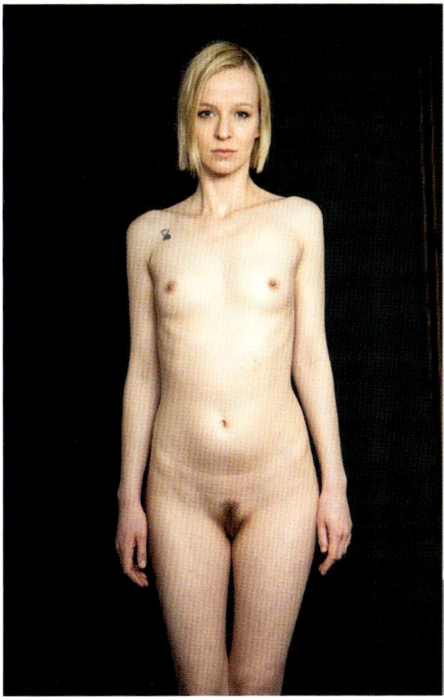

Oder doch der ganze Körper oder eine amerikanische Einstellung ...

Amerikanische Einstellung, knapp über den Knien angeschnitten

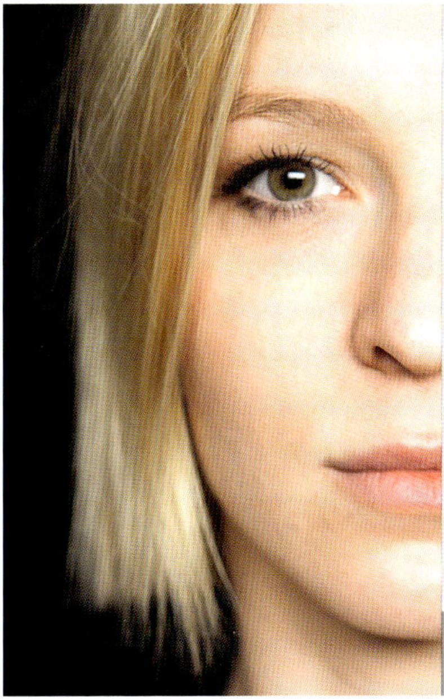

... oder doch nur die Augen und der Mund ...

Nahaufnahme, Augen und Mund angeschnitten

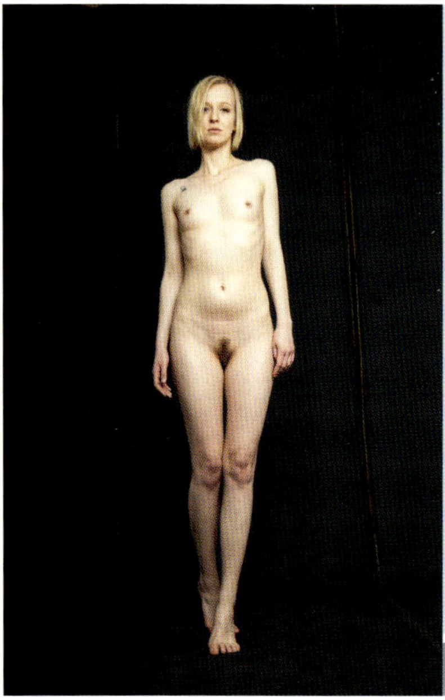

... oder doch der ganze Körper?

Ganzkörperaufnahme

Der Begriff „amerikanische Einstellung" kommt aus den amerikanischen Western: Die Obergrenze bildet der Hut, die Untergrenze der Colt.

Ohne dass das Model seine Position in irgendeiner Weise geändert hat, habe ich acht unterschiedliche Fotos von ein und demselben Moment machen können. Und das ist nur der Anfang von vielen, vielen Entscheidungen und Möglichkeiten, die sich dir bieten.

Hoch- oder Querformat?

Genauso ist es eine Entscheidung, ob ich ein Hoch- oder ein Querformat für meine Aufnahme wähle. Will ich mein Model bildfüllend fotografieren oder soll möglichst viel vom Drumherum mit auf das Bild kommen? Oft hängt die Entscheidung für ein Quer- oder Hochformat auch von der weiteren Verwendung für ein Foto ab.

Fotografiere ich zum Beispiel für ein Buch oder ein Magazin, in dem das Foto möglichst seitenfüllend abgedruckt werden soll, ist es immer günstiger, im Hochformat zu fotografieren, da Bücher und Magazine meistens hochformatig angelegt sind.

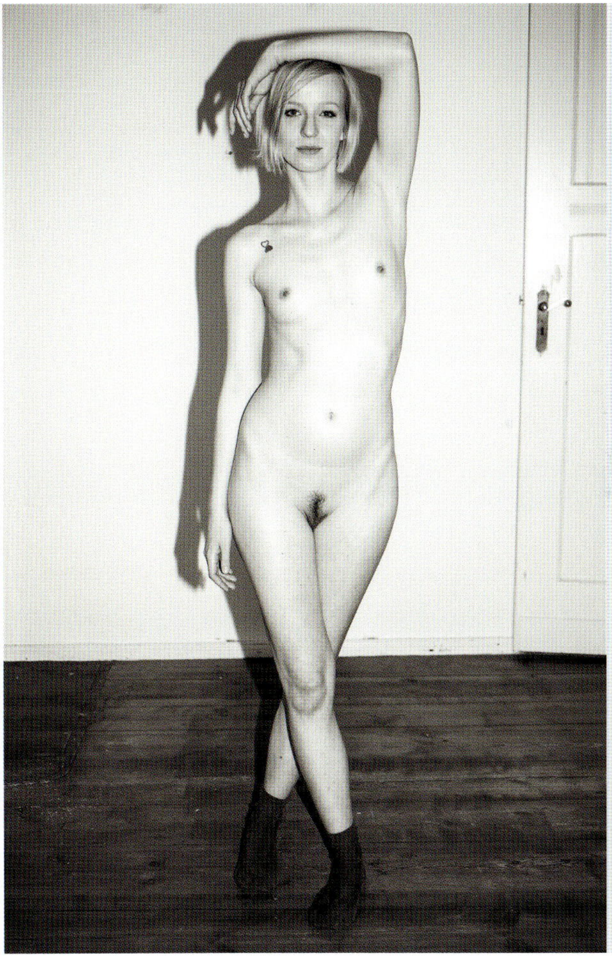

Steht mein Model und wähle ich ein Hochformat, habe ich die Möglichkeit, das Model sehr bildfüllend darzustellen. Die Umgebung geht eher unter.

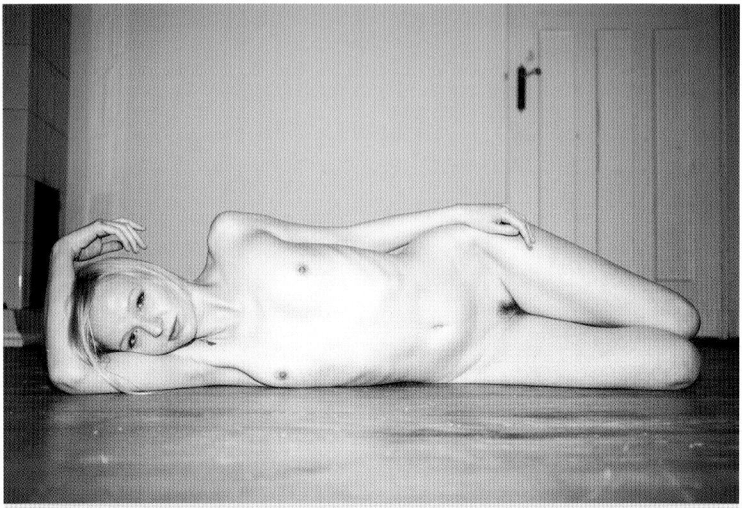

Das Gleiche passiert natürlich auch, wenn das Model liegt. Hier habe ich ein Querformat gewählt, um es möglichst kompakt auf das Bild zu bekommen.

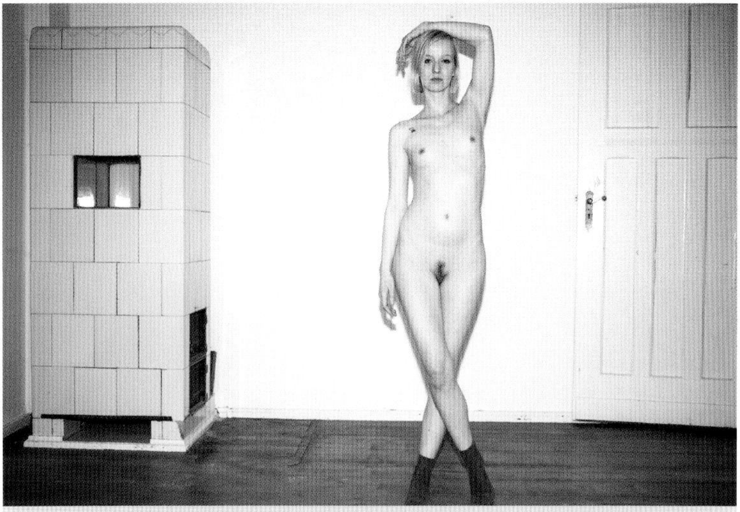

Natürlich kann man das auch bewusst anders machen, um auf diesem Weg viel von der Umgebung mit auf das Bild zu bekommen.

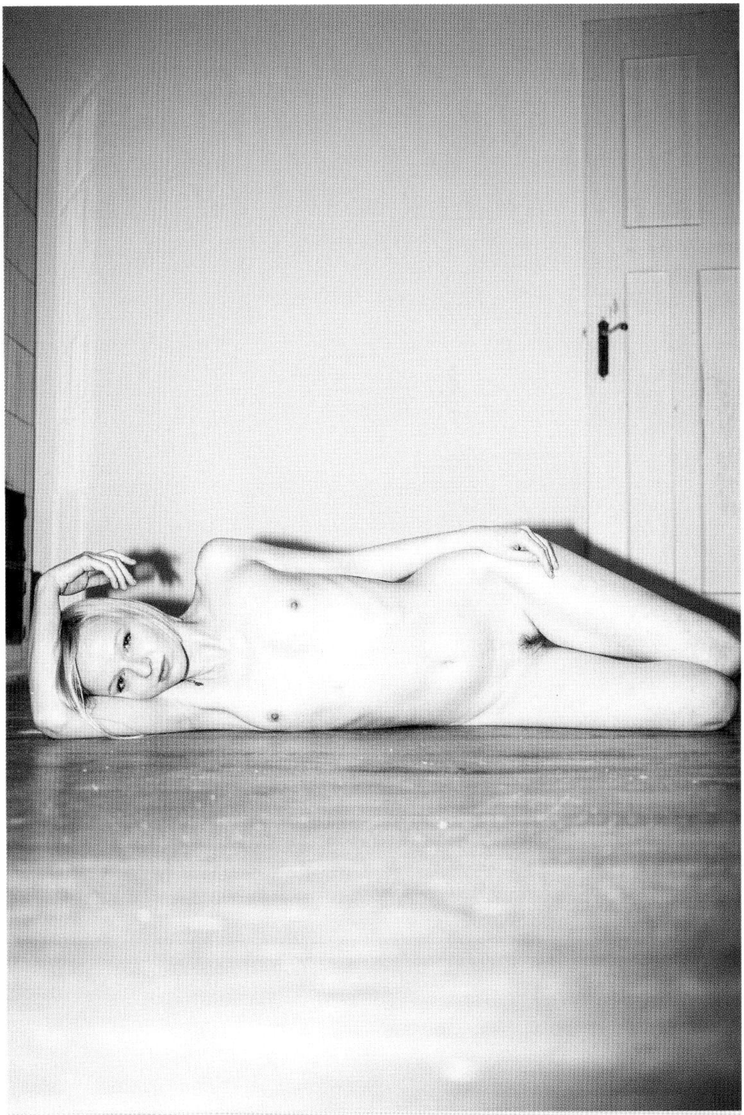

Obwohl das Model liegt und damit ein Querformat naheliegen würde, kannst du dich bewusst dagegen entscheiden und damit eine ganz andere Stimmung erzeugen.

Hintergrund

Die Wahl des Hintergrunds kann beispielweise von der Haar- oder Hautfarbe des Models abhängig sein. Ein dunkelhaariges Model zum Beispiel kommt vor einem hellen Hintergrund in der Regel viel besser zur Geltung als vor einem dunklen. Umgekehrt wirkt sehr helles Haar vor dunklem Hintergrund viel besser. Je größer der Kontrast, umso intensiver die Wahrnehmung.

Mehr zum Hintergrund findest du in dem Kapitel „Komposition".

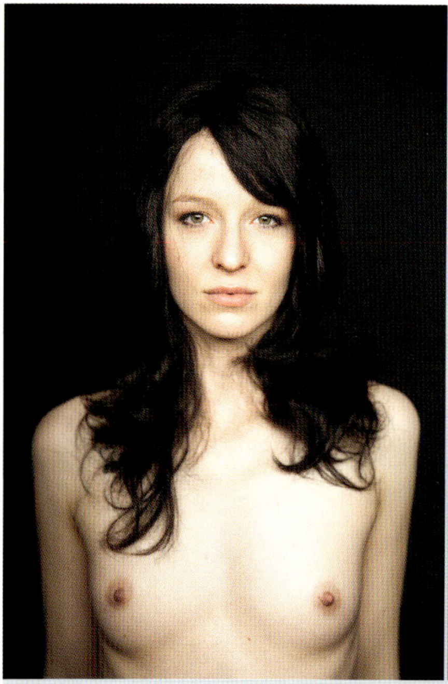

Model mit dunklen Haaren vor dunklem Hintergrund.

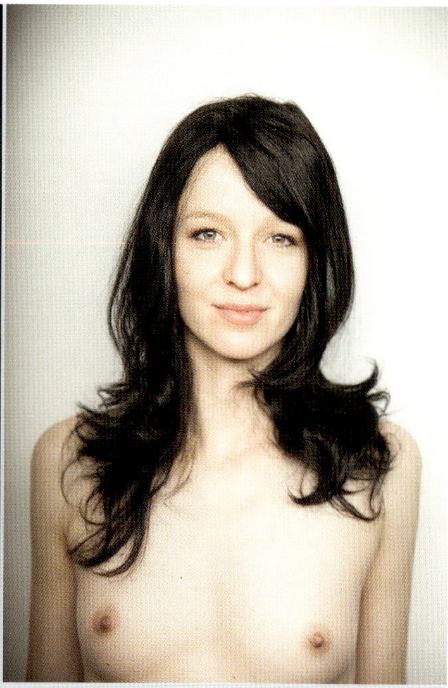

Model mit dunklen Haaren vor hellem Hintergrund.

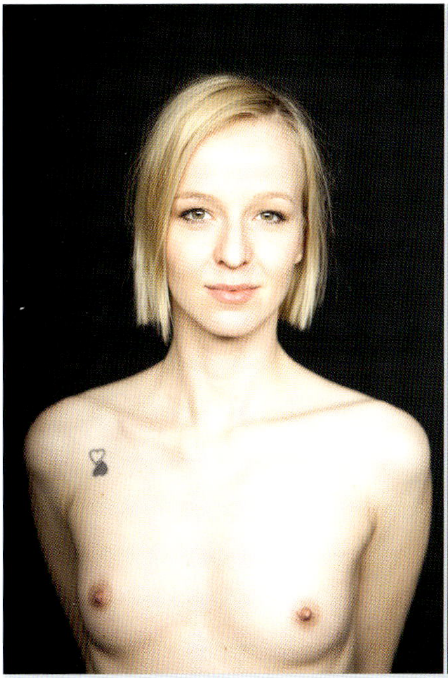

Model mit hellen Haaren vor dunklem Hintergrund.

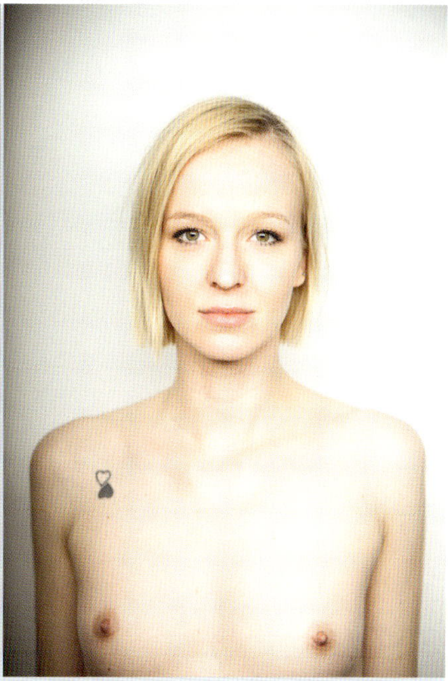

Model mit hellen Haaren vor hellem Hintergrund.

Tiefe und Räumlichkeit

Je mehr Raum du vor und hinter dem Model hast, umso mehr Tiefe bekommt das Bild – und damit auch eine sehr räumliche und dreidimensionale Darstellung. Diese Räumlichkeit wirkt stärker, je mehr der Hintergrund in der Unschärfe verschwindet. Je mehr Abstand das Model zum Hintergrund hat, umso unschärfer wird er. Stellst du das Model hingegen direkt vor eine Wand, bekommt das Bild keine Tiefe – es ist ja auch keine vorhanden. Das Foto wirkt automatisch zweidimensional und plakativ, es gibt keine Distanz zum Model.

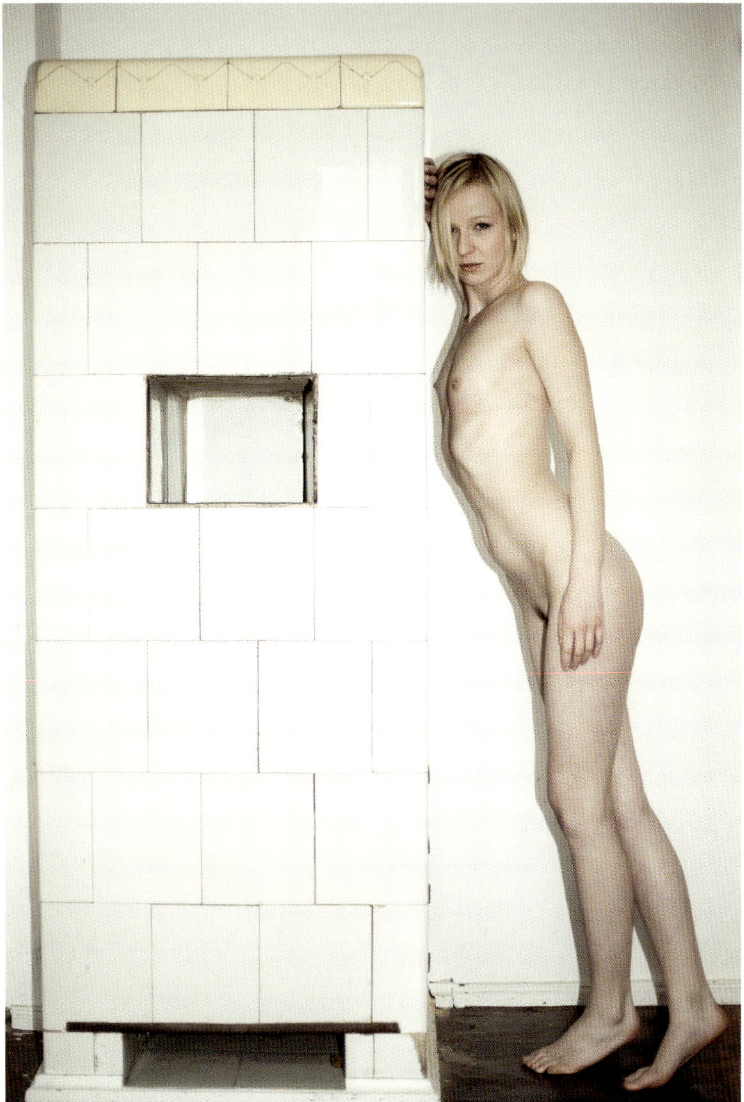

Das Model steht direkt vor einer Wand. Der Hintergrund hat die gleiche Schärfe wie das Model, und es entsteht keine Räumlichkeit.

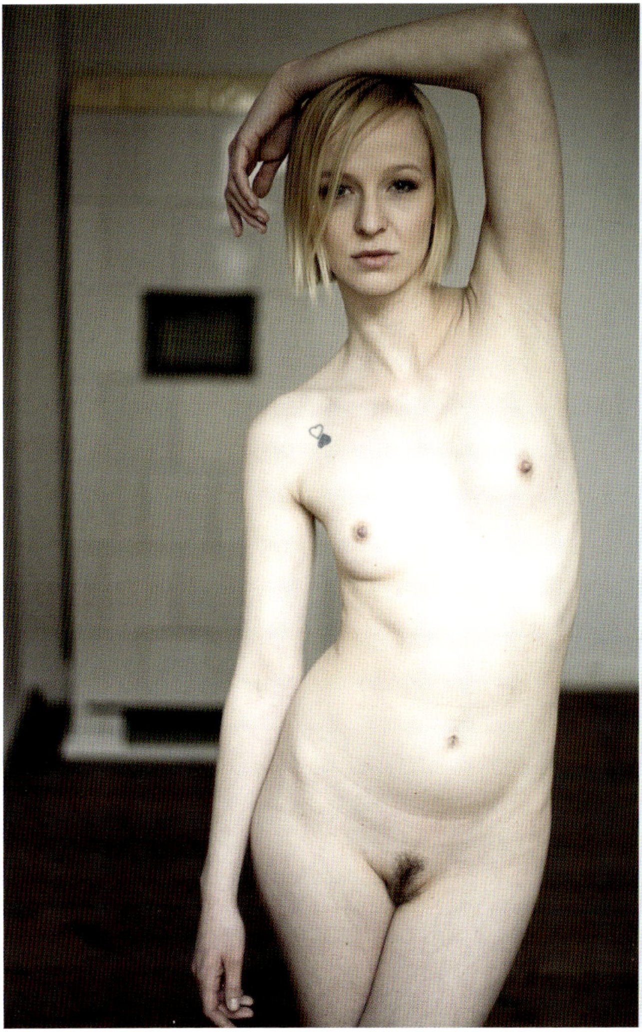

Das Model steht mitten im Raum. Im Hintergrund können wir in den Raum schauen, wodurch extrem viel Tiefe entsteht.

Um die Tiefe des Raums zu verstärken, kann man zusätzlich noch einen Gegenstand oder auch ein Körperteil des Models in den Vordergrund positionieren, zum Beispiel einen Stuhl oder eine Tischkante oder die ausgestreckte Hand des Models.

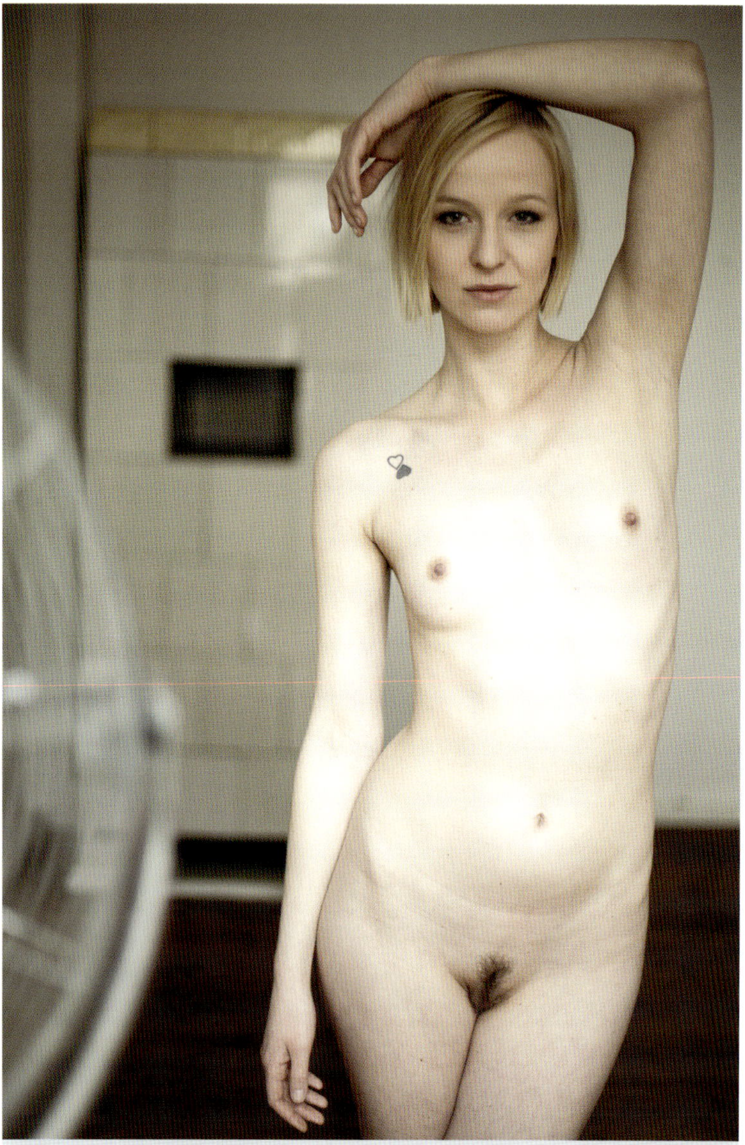

Durch den Ventilator im Vordergrund bekommt das Foto noch mehr Tiefe.

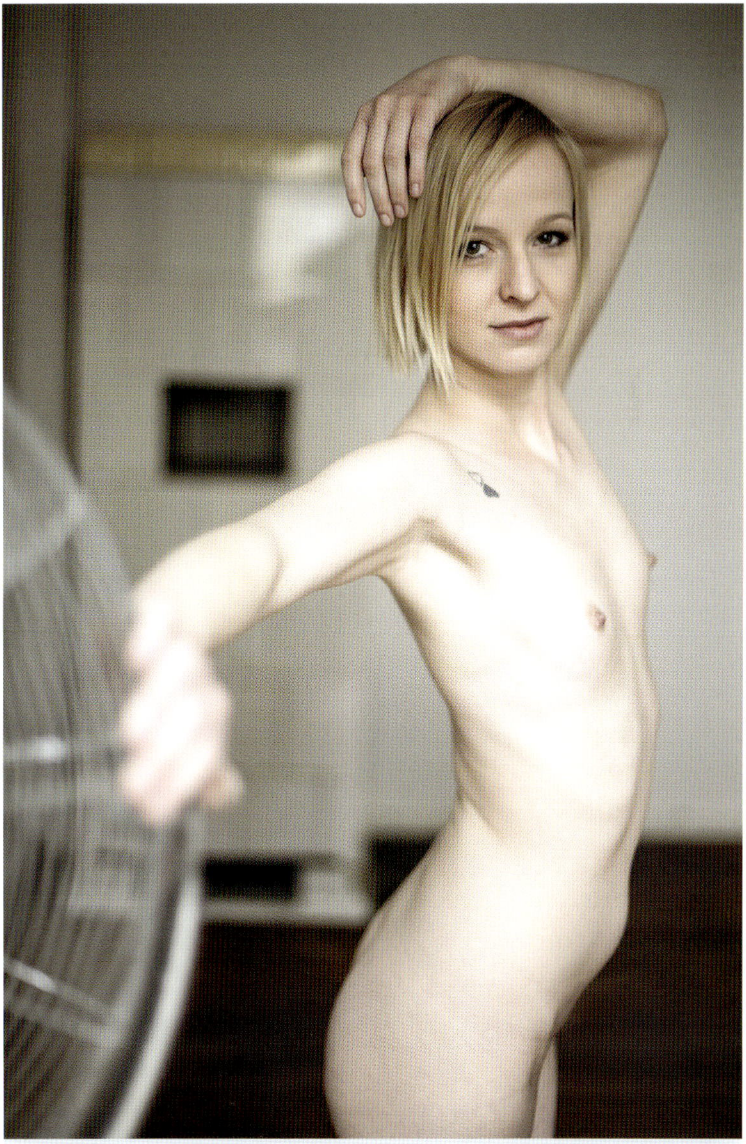

Das gleiche Foto mit viel Tiefe hinter dem Model, jetzt noch zusätzlich mit seiner Hand im Vordergrund.

Komposition

Nachdem du dich nun für den Ausschnitt, das Format und den Hintergrund entschieden hast, bleibt noch die Frage offen, wo genau im Bild du dein Model positionieren möchtest. Mittig, links oder rechts am Bildrand oder irgendwo dazwischen? Wie viel Raum lässt du zwischen dem Kopf und der oberen Bildkante und wie bettest du das Ganze dann noch in den Hintergrund ein?

Für jede Regel, die man nun aufstellen könnte, gibt es Vertreter und Gegner. Die einen sagen, dass man niemals einen Menschen mittig positionieren solle, da das als langweilig empfunden würde. Das Bild erscheine viel schöner und harmonischer, wenn man das Model leicht nach links oder rechts ins Bild, am besten auf den Goldenen Schnitt rückt. Die anderen beweisen mit ihren sehr gelungenen Aufnahmen ständig das Gegenteil.

DER GOLDENE SCHNITT

Der Goldene Schnitt beschreibt ein mathematisch errechnetes Raster, von dem behauptet wird, dass es als sehr harmonisch empfunden wird. Das ist allerdings nur eine Vermutung und wissenschaftlich überhaupt nicht belegt. Teilt man eine Strecke in zwei Teile, liegt der Goldene Schnitt etwa zwischen 61,8 % und 38,2 % der Strecke.

Die Formel, um ihn zu berechnen, ist:

$$\frac{a}{b} = \frac{a+b}{a}$$

Dieses Raster zeigt den Goldenen Schnitt im Bildaufbau:

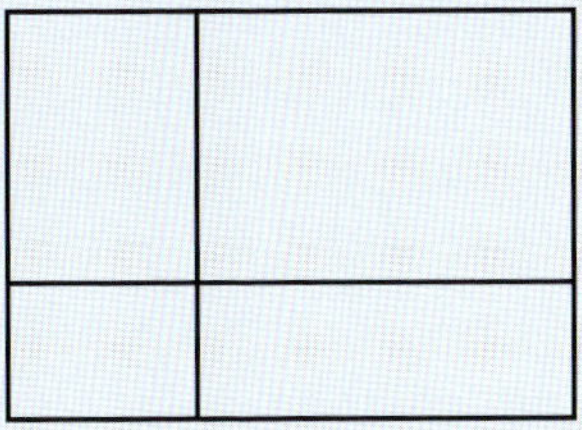

Positioniert man sein Model auf diesen Linien, entsteht eine sehr harmonische Bildaufteilung.

Selbstverständlich gibt es keinen Grund, sich an dieses Raster zu halten. Es ist aber mit Sicherheit gerade für den Anfänger eine gute Hilfe, sich daran zu orientieren, um zu einem guten Ergebnis zu kommen. Spannend kann es aber auch sein, diese Regel zu brechen, um vielleicht zu einer ganz anderen Wirkung zu gelangen.

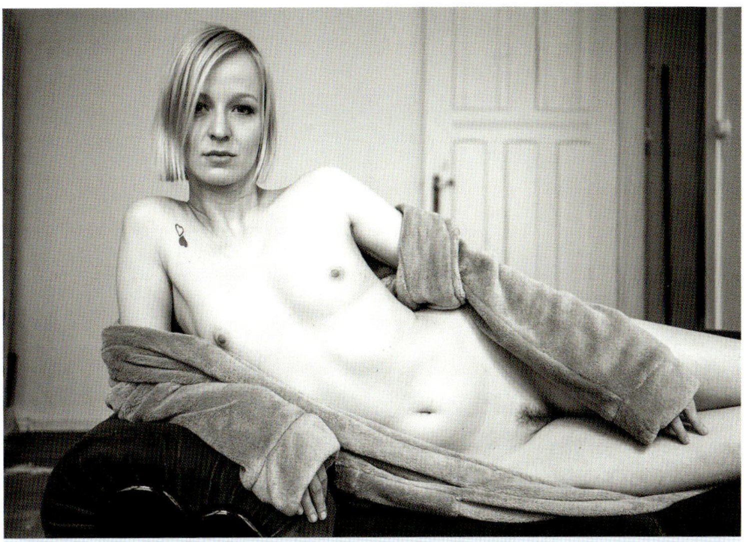

Eine Ähnlichkeit zu dem darüber abgebildeten Raster ist zu erkennen.

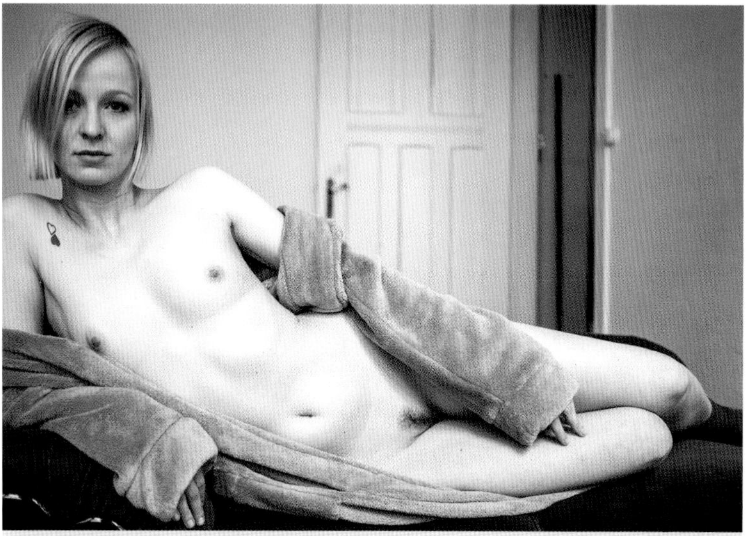

Das Model ist viel näher am Bildrand.

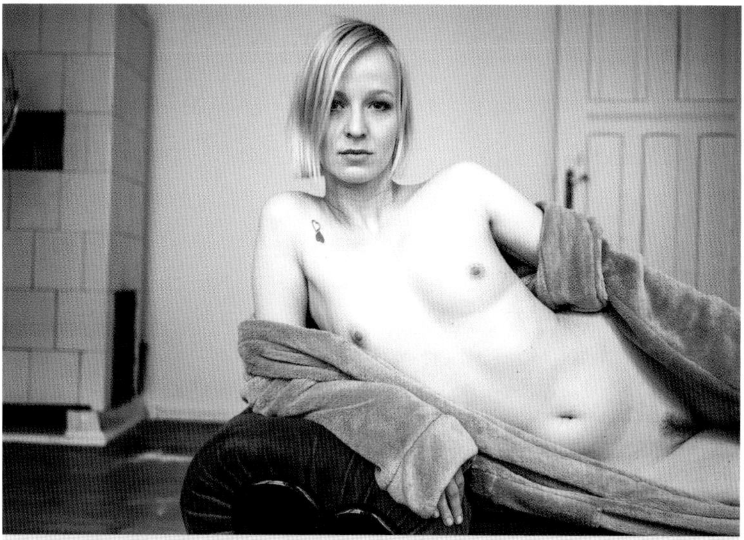

Das Model ist mittig positioniert.

Auch im Hintergrund haben wir oft Linien und Formen, die ebenfalls Einfluss auf das Bild haben. So macht es zum Beispiel einen großen Unterschied, wie man sein Model in diese Linien einrahmt oder ob man die Linien sich kreuzen lässt.

Die vielen Bildbeispiele zeigen wunderbar, wie unterschiedlich ein und dasselbe Motiv wirken kann, einzig und allein durch seinen Bildaufbau und die Perspektive. Um diese vielen Möglichkeiten wahrzunehmen, ist es wichtig, in Bewegung zu sein und zu bleiben. Denn nur wenn du selbst immer wieder aus neuen Blickwinkeln schaust und beobachtest, wirst du auch die vielen Möglichkeiten entdecken, die sich hinter einem Motiv verbergen.

An dieser Stelle möchte ich auch noch mal etwas zum Objektiv sagen. Denn die Wahl des Objektivs hat sehr viel damit zu tun, wie viel wir uns bewegen. Ein Zoomobjektiv verleitet zwar dazu, den Bildausschnitt zu verändern. Durch eine kleine Handbewegung sind wir sehr schnell sehr nah oder sehr weit entfernt von unserem Motiv. Unseren Blickwinkel haben wir dadurch jedoch nicht verändert. Mit einer Festbrennweite sind wir gezwungen, uns zu bewegen. Um einen kleineren Ausschnitt von deinem Model zu bekommen, musst du dich zu ihm hinbewegen. Und auf diesem Weg passiert schon etwas. Mit jedem Schritt, mit jeder noch so kleinen Bewegung wirst du sehen, wenn du darauf achtest, wie sich der Hintergrund verändert. Und wenn du plötzlich das Gefühl hast, du möchtest mehr auf dein Bild bekommen, musst du dich wieder von deinem Model wegbewegen – dabei steht vielleicht ein Stuhl im Weg, und alleine, dass du ihn erst beiseite stellen musst, bringt dich dazu, deinen ursprünglichen Ort zu verlassen und wieder aus einer neuen Perspektive zu schauen ...

Natürlich bringt uns eine Festbrennweite auch an Grenzen. Mit einem Zoomobjektiv sind wir eben auch ein wenig flexibler. Gerade in einer kleinen Wohnung würden wir so manches Mal gerne noch einen Schritt nach hinten gehen, um zum Beispiel eine Ganzkörperaufnahme machen zu können – aber leider ist eine Wand im Weg, die wir nun einmal für ein Foto nicht abreißen können. Dann wäre es natürlich toll, alleine durch die Veränderung der Brennweite einen größeren Bildausschnitt wählen zu können.

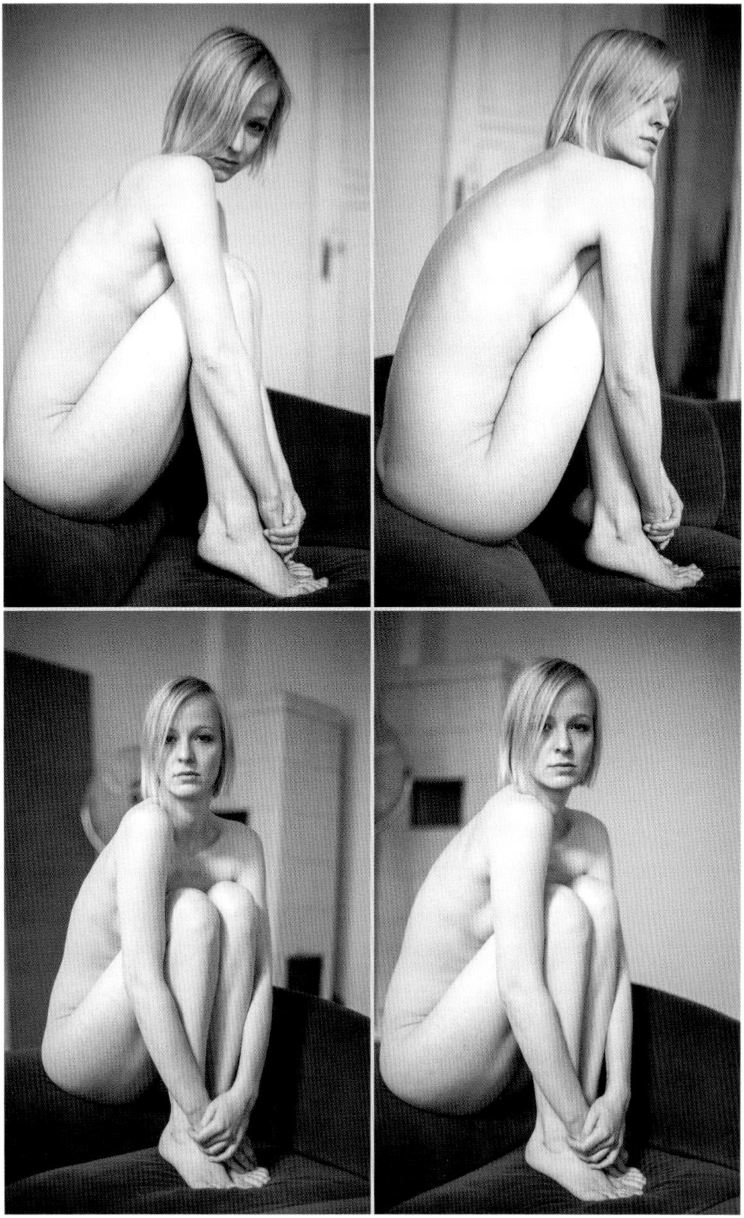

TIPP !

Je mehr du dich bewegst, umso mehr kannst du entdecken.

Ich für meinen Teil arbeite schon seit vielen Jahren fast ausschließlich mit einer 50-mm-Festbrennweite. Ich mag diese Einschränkung, da sie mich kreativ macht. Aber vielleicht ist es auch eine Typsache, inwieweit man sich dazu bringen kann, in Bewegung zu bleiben und die Welt mit offenen Augen immer wieder neu wahrzunehmen. Letzten Endes muss jeder seine eigene Arbeitsweise herausfinden und das für sich passenden Objektiv entdecken.

Der Umgang mit dem Model

Gerade in der Aktfotografie ist es sehr wichtig, dass das Model sich wohlfühlt. Und dazu ist Vertrauen natürlich eine ganz entscheidende Sache. Von vornherein solltest du geradeheraus sagen, was du eigentlich willst und vorhast, und keinen pubertären Eiertanz daraus machen. Je klarer deine Ansagen sind, umso eindeutiger bist du zu verstehen und umso weniger kann es zu ungewollten Missverständnissen kommen.

Absprachen sind wichtig. Egal ob das Model deine Partnerin oder ein gebuchtes, professionelles Model über eine Agentur ist. Je unsicherer du bist, desto verunsichernder ist die Situation auch für das Model. Deswegen ist es wichtig, schon vor dem Shooting ein paar konkrete Ideen zu haben, mit denen man das Shooting beginnen kann. Wenn ihr dann einmal im Arbeitsprozess seid, ist es viel leichter, irgendetwas Ungeplantes umzusetzen oder spontane Ideen zu verwirklichen.

Wenn du mit deinem Model einen Termin gemacht hast, hast du alle Zeit der Welt. Es gibt keinen Grund, sich unglaublich zu beeilen und Hektik zu verbreiten. Es sollte nicht darum gehen, möglichst viele Fotos zu machen, sondern möglichst gute. Und gut Ding will eben Weile haben. Also ist es nicht verkehrt, vor und auch während des Shootings miteinander zu reden und über Gott und die Welt zu quatschen. Auch das hilft, die Atmosphäre aufzulockern und eine natürliche Situation entstehen zu lassen.

! KEIN ALKOHOL BEIM SHOOTING

Auf gar keinem Fall solltest du dem Model Alkohol anbieten. Mal ganz abgesehen davon, dass es vom Alkohol schnell eine rote Nase und einen glasigen Blick bekommen kann, könnte es auf die Idee kommen, dass du wer weiß was vorhast. Ein Gläschen Sekt kann zwar locker machen, aber auf keinen Fall beim ersten gemeinsamen Shooting. Das Model sollte immer das Gefühl haben, selbst entscheiden zu können, wie weit es geht und was es machen will.

Als man noch analog gearbeitet hat, musste man zwischendurch immer wieder den Film wechseln. Das hat von ganz allein eine gewisse Ruhe in ein Shooting gebracht, da es immer mal wieder eine kurze Pause gab und sich diese Ruhe auch auf das Model übertragen konnte. Das digitale Fotografieren verleitet sowieso schon dazu, ständig auf den Auslöser zu drücken und viel mehr Fotos zu machen, als man jemals benötigt. Ein Grund mehr, sich die Zeit zu nehmen, mit manuellen Einstellungen zu arbeiten, und immer mal wieder die Bremse zu ziehen.

Je vertrauter die Situation wird, umso mehr wird das Model sich deiner Kamera öffnen. Hier solltest du nicht den Fehler machen, alles auf dich zu beziehen. Das Model will ja genau wie du, dass am Ende tolle Fotos dabei herauskommen. Wenn es also mit der Kamera flirtet, dann passiert das für das Foto, und du kannst es als Kompliment werten, dass dir das Model dieses Vertrauen entgegenbringt. Halte dir immer wieder vor Augen, dass das Model das alles tut, weil ihr Fotos macht. Diese Distanz muss immer gewahrt sein. Überlasse ihm, wie weit es gehen mag. Mit ein wenig Feingefühl wird sich von ganz alleine zeigen, wo welche Grenzen sind.

Wie finde ich die richtige Pose?

Es kann nichts besser sein, als wenn du ein Model hast, das so lebendig und kreativ ist, dass es dir von ganz alleine die unterschiedlichsten Posen und Stimmungen anbietet. Das macht es natürlich sehr viel einfacher für dich. Da du aber nicht immer das Glück haben wirst, an ein solches Model zu geraten, ist es hilfreich, wenn du dem Model weiterhelfen kannst.

Den meisten Menschen fällt es schwer, vor der Kamera zu posieren und locker und natürlich zu sein. Gerne wird dann erst einmal herumgealbert, gekichert und gelacht. Da es nicht weiß, wohin mit den Händen, vergräbt so manches Model gerne als Erstes sein Gesicht darin. Kein Problem. Genau das kann doch der wunderbar spielerische Anfang eines Shootings sein.

Setze dich deinem Model gegenüber an einen Tisch und mache ihm vor, wie du dich hinter deinen Händen versteckst. Und schon machst du damit die erste Pose vor. In der Regel ist das schon mal ein lustiger Einstieg.

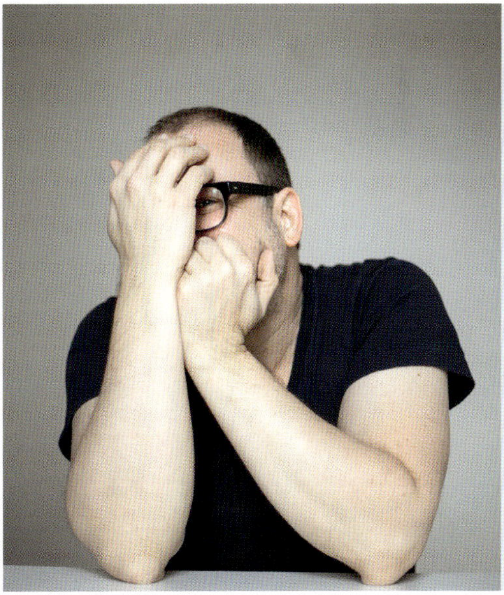

Mache deinem Model Posen vor.

Aber ich meine es ernst. Was passiert, wenn du nun zeigst, was aus dieser Position heraus alles möglich ist. Du zeigst dem Model, wie du zwischen deinen Fingern hervorlugst, dann dein Kinn auf die Hände aufstützt und von dort deinen Kopf von deinen Händen rutschen lässt. Versuche,

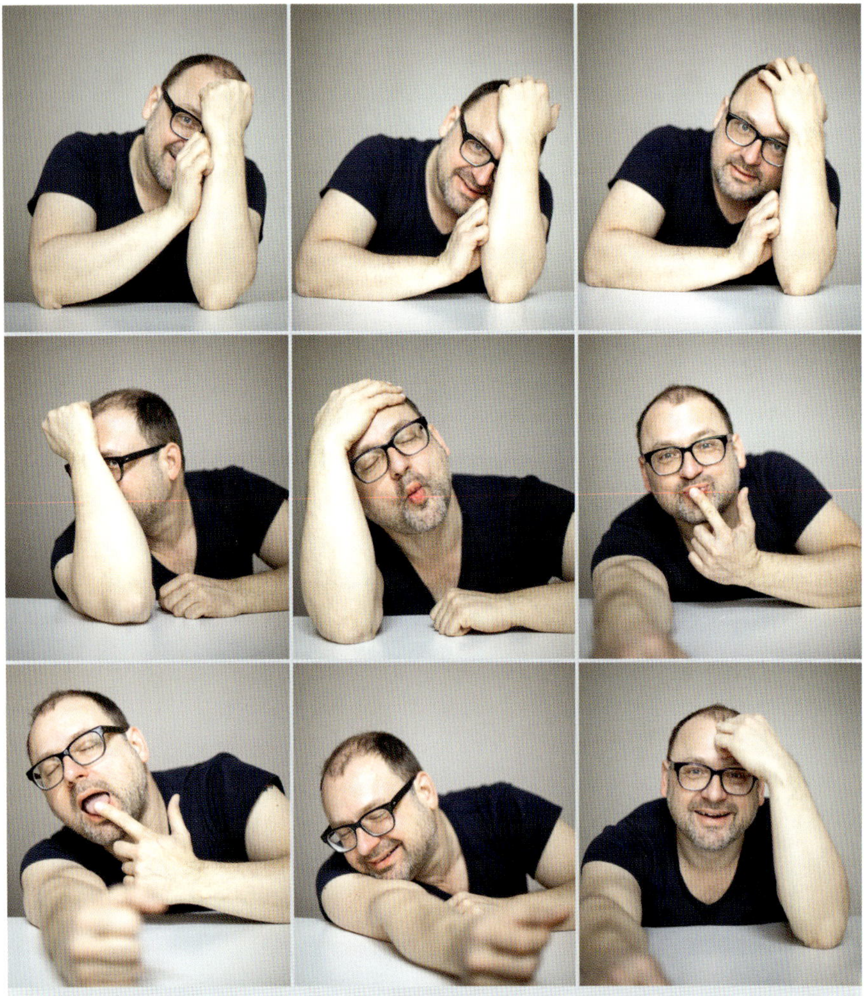

Anschließend lässt du dein Model das selbst ausprobieren.

deinem Körper zu folgen, und mache dir bewusst, dass jede kleine Veränderung schon wieder eine neue Pose ist. Selbst kleine Veränderungen können einen großen Unterschied machen. Mache deinem Model einfach ein paar Posen vor und lasse es dann selbst damit spielen.

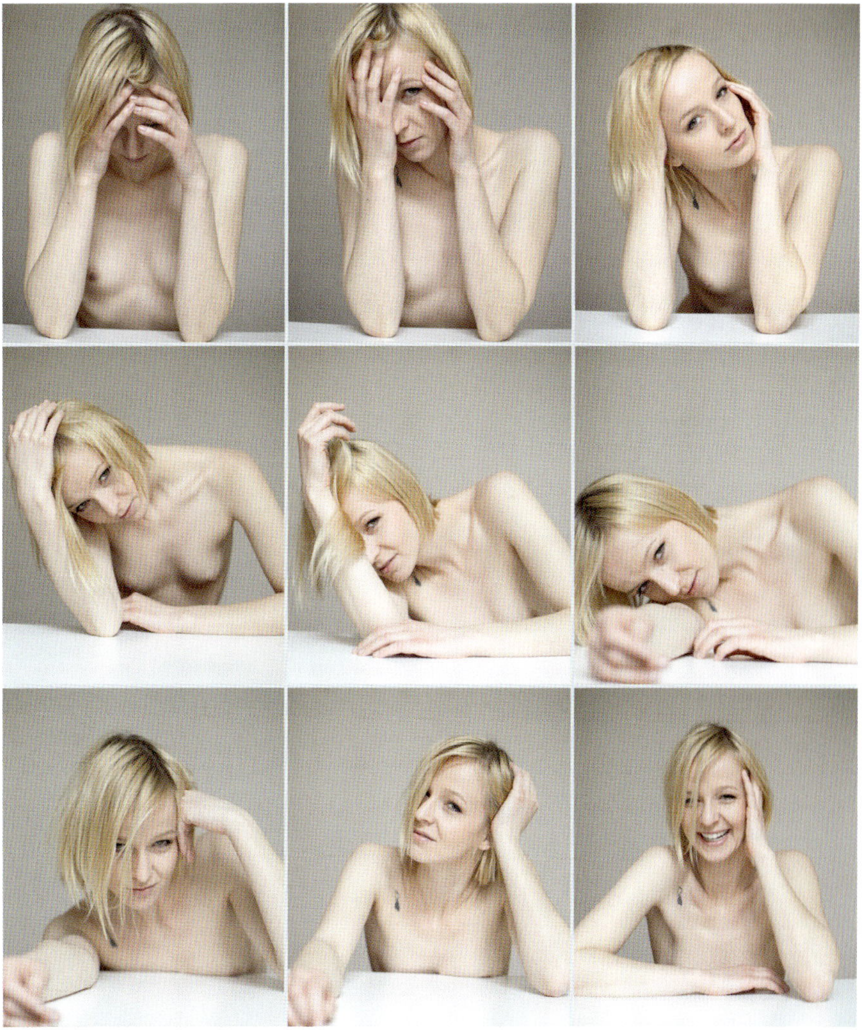

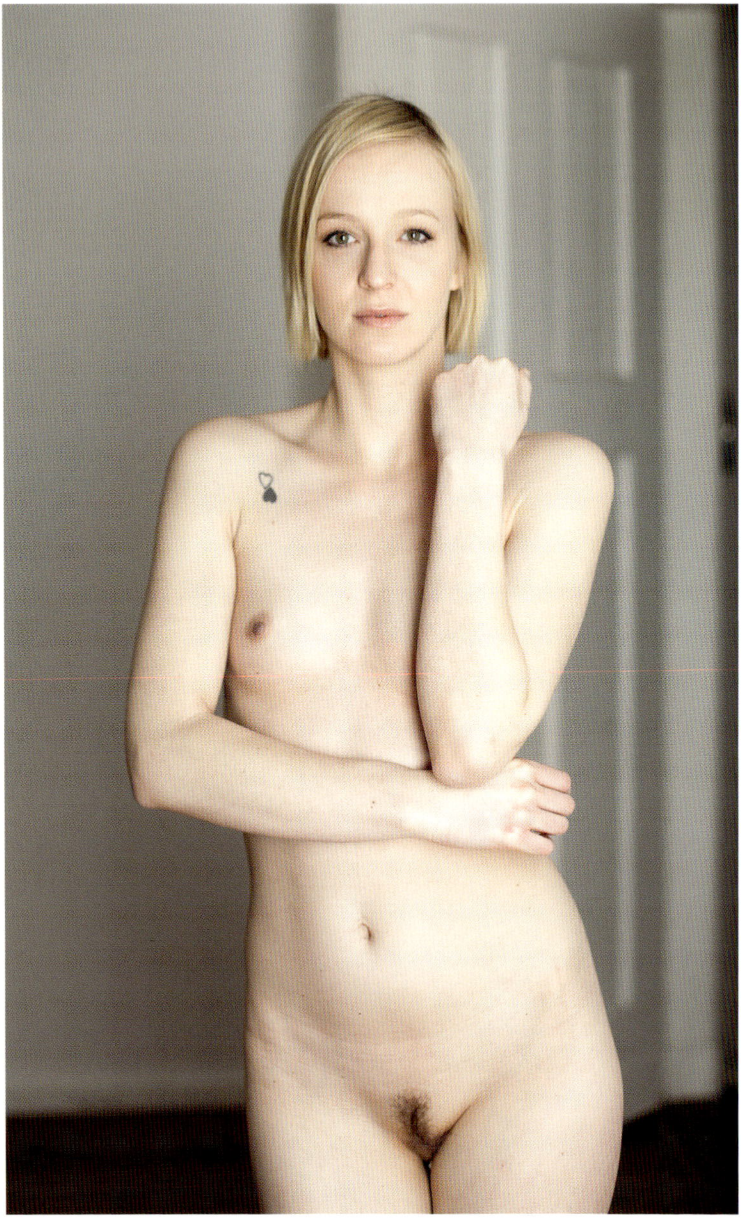

Viel schwerer, als an einem Tisch zu sitzen, ist es für das Model, sich im freien Raum zu bewegen. Gerade mitten im Raum weiß es oft nicht, wohin mit den Händen.

Daher empfehle ich auch im Stehen erst mal ein ähnliches Spiel wie am Tisch. Stelle dich mit deinem Model gegenüber an die Wand. Mache ihm vor, wie du dich an der Wand entlangrollst. Versuche auch hier, deinem Körper zu folgen, und beobachte, wohin dich die Schwerkraft bringt. Hier gilt das Gleiche wie am Tisch.

Jede kleine Veränderung ist wieder eine neue Pose. Je lustiger du bist und je mehr du dich selbst zum Affen machst, umso mehr Scheu wird dein Model verlieren und sich auch umso mehr trauen, verrückte Sachen zu machen oder auszuprobieren.

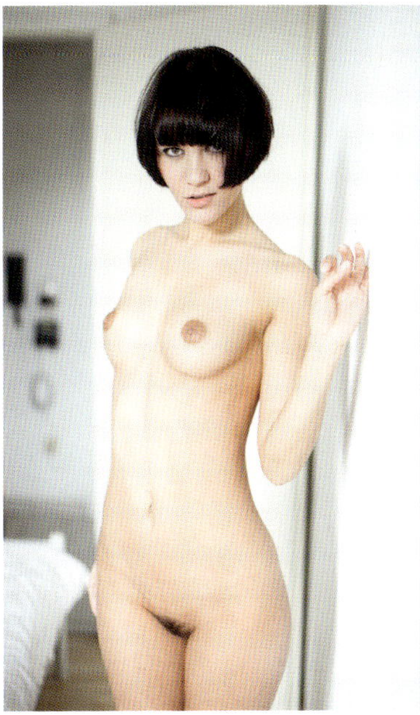

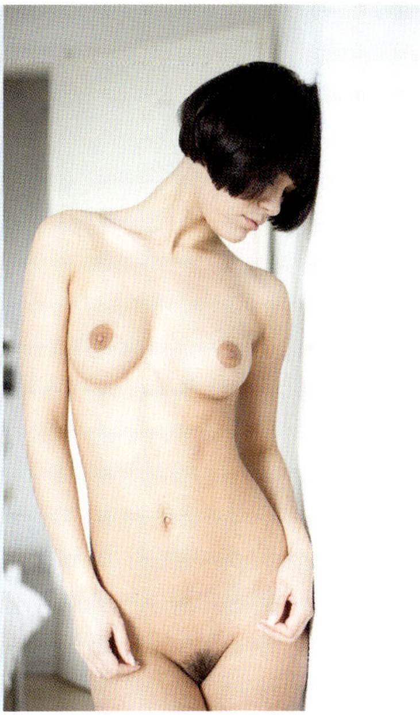

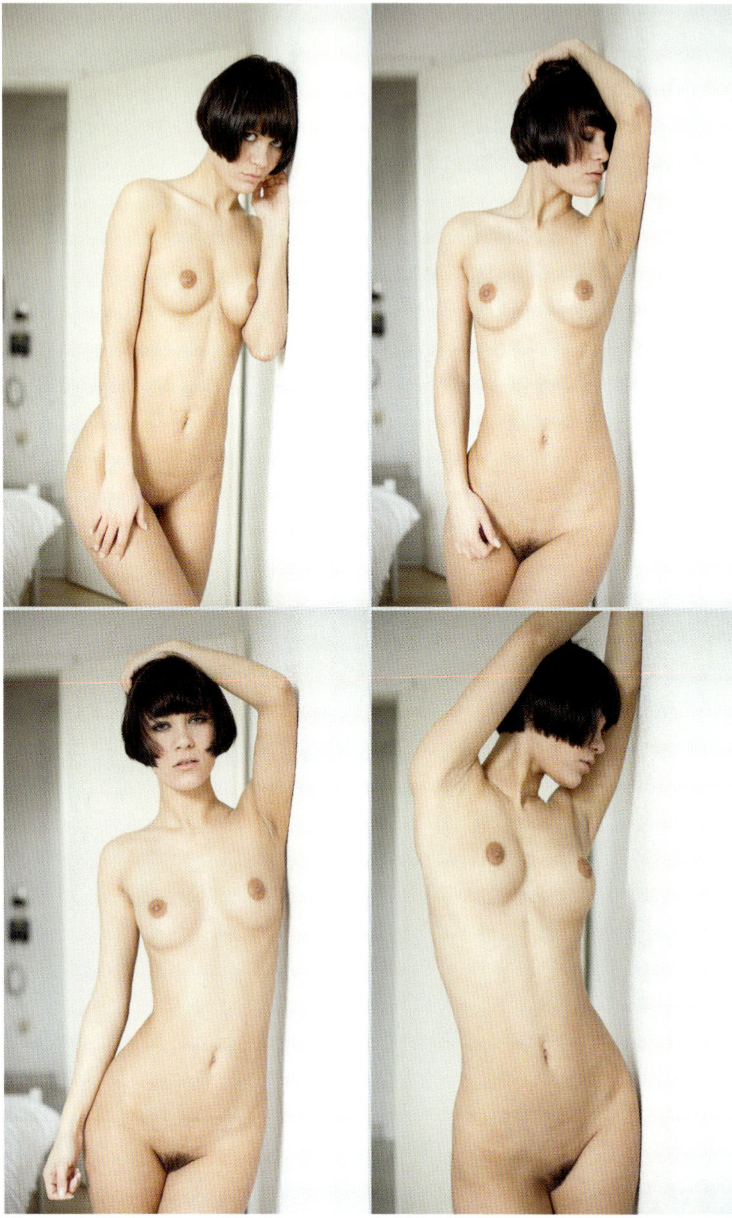

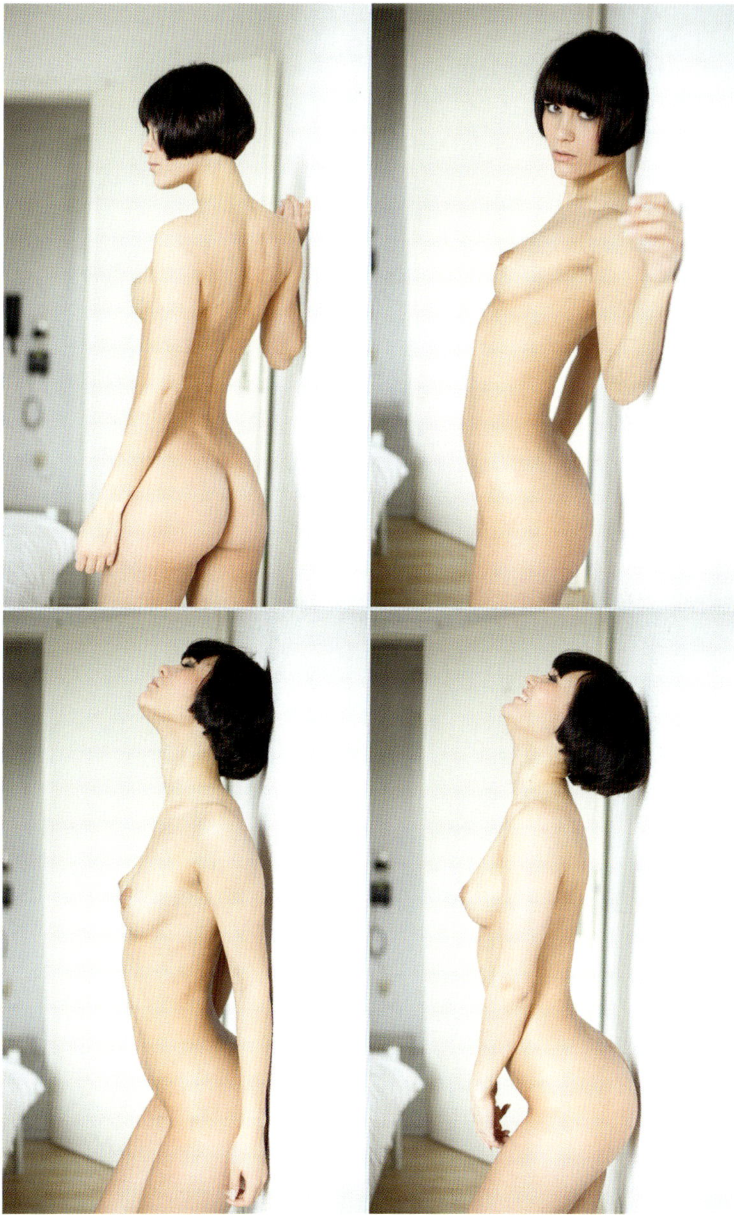

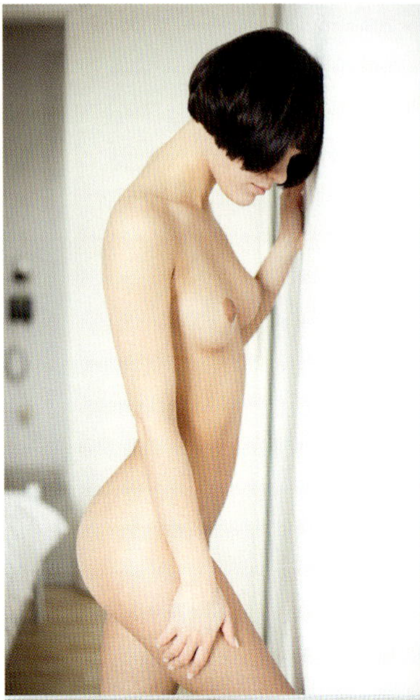

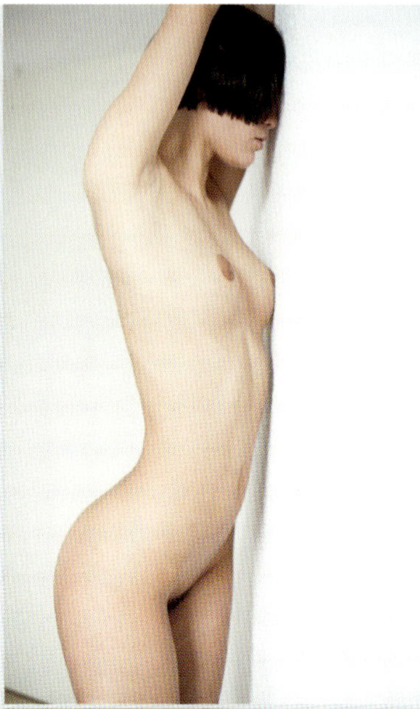

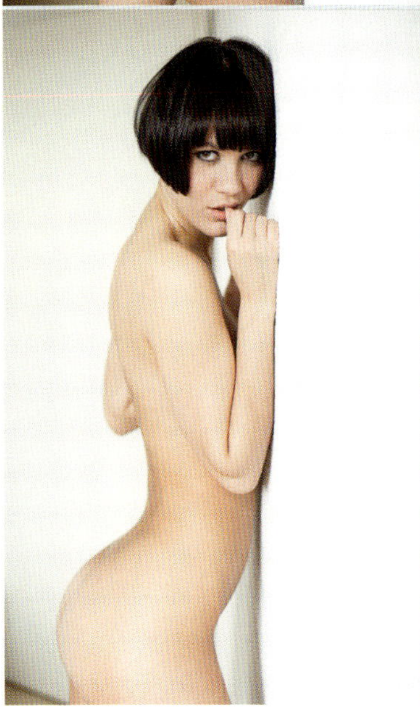

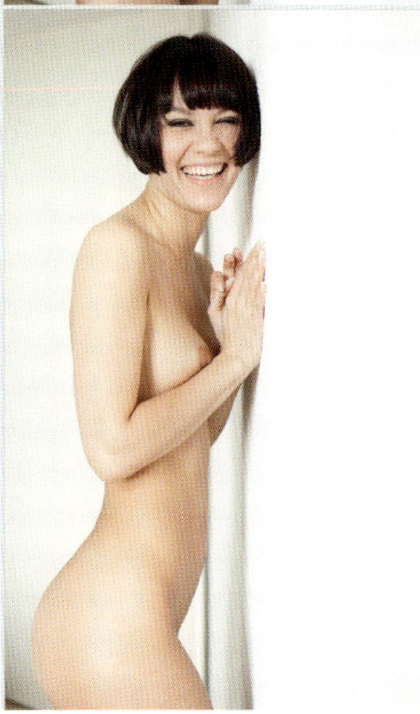

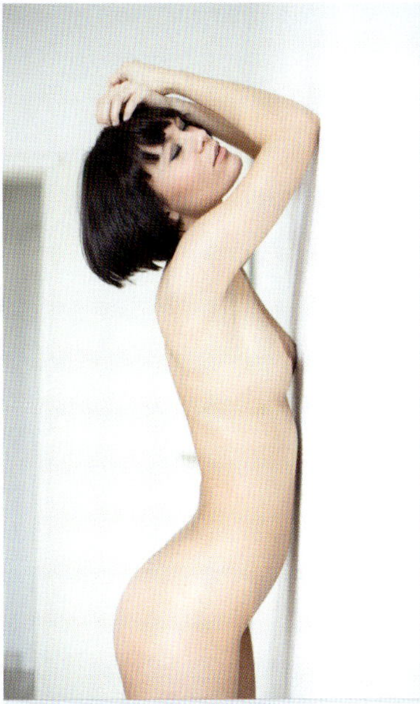
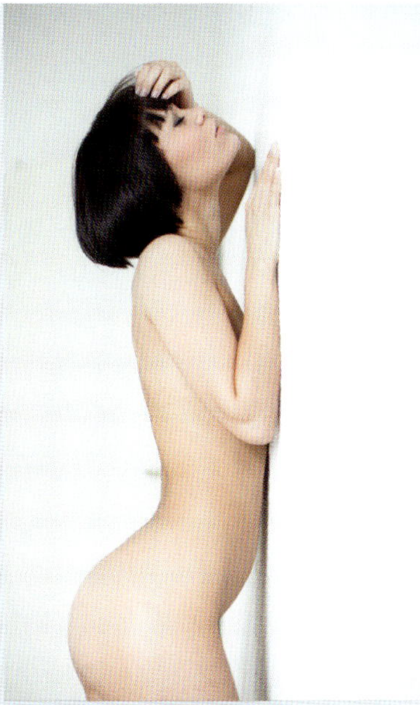
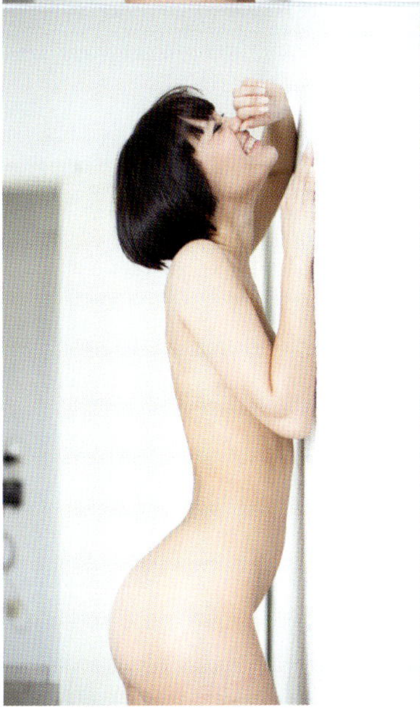
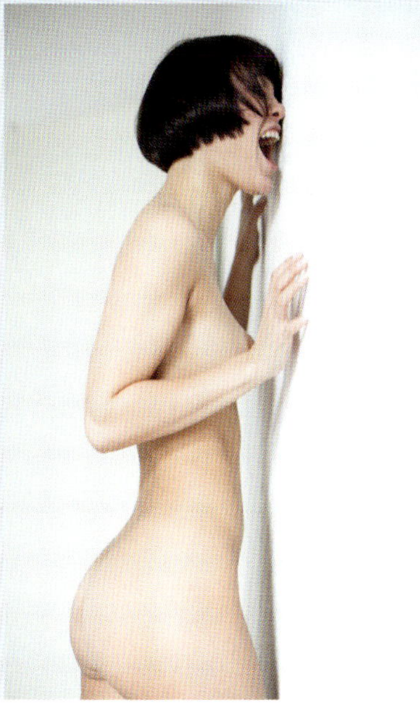

Ein ähnliches Spiel kannst du auch im Liegen ausprobieren. Vielleicht schafft es dein Model jetzt schon von alleine zu experimentieren, und du musst gar nichts mehr vormachen. Gib einfach nur ein paar Anweisungen wie: „Leg dich doch mal auf den Bauch und stütze dein Gesicht auf die Hände.“ Lass es ruhig die gleichen Sachen wiederholen, die ihr schon am Tisch gemacht habt. Schnell wirst du merken, dass es trotzdem zu ganz anderen Ergebnissen führen wird, da dein Model ja schon längst nicht mehr sitzt, sondern liegt. In dem Moment, wo es sich auf die Seite fallen lässt, ergeben sich von ganz alleine völlig neue Posen.

Unabhängig von jeder spielerischen Suche nach einer Pose kannst du dem Model immer am besten helfen, wenn du ihm einfach etwas vormachst.

Wenn du dir Sorgen machst, dass dir während eines Shootings nicht genügend Posen einfallen, ist es vielleicht hilfreich, eine Art Vorlagenbuch anzufertigen. Wenn du in irgendeiner Zeitschrift oder einem Magazin ein Foto findest, dass dir besonders gut gefällt, schneide es aus und sammele die Posen in einem Ordner oder einem Buch. Dann hast du immer ein paar Inspirationen bei dir und kannst sie, falls du dir selbst zu ungelenk für die eine oder andere Pose vorkommen solltest, deinem Model zeigen.

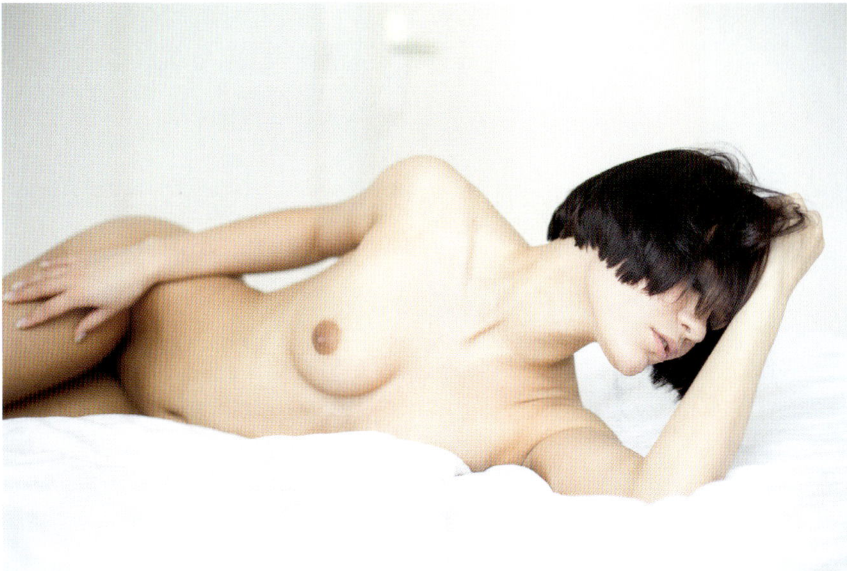

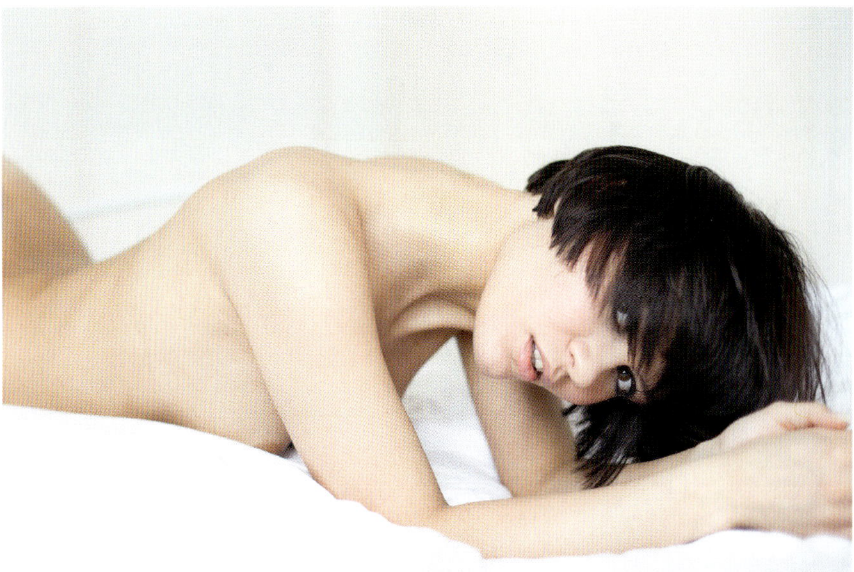

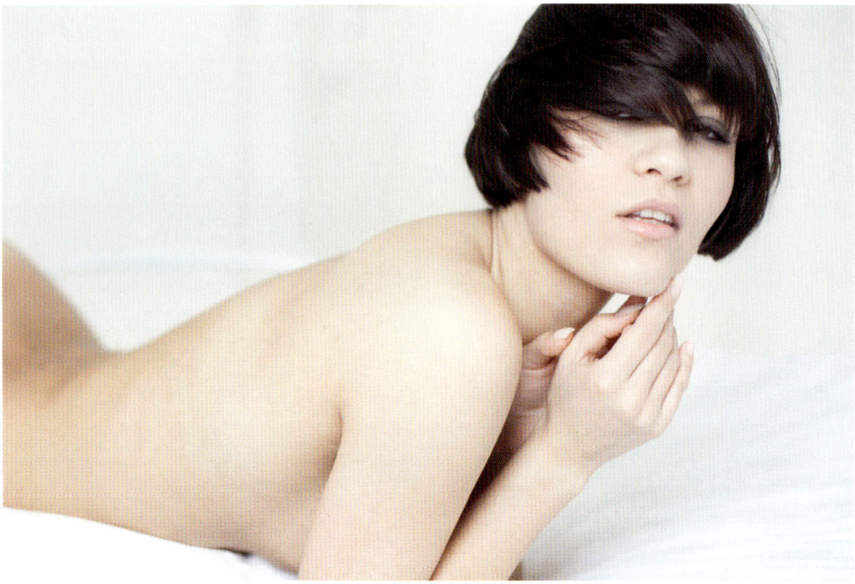

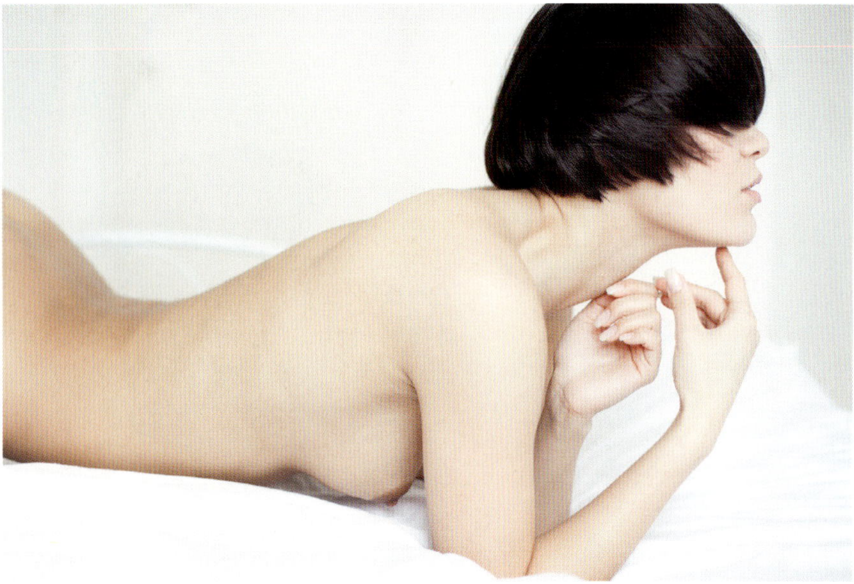

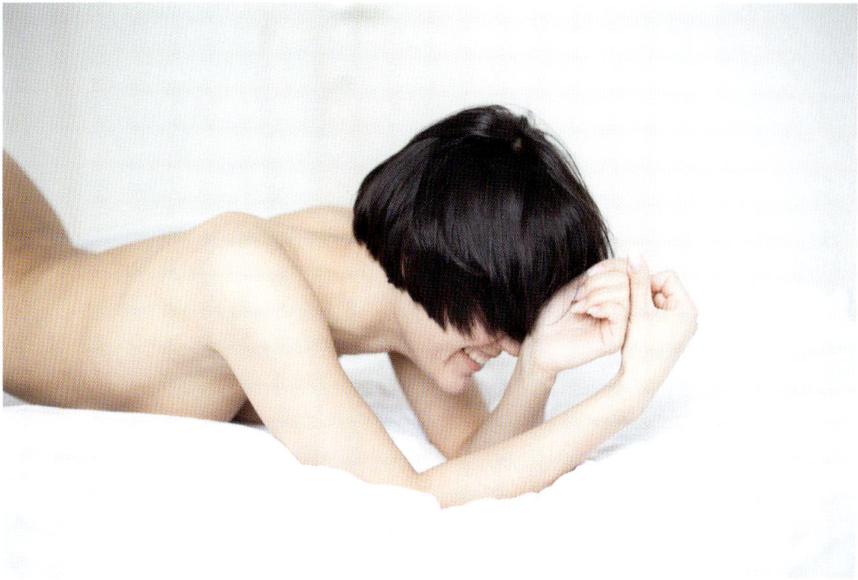

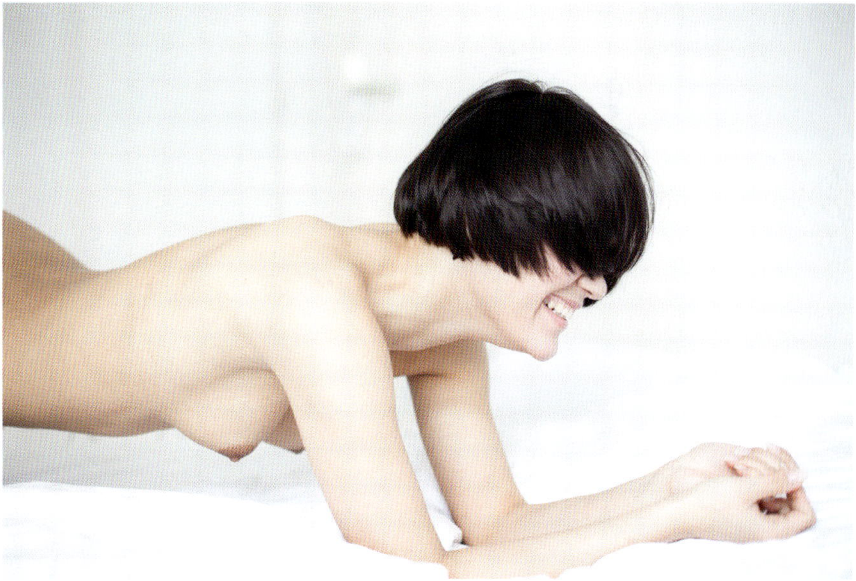

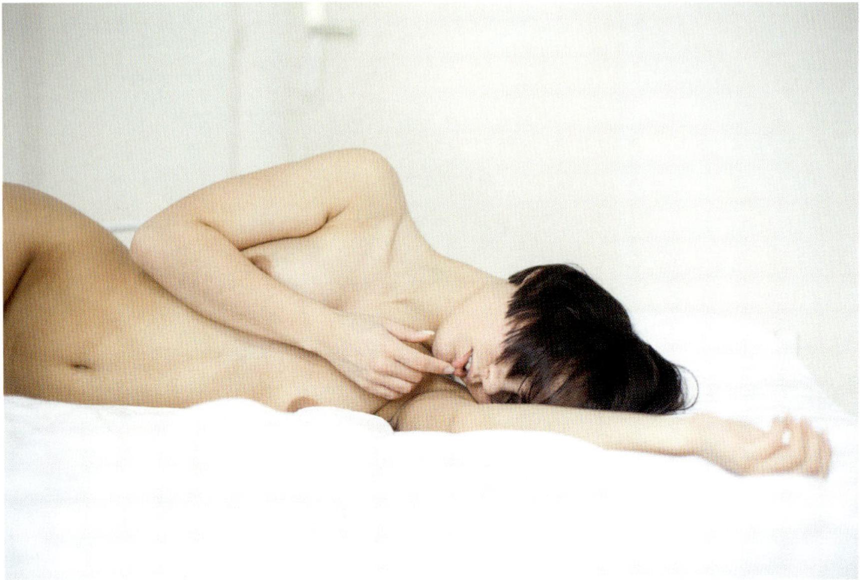

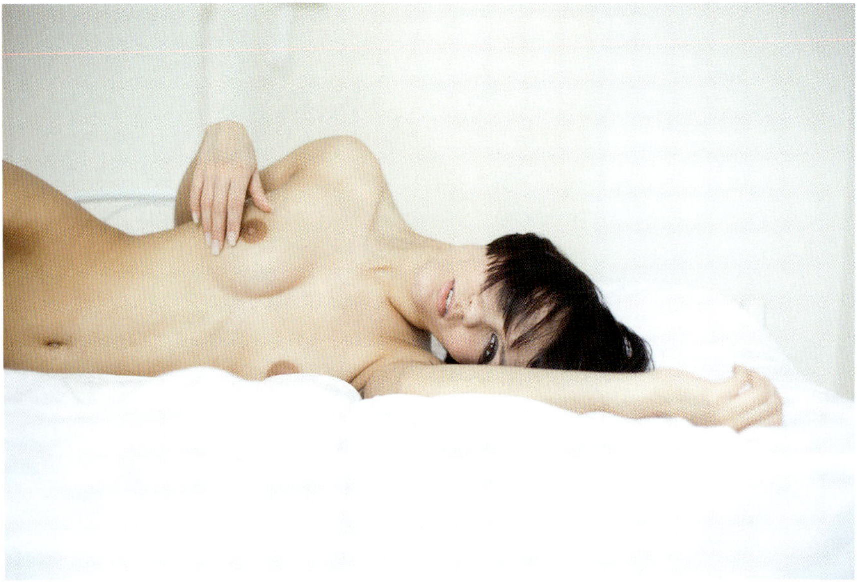

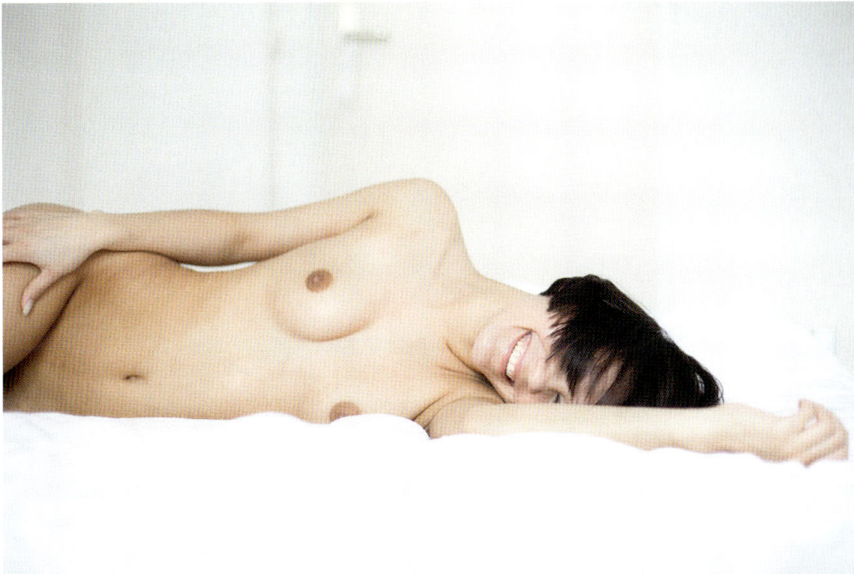

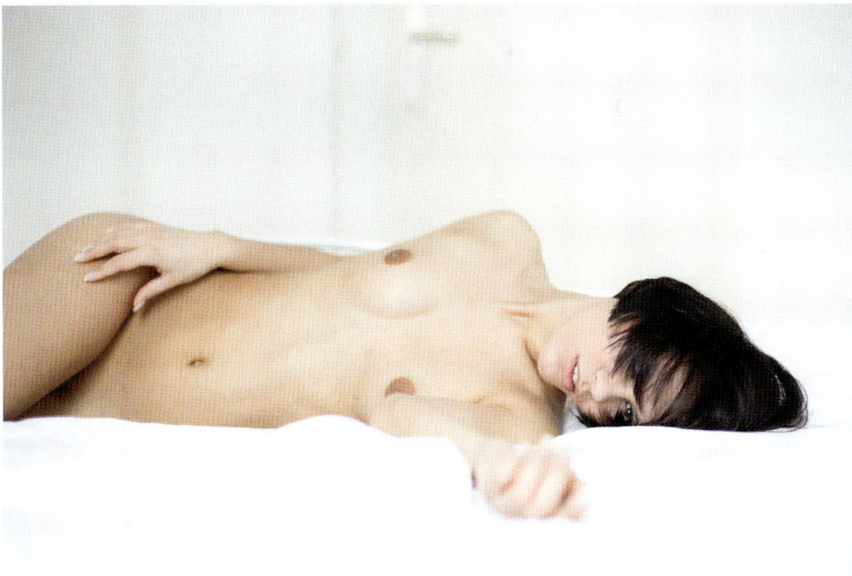

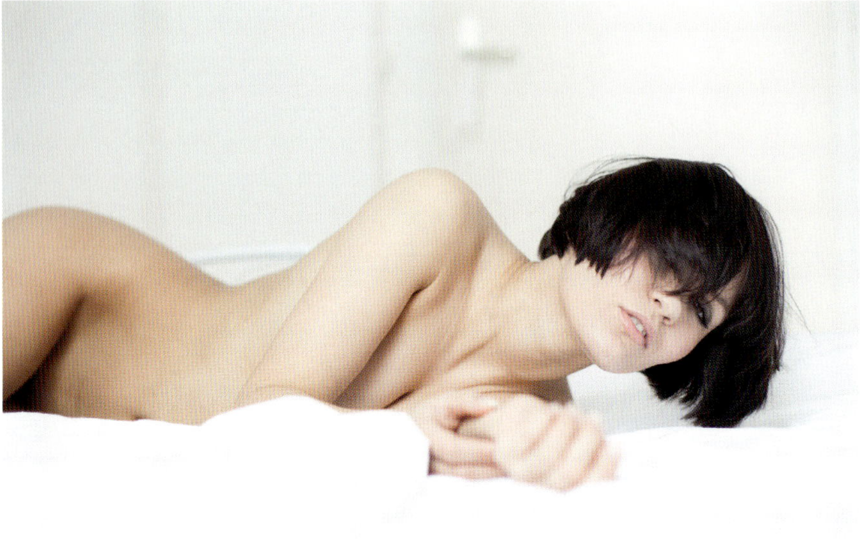

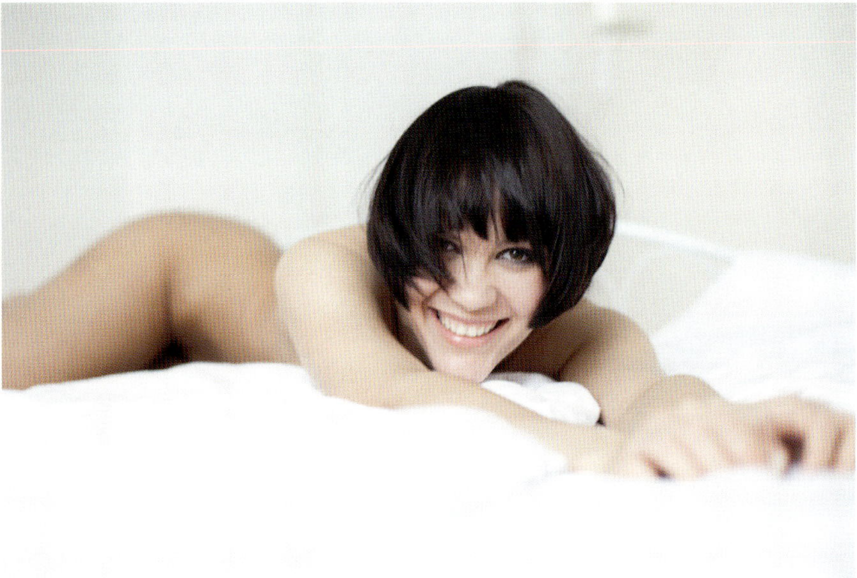

FOTOWORKSHOP

Anhand von 80 Bildbeispielen von mir und vielen anderen Fotografen kannst du nun das vorher Erklärte noch einmal vertiefen. Dabei geht es nicht darum, die Bildvorlagen zu kopieren, sondern sich inspirieren zu lassen, gleichzeitig aber auch nachlesen zu können, wie das jeweilige Foto entstanden ist.

Für den Fotoworkshop konnte ich ein paar tolle Fotografen gewinnen, die für diesen Teil des Buches Fotos und Know-how weitergegeben haben. Vielleicht hast du Lust, das eine oder andere Motiv oder die eine oder andere Pose nachzuempfinden und von dort aus eigene Ideen weiterzuentwickeln.

Zu jedem Bild im Fotoworkshop findest du eine Erklärung in drei Schritten, die dich zum Ergebnis führt.

Die Idee des Bildes: Beschreibt das Foto und erzählt in wenigen Worten, wie die Idee entstanden ist.

Das brauchst du: Hier findest du alle nötigen Informationen darüber, was du an Equipment oder auch Requisiten für das Foto benötigst. Zu jedem Bild wurde angegeben, mit was für einer Kamera und welchem Objektiv bei welchen Lichtbedingungen gearbeitet wurde und ob das Model dafür besonders geschminkt oder zum Beispiel eingeölt wurde.

Umsetzung: Alle nötigen Informationen, Tricks und Tipps findest du hier, um das Bild umsetzen zu können. Wenn nötig, gibt es zusätzliche Skizzen, die dir den Lichtaufbau oder die Positionierung von Model und Fotograf verdeutlichen.

Unter jedem Bild sind die dazugehörigen Kameraeinstellungen angegeben. Bedenke, dass es sehr gut sein kann, dass du unter anderen Lichtsituationen andere ISO- und Zeiteinstellungen für dein Bild verwenden musst. Du wirst jedoch sehen, wie schnell du durch das Nachfotografieren des Workshops schnell Sicherheit darin gewinnst, die für deine Situation richtigen Einstellungen vorzunehmen.

Themenübersicht

Von oben

Fotograf: Henrik Pfeifer

Die Idee des Bildes

Dieses Foto ist eines aus einer ganzen Serie, die ich extra für dieses Buch gemacht habe. Das Model hatte die Aufgabe, sich frei durch den Raum zu bewegen, während ich ihm folgte und das fotografierte, was sich mir bot. Dabei entstand auch dieser stille Moment.

Das brauchst du

- Objektiv mit einer Brennweite von 30 – 50 mm
- einen Raum mit Fenster

Umsetzung

1. Um dieses Foto nachzuempfinden, ist es natürlich nicht nötig, das Model vorher durch den Raum zu „jagen“. Es kann sich gleich in der Nähe des Fensters auf den Boden oder wie hier auf ein Sofa legen. Wichtig ist, dass die Lichtquelle (das Fenster) seitlich ist, in diesem Beispiel rechts von ihm.
2. Weil nur wenig Licht vorhanden ist, empfiehlt sich unabhängig von dem Wunsch nach wenig Tiefenschärfe eine möglichst offene Blende *f*2.
3. Durch die Wahl der offenen Blende kam ich bei 1/80 Sekunde Belichtungszeit trotz des geringen Lichts mit ISO 100 zurecht.

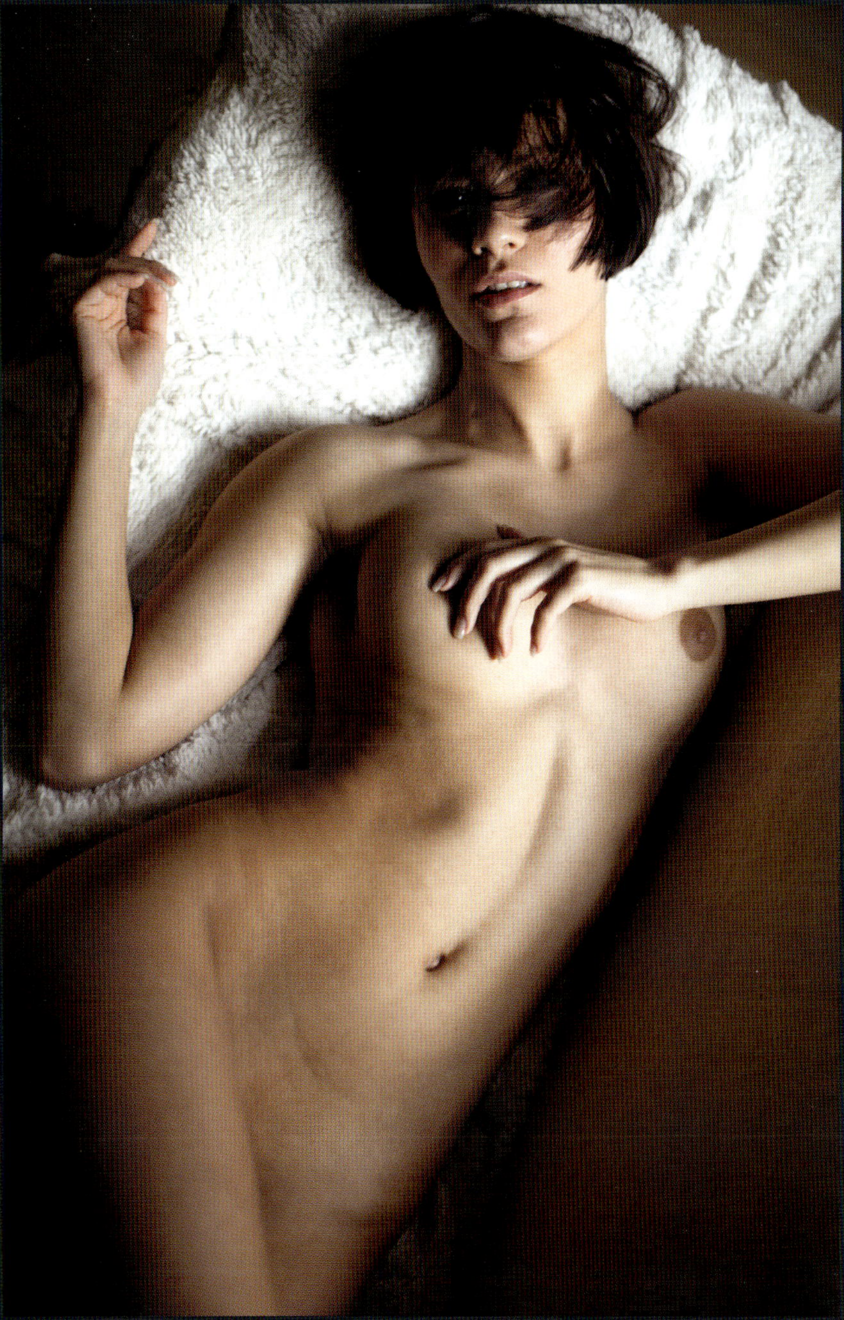

Vollformat / Objektiv 50 mm 1: 4 • Kameraeinstellungen: 50 mm / ƒ10 / 1/200 s / ISO 100

Pinke Folie

Fotograf: Marc Boesing

Die Idee des Bildes

Um dem Bild einen „undone Look" zu verleihen, wollte ich mein Model durch eine farbige Folie fotografieren. Ich habe dafür einen weißen Hintergrund gewählt.

Das brauchst du

- Objektiv mit einer Brennweite um 50 mm
- Ringblitz (siehe Glossar)
- weißen Hintergrund (ein weißes Laken tut es auch)
- farbige Folie
- durchsichtiges Oberteil für das Model

Umsetzung

1. Ich habe mein Model vor einen weißen Hintergrund – hier ein transportables Hintergrundsystem – gestellt und in die Kamera schauen lassen. Damit es etwas zu tun hatte, bat ich das Model, ein durchsichtiges Oberteil anzuziehen, mit dem es spielen konnte.
2. Vor die Kamera habe ich eine farbige Folie montiert.
3. Beleuchtet habe ich das Ganze mit einem Ringblitz.
4. Um eine gestochene Tiefenschärfe in das Bild zu bekommen, habe ich bei einer Brennweite von 50 mm mit einer Blende *f*10 fotografiert. Dank der Lichtintensität des Blitzes konnte ich dann bei einer Blitzsynchronzeit (siehe Glossar) von 1/200 Sekunde auf ISO 100 belichten.

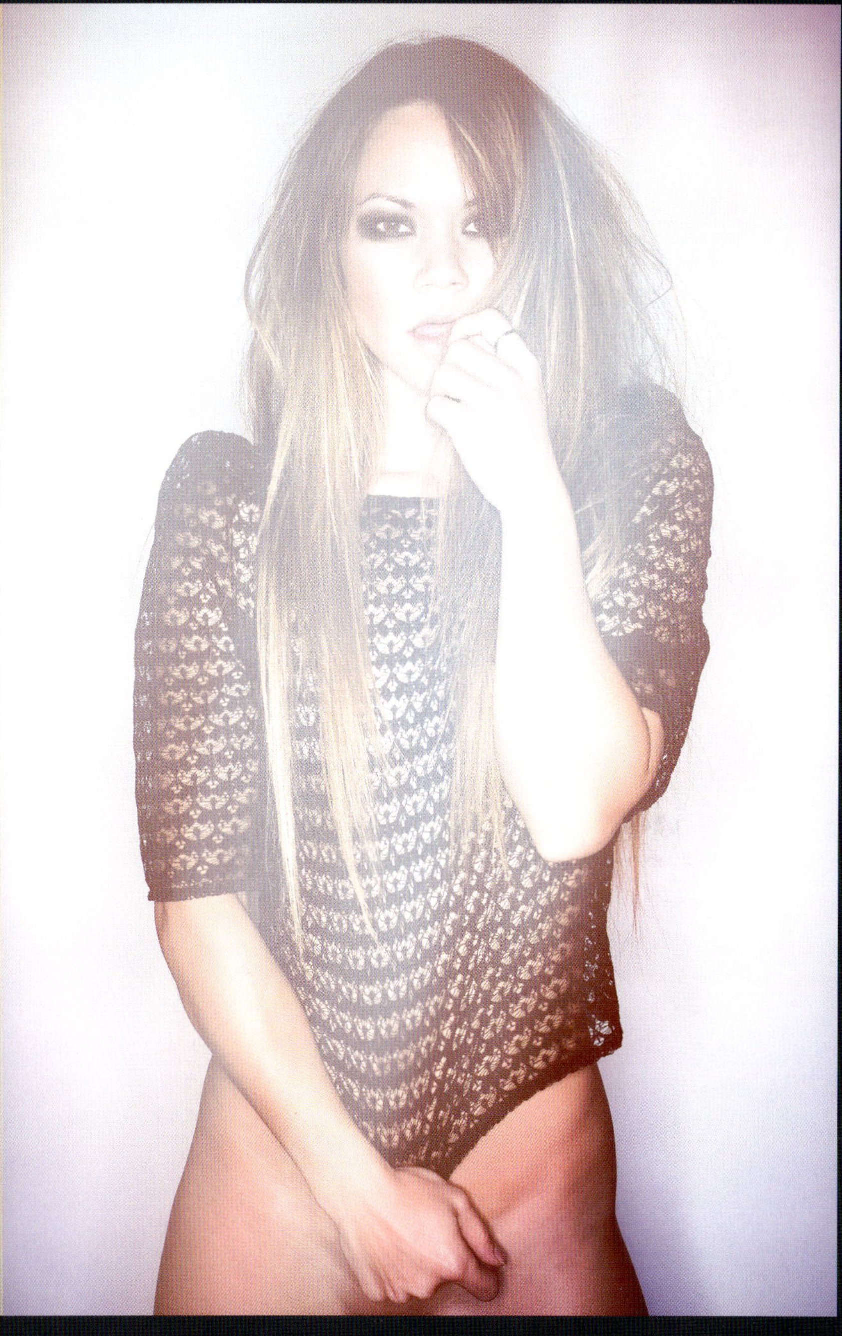

Vollformat / Objektiv 50 mm 1:4 • Kameraeinstellungen: 50 mm / f10 / 1/200 s / ISO 100

Schwarzer Balken

Fotograf: Henrik Pfeifer

Die Idee des Bildes

Das Model sollte einfach nur dastehen und in die Kamera schauen. Da es nicht möchte, dass sein Schambereich zu sehen ist und ich es trotzdem ohne Kleidung fotografieren wollte, haben wir den schwarzen Balken schon beim Fotografieren mit ins Bild eingebaut.

Das brauchst du

- Objektiv mit einer Brennweite um 30 – 50 mm
- einen Raum mit Fenster
- schwarzes Klebeband

Umsetzung

1. Um die Rundungen der Brüste und die weichen Formen seines Körpers optimal zum Ausdruck zu bringen, habe ich mein Model seitlich zum Licht gestellt. Auch in dieser Aufnahmesituation war die einzige Lichtquelle ein Fenster rechts von ihm. Das Hochstrecken der Arme ist bei großen Brüsten ein kleiner Trick, um zu einer vorteilhaften Pose für die Brüste zu gelangen.
2. Weil nur sehr wenig Licht in diesem Raum zur Verfügung war, musste ich, um das Bild mit ISO 100 belichten zu können, mit einer relativ langen Belichtungszeit von 1/60 Sekunde fotografieren. Meiner Erfahrung nach kann einem da schon mal eine Bewegungsunschärfe das Bild verderben.
3. Mit der Blende *f*2 bekommt das Bild wenig Tiefenschärfe, sodass der Hintergrund unscharf wird und das Bild ein bisschen Räumlichkeit bekommt.

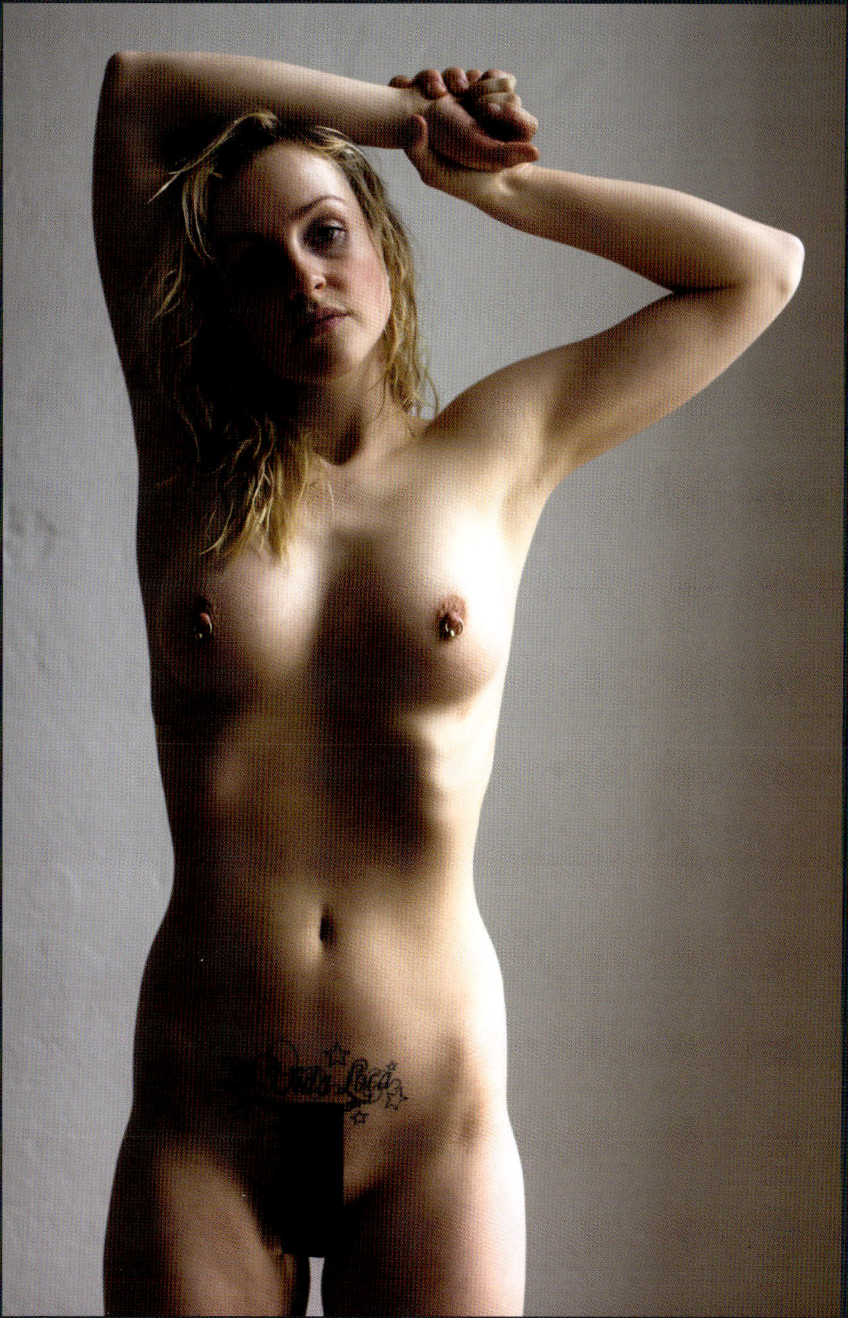

APS-C / Objektiv 50 mm 1:1,4 • Kameraeinstellungen: 50 mm / f2 / 1/60 s / ISO 100

Draufhalten

Fotograf: Markus Hirner

Die Idee des Bildes

Meine neue Cap und meine neue Kompaktkamera mussten eingeweiht werden. Der Rosenkranz meiner Oma lag auf der Kommode und mein Model rauchte. Viele spontane Zufälle, die zu diesem Schnappschuss geführt haben.

Das brauchst du

- Kompaktkamera mit integriertem Blitz
- Basecap
- Rosenkranz
- ein rauchendes Model

Umsetzung

1. Stelle dein Model vor einen hellen Hintergrund und setze ihm eine Basecap auf. Durch den Rauch verschleiert das Gesicht, was es irgendwie geheimnisvoll macht.
2. Stelle deine Kompaktkamera auf den manuellen Modus und dazu den integrierten Blitz als Aufhellblitz ein.
3. Bei ISO 80 konnte ich mit einer Blende *f*1,8 bei einer Brennweite von 10,4 mm diesen Schnappschuss machen.

! MANCHMAL KLAPPT ES DOCH!

Dieser Schnappschuss, der mit einer einfachen Kompaktkamera mit Blitz entstanden ist, zeigt, dass manchmal auch das funktioniert, was man sonst vermeidet, nämlich „einfach nur draufhalten".

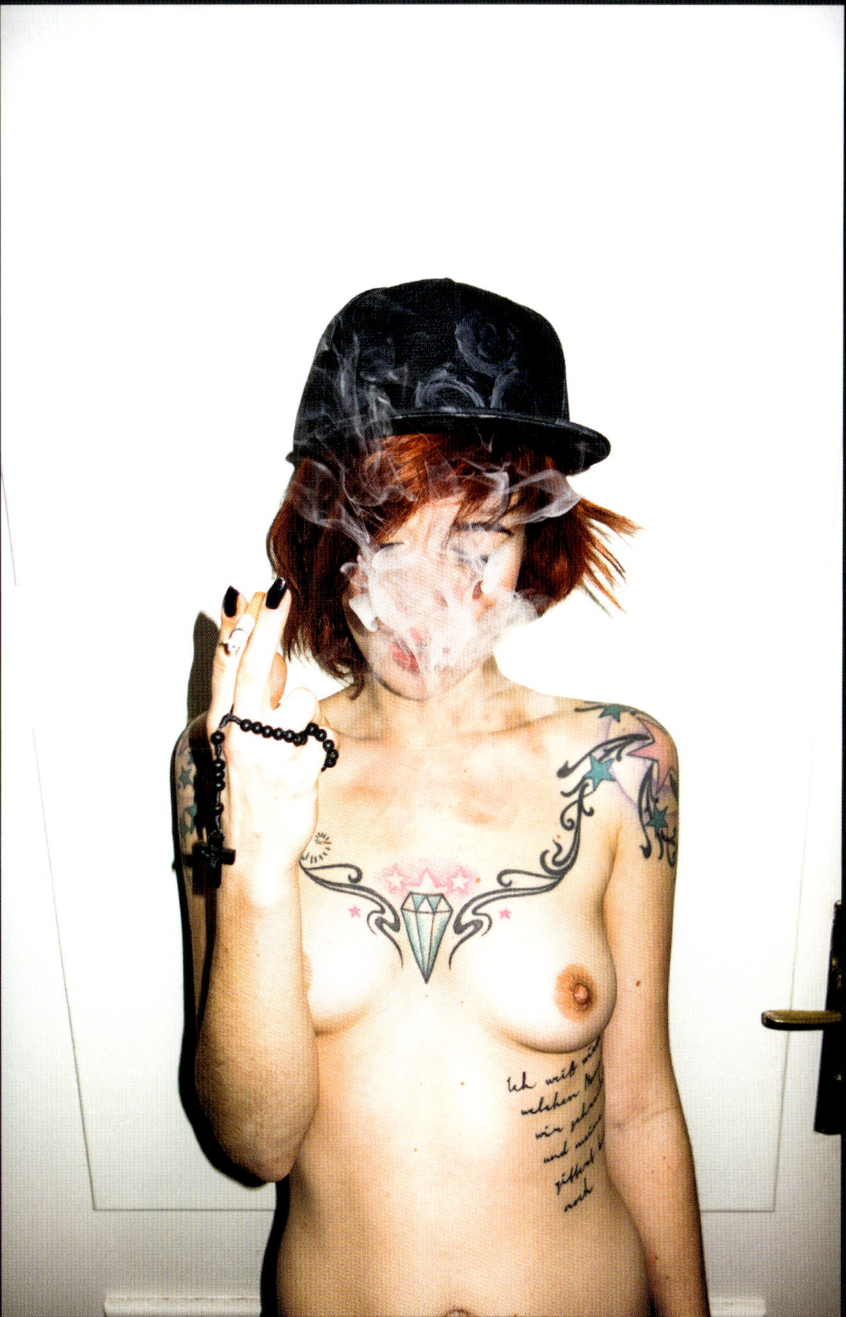

Fuß-Selfie

Fotograf: Henrik Pfeifer

Die Idee des Bildes

Bei diesem Foto wollte ich eine Verbindung zwischen Model und Fotograf schaffen und habe einfach meine Füße mit ins Bild eingebaut. Wer diese Verbindung nicht mag, kann natürlich auch die Füße in der Nachbearbeitung wegretuschieren oder sich gleich woanders hinstellen.

Das brauchst du

- Objektiv mit einer Brennweite von 30 – 50 mm
- einen Raum mit Fenster
- einen Sessel mit stabiler Rückenlehne oder zusätzlich eine Leiter

Umsetzung

1. Stelle den Sessel in Richtung Fenster und bitte dein Model, kopfüber darin Platz zu nehmen, sodass das Licht aus der Richtung des Kopfes kommt.
2. Um von oben zu fotografieren, stelle dich selbst auf eine Leiter. Wenn es die Sessellehne hergibt und du wie bei dem Foto deine Füße mit ins Bild bringen möchtest, klettere auf die Lehne des Sessels und arrangiere deine Füße mit ins Bild.
3. Da ich das Model komplett auf das Bild bekommen wollte, habe ich mich für eine Festbrennweite von 30 mm entschieden.
4. Dank des sonnigen Tages konnte ich bei ISO 100 und einer Blende *f*2 mit 1/200 Sekunde Verschlusszeit belichten. Die Blende *f*2 reichte aus, um den Boden hinter dem Kopf des Models unscharf erscheinen zu lassen.

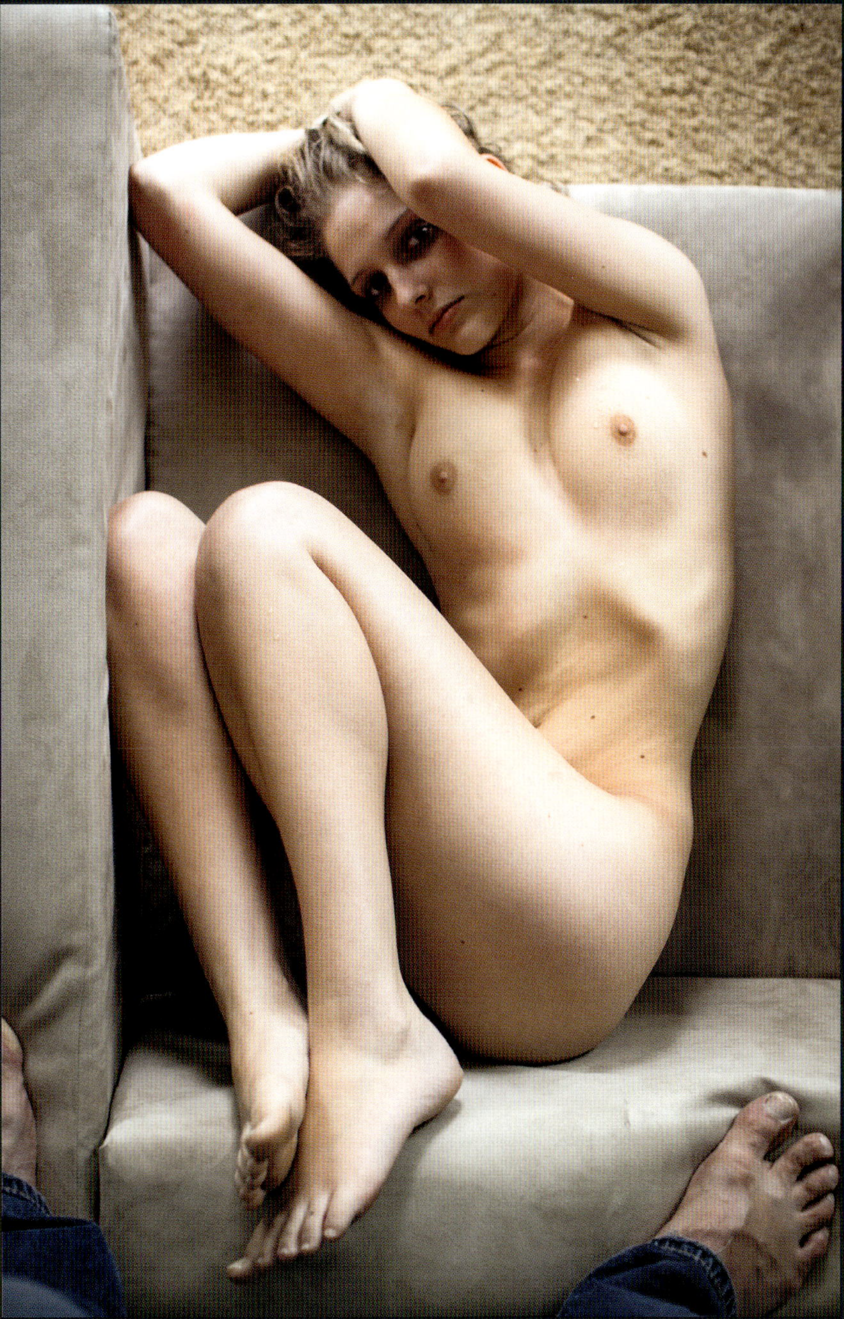

APS-C / Objektiv 30 mm 1:1,4 • Kameraeinstellungen: 30 mm / ƒ2 / 1/200 s / ISO 100

Auf dem Balkon

Fotograf: Günther Kubiza

Die Idee des Bildes

Als Grundlage zur Idee dieses Bildes diente mir die Comicfigur Lucky Luke, der ja bekanntlich „schneller zieht als sein Schatten". Inspiriert wurde ich von einer Duellszene im Wilden Westen.

Das brauchst du

- Objektiv mit einer Brennweite von 16 – 35 mm
- Blitzkopf mit Stativ (auch möglich mit einem Aufsteckblitz)
- 50-cm-Beauty-Dish (siehe Glossar)
- einen Balkon mit direktem Sonnenlicht hinter dem Model
- Körperlotion (für den Shiny Look) und Accessoires wie Hut und Brille

Umsetzung

1. Achte darauf, dass der Blitzkopf in etwa auf Augenhöhe deines Models ist. So stellst du sicher, dass der ganze Körper gut vom Blitz ausgeleuchtet wird. Leite dein Model dazu an, eine dynamische und doch zugleich statische Pose einzunehmen.
2. Positioniere dich selbst knapp unter dem Blitzkopf, ungefähr auf Brusthöhe deines Models.
3. Fotografiert habe ich dann mit ISO 50 bei einer Brennweite von 26 mm.
4. Um viel Tiefenschärfe ins Bild zu bekommen, habe ich mit Blende *f*8 bei 1/200 Sekunde Belichtungszeit fotografiert.

! TIPP

Da du mit einem starken Weitwinkelobjektiv fotografierst, ist es wichtig, dass dein Model sehr genau in der Bildmitte ist, sodass es nicht zu starken Verzerrungen der Gliedmaßen in der Abbildung kommt.

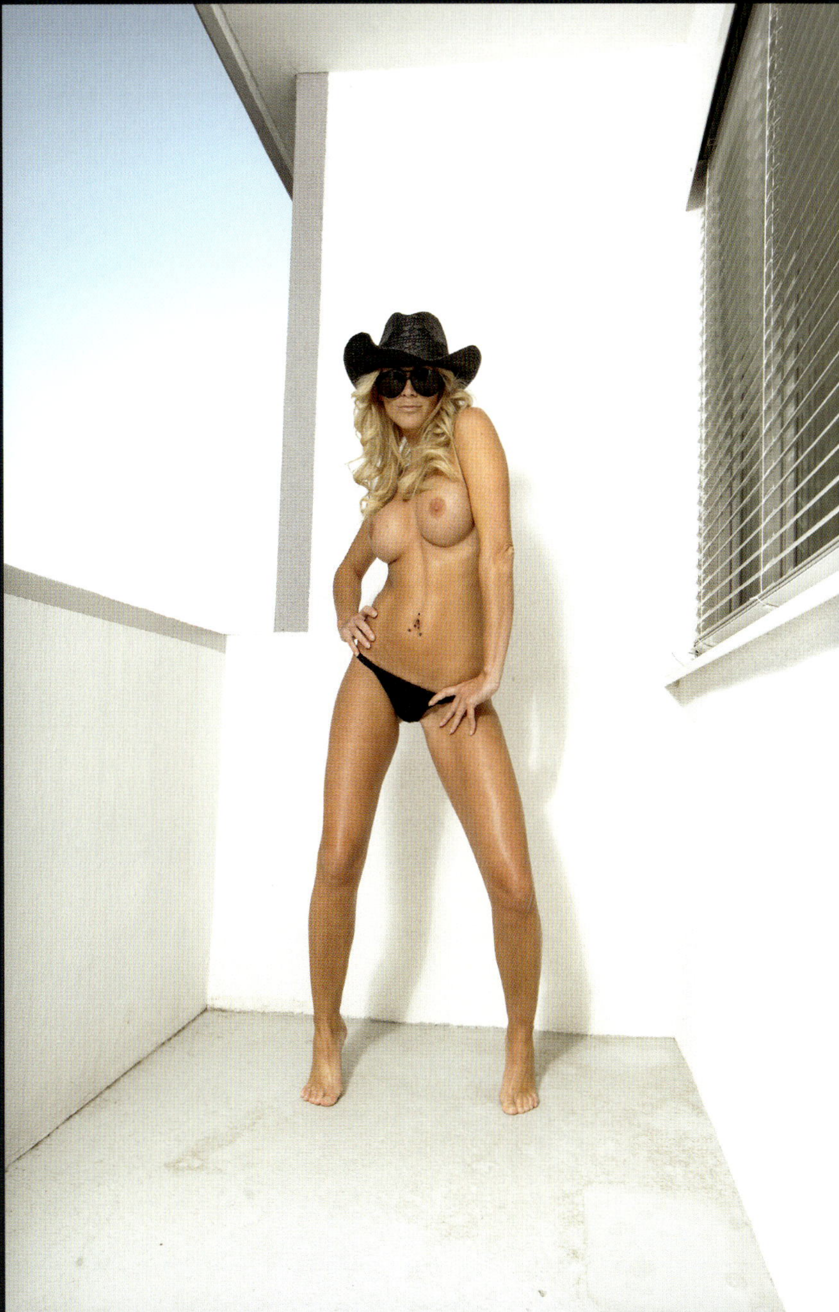

Vollformat / Objektiv 16 – 35 mm 1: 2,8 • Kameraeinstellungen: 26 mm / f8 / 1/200 s / ISO 50

Durch den Vorhang

Fotograf: Henrik Pfeifer

Die Idee des Bildes

Nachdem ich drei Jahre für ein Buch sehr viele erotische Aktfotos fotografiert hatte, war ich auf der Suche nach etwas Neuem und habe versucht, eher mit Witz an ein Shooting heranzugehen. Für dieses Foto haben wir den Lampenschirm einer Nachttischlampe als Hut umfunktioniert. Der Vorhang hatte sich ebenfalls angeboten, mitzuspielen.

Das brauchst du

- Objektiv mit einer Brennweite von 30 – 80 mm
- einen Raum mit Fenster und einem halbtransparenten Vorhang
- Lampenschirm oder Hut

Umsetzung

1. Für dieses Foto habe ich mich selbst ins Fenster gestellt. Zum einen, um mit dem Licht zu fotografieren, und zum anderen, um durch den halbtransparenten Vorhang zu fotografieren. Der Vorhang hat die hellen Streifen auf das Bild gebracht und das Bild gleichzeitig sehr weich gemacht. Das Model habe ich einfach an die Wand gestellt und ihm einen Lampenschirm als Hut auf den Kopf gesetzt.
2. Da es sehr hell war und ich trotzdem mit einer offenen Blende *f*1,4 fotografieren wollte, musste ich eine sehr kurze Verschlusszeit von 1/500 Sekunde wählen, da ich einen ISO-160-Film in meine Kamera eingelegt hatte.

! DIGITAL VS. ANALOG

Mit einer digitalen Kamera hätte man natürlich problemlos den ISO-Wert nach unten korrigieren und mit einer längeren Verschlusszeit fotografieren können.

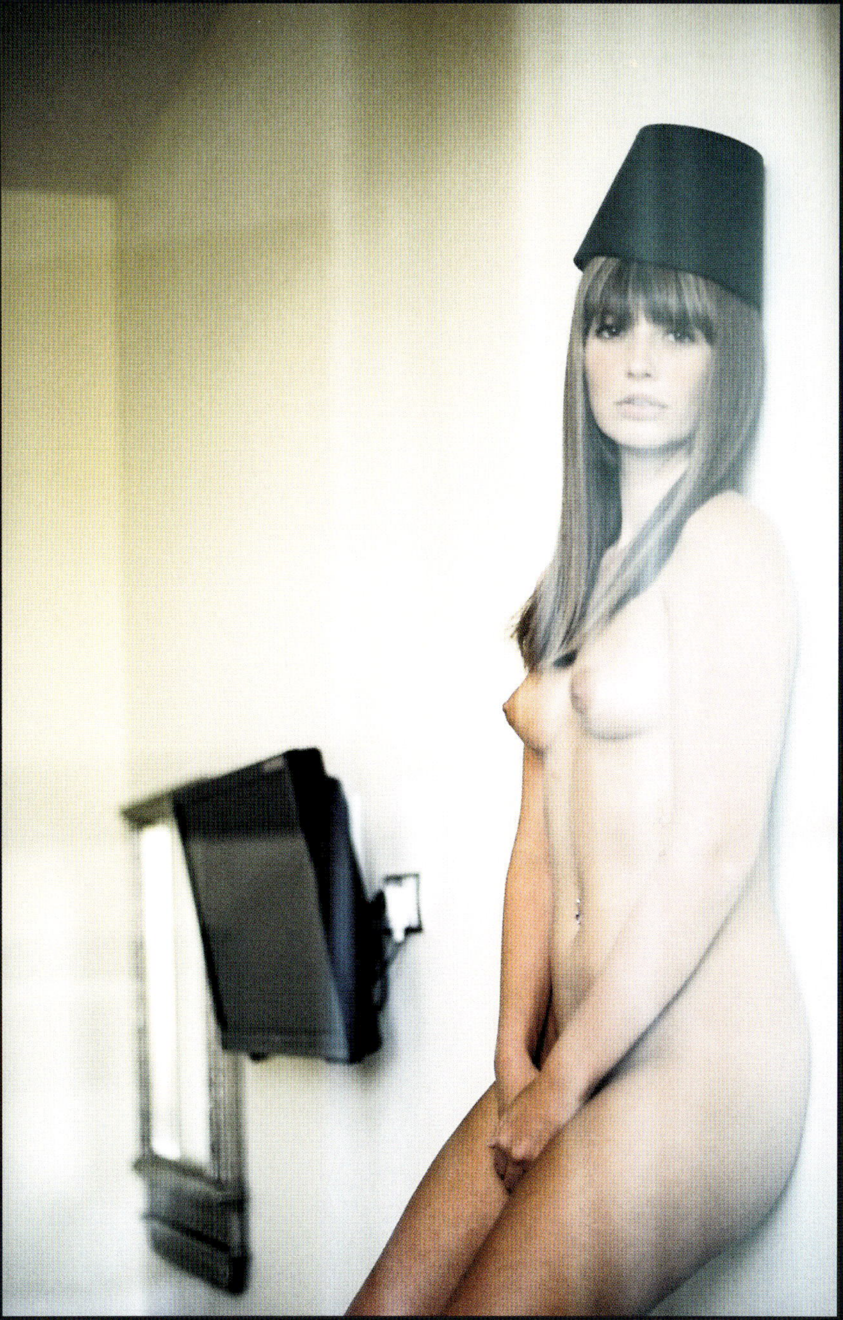

Kleinbild / Objektiv 50 mm 1:1,4 • Kameraeinstellungen: 50 mm / f1,4 / 1/500 s / ISO 160

Sonne zum Frühstück

Fotograf: Grischa Schindler

Die Idee des Bildes

Das Foto ist sehr spontan entstanden. Also gab es keine wirkliche Idee dafür. Die Sonne brach überraschend aus den Wolken hervor, und mein Model reagierte sofort ungezwungen genüsslich darauf. In diesem Moment vergaß ich, den ISO-Wert auf die neue Lichtsituation umzustellen, was ich auch im Nachhinein nicht schlimm finde, da mir der Moment wichtiger war.

Das brauchst du

- Objektiv mit kurzer Brennweite um 35 mm
- direkte Sonneneinstrahlung durch ein Fenster

Umsetzung

1. Lege dein Model direkt ins Sonnenlicht. Und positioniere dich so, dass du gegen das Licht fotografieren kannst. Dadurch ergibt sich ein kontrastreiches Lichtspiel auf dem Körper des Models.
2. Um möglichst nah am Model zu sein und trotzdem viel vom Geschehen zu erfassen, arbeite ich fast immer mit einer 35-mm-Festbrennweite.
3. Da ich vergessen habe, den ISO-Wert der Lichtsituation anzupassen, habe ich hier mit ISO 640 gearbeitet. Vorher war der Himmel grau. Es wäre besser gewesen, hier mit einer ISO 100 zu arbeiten und die Verschlusszeit dementsprechend anzupassen. Durch die hohe ISO und das helle Licht habe ich mit 1/6400 Sekunde belichtet.

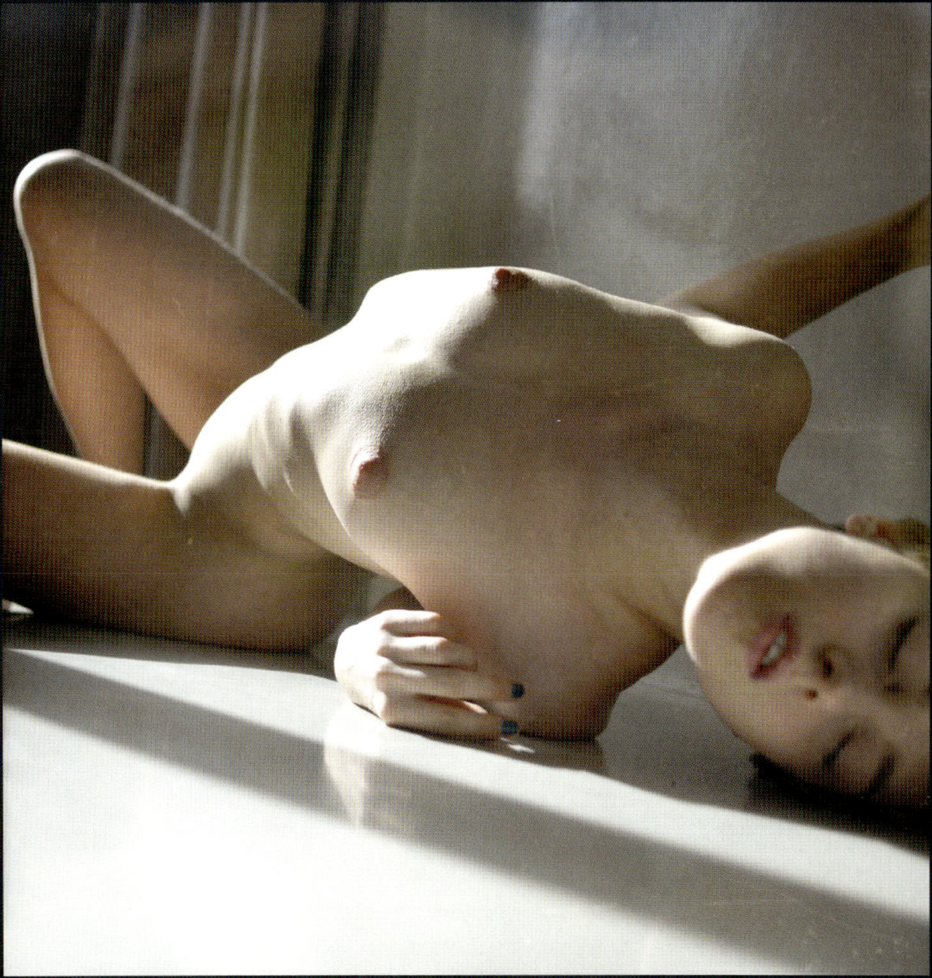

Vollformat / Objektiv 35 mm 1:2 • Kameraeinstellungen: 35 mm / f2.8 / 1/6400 s / ISO 640

Unter der Dusche

Fotograf: Val Mont

Die Idee des Bildes

Eine voyeuristische Duschszene wie in einem Erotikthriller: Mein Model sollte glaubhaft den Eindruck vermitteln, es würde sich völlig unbeobachtet fühlen – und das war für eines meiner talentiertesten Models kein wirkliches Problem. Schwierig war es, das richtige Licht zu finden. Denn egal wie ich meinen Scheinwerfer positionierte, entweder wirkte das Licht künstlich oder er warf unnatürliche Schatten durch die Wand der Duschkabine. Schließlich entschied ich mich, die vorhandene Duschbeleuchtung direkt über meinem Model auszuprobieren: eine winzige 20-Watt-Funzel, die senkrecht von oben herabschien.

Das brauchst du

- Objektiv mit ausreichend kurzer Brennweite wegen der meist beengten Platzverhältnisse im Badezimmer (30 – 44 mm)
- eine offene Dusche mit Beleuchtung von oben
- Handtücher auf dem Boden gegen die Überschwemmung

Umsetzung

1. Bitte dein Model, sich in eine offene Dusche zu stellen.
2. Damit es nicht zu einer Überschwemmung kommt, lege den Boden vor der Dusche mit Handtüchern aus.
3. Wenn die Dusche keine Beleuchtung von oben hat, lässt sich das vielleicht mit einer Klemmleuchte imitieren. Das sollte man natürlich nur machen, wenn sich eine Lichtquelle „sicher“ über der Dusche anbringen lässt. Bringe dein Model auf keinen Fall in Lebensgefahr.
4. Aufgrund des geringen Platzes habe ich mich für eine kurze Brennweite entschieden und 42 mm bei einer Blende von *f*5,6.
5. Mit ISO 5000 und 1/80 Sekunde Belichtungszeit musste ich aufgrund der 20-Watt-Lampe arbeiten.

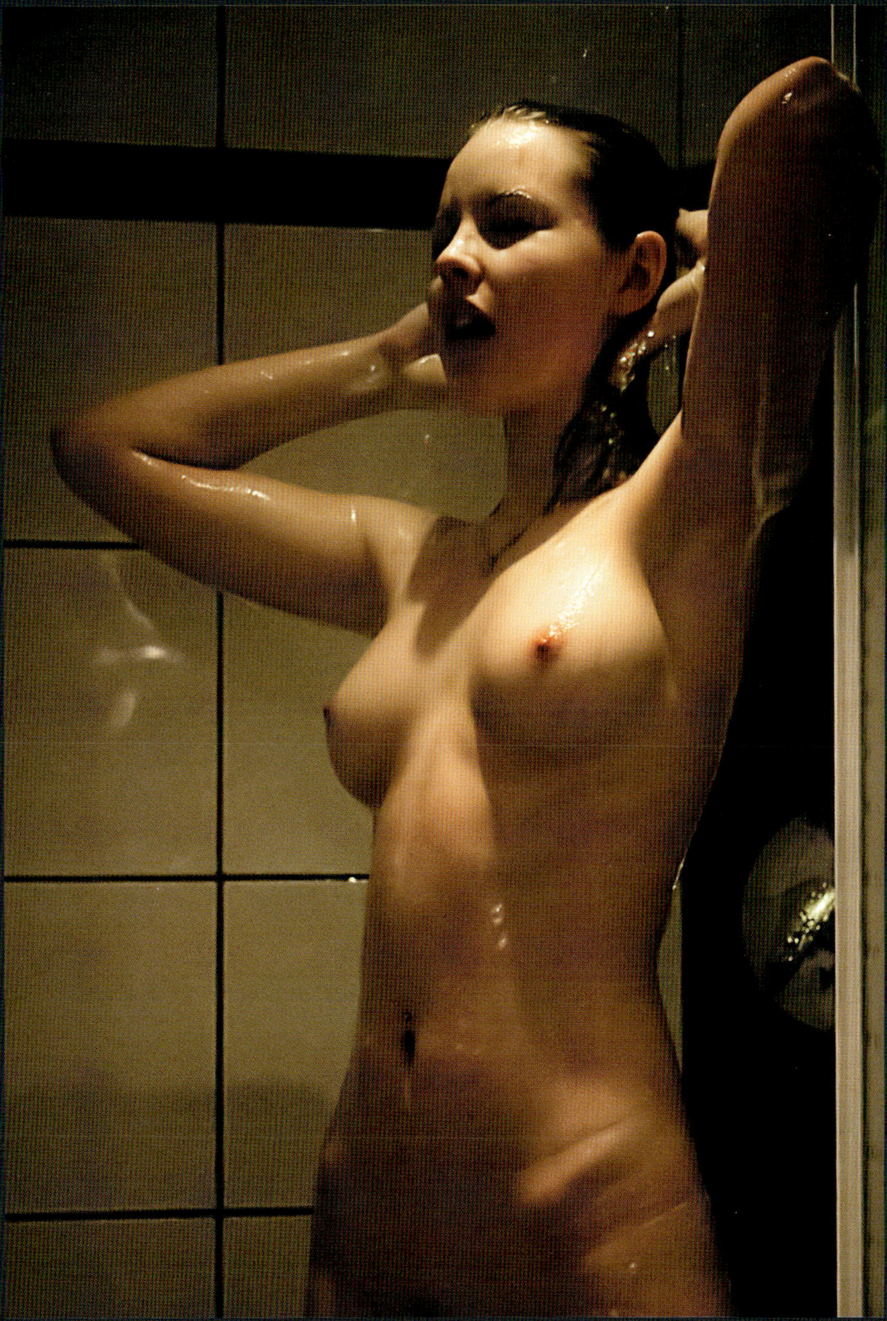

Vollformat / Objektiv 28 – 55 mm 4,5 – 5,6 • Kameraeinstellungen: 42 mm / ƒ5,6 / 1/80 s / ISO 5000

Knopf im Gegenlicht

Fotograf: Henrik Pfeifer

Die Idee des Bildes

Für ein Kunstprojekt habe ich Fotos mit diesem Model gemacht. Dafür sind völlig andere Fotos entstanden, aber das Model musste hier immer mal wieder auf mich warten und dabei kommen immer wieder die schönsten Fotos hervor. Das Model stand so da und wartete – und ich musste nur noch ein Foto davon machen. Ein Schnappschuss also.

Das brauchst du

- Objektiv mit einer Brennweite von 50 – 100 mm
- einen Raum mit Fenster

Umsetzung

1. Wie man wunderbar an diesem Foto sehen kann, habe ich mehr oder weniger gegen das Licht fotografiert. Das Model stand einfach an der Wand, und im Hintergrund sieht man ein Fenster, das auch die einzige Lichtquelle für dieses Foto war.
2. Da ich hier mit Mittelformat gearbeitet habe, konnte ich auch auf relativ kleinem Raum mit einer langen Brennweite arbeiten. Mit einer Vollformatkamera würde ich dafür eine 50-mm-Brennweite und für eine APS-C-Kamera eine 30-mm-Brennweite empfehlen.
3. Bei einer offenen Blende von *f*2,4 konnte ich bei ISO 400 mit 1/125 Sekunde Verschlusszeit das Bild belichten.

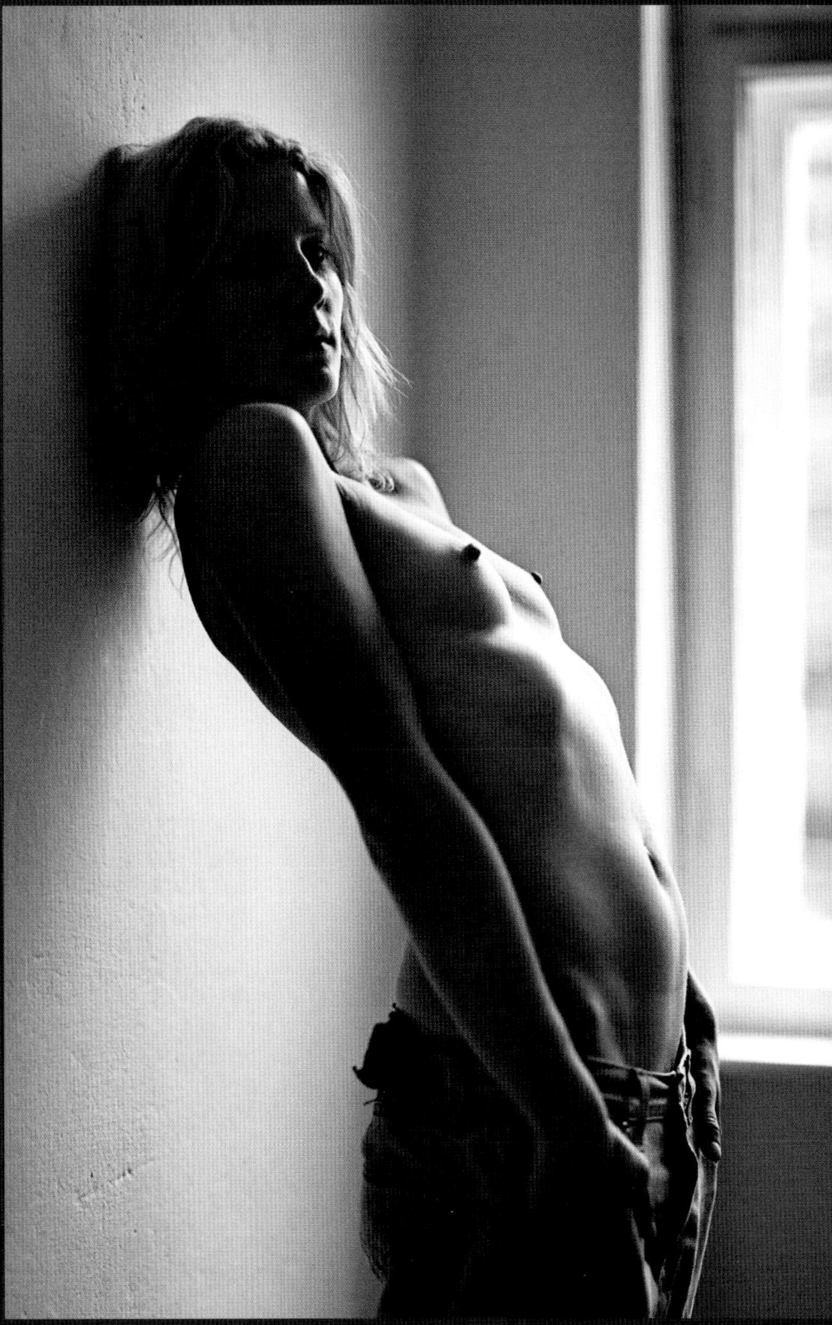

Mittelformat / Objektiv 105 mm 1 : 2.4 • Kameraeinstellungen: 105 mm / f2.4 / 1/125 s / ISO 400

Bathtub Nude

Fotograf: Artofdan

Die Idee des Bildes

Grundsätzlich ist das Sujet „Model und Badewanne“ ein sehr beliebtes Thema in der Aktfotografie. Ich wollte diese Thematik jedoch etwas neu definieren. Somit platzierte ich eine antike Badewanne mitten in einen leeren Raum. Als Beleuchtung sollte mir lediglich das vorhandene Fensterlicht dienen. Das Model sollte die Wanne auch als athletisches Objekt nutzen.

Das brauchst du

- Objektiv mit kurzer Brennweite um die 30 mm
- einen Raum mit einem Fenster und einer (mobilen) Badewanne
- geeignetes Bademittel, mit dem sowohl genügend Schaum entsteht als auch das Wasser gefärbt wird

Umsetzung

1. Mitten in einem leeren Raum positionierte ich eine Badewanne.
2. Das Wasser füllte ich etwa bis zur Hälfte ein und produzierte erst einmal ordentlich Schaum.
3. Ein großes Milchglasfenster sorgte für entsprechend gutes und passendes Seitenlicht. Man könnte ein gewöhnliches Fenster auch mit Architekten- oder Butterbrotpapier bekleben. Dadurch wird das Licht sehr weich.
4. Um in dem kleinen Raum möglichst viel von der Atmosphäre der Umgebung einzufangen, habe ich mit einer Brennweite von 28 mm fotografiert.
5. Die durchzeichnende Tiefenschärfe gelang bei Blende *f*5 und einer Verschlusszeit von 1/100 Sekunde bei ISO 800.

! TIPP

Ideal ist es, wenn man im Vorfeld etwas trocken übt, damit das Model nicht unendlich lange im Wasser sein muss.

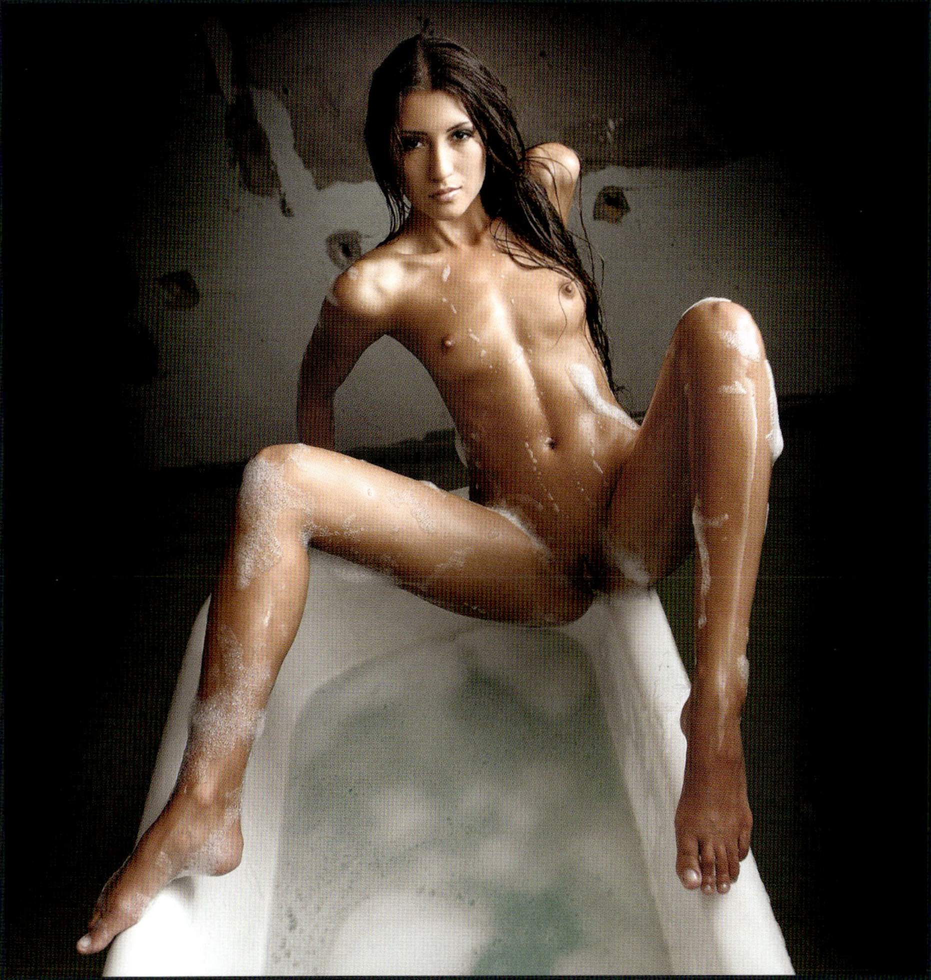

Vollformat / Objektiv 28 – 70 mm 1 : 2,8 • Kameraeinstellungen: 28 mm / ƒ5 / 1/100 s / ISO 800

Roter Kopfschmuck

Fotograf: Melanie Plum

Die Idee des Bildes

Dieses Bild entstand spontan im Anschluss an ein Outdoor-Shooting. Wir nutzten die durch den interessanten Sonneneinfall spannende Lichtsituation in meinem Schlafzimmer. Der aufwendige rote Kopfschmuck brachte die nötige Opulenz für dieses Aktporträt.

Das brauchst du

- Objektiv mit kurzer Brennweite von 35 mm
- einen Raum mit Fenster
- opulenten Kopfschmuck
- direkten Sonneneinfall

Umsetzung

1. Stelle dein Model in den Lichteinfall der durch das Fenster einstrahlenden Sonne. Das Foto ist im Abendlicht entstanden, wodurch zum einen die Sonne nicht mehr so kräftig war und zum anderen ein dünner heller Vorhang das Licht reduzierte.
2. Ich selbst fotografierte vom Fenster aus und stellte mich gerade so weit aus dem Lichteinfall heraus, dass ich selbst keinen Schatten auf mein Model werfen würde.
3. Aufgrund der Räumlichkeiten musste ich mit einer relativ kurzen Brennweite (35 mm) arbeiten, da ich sonst auf die kurze Distanz den opulenten Kopfschmuck nicht mit auf das Bild bekommen hätte.
4. Bei einer Verschlusszeit von 1/400 Sekunde und ISO 500 konnte ich mit einer Blende *f*2,8 die abendliche Lichtstimmung einfangen.

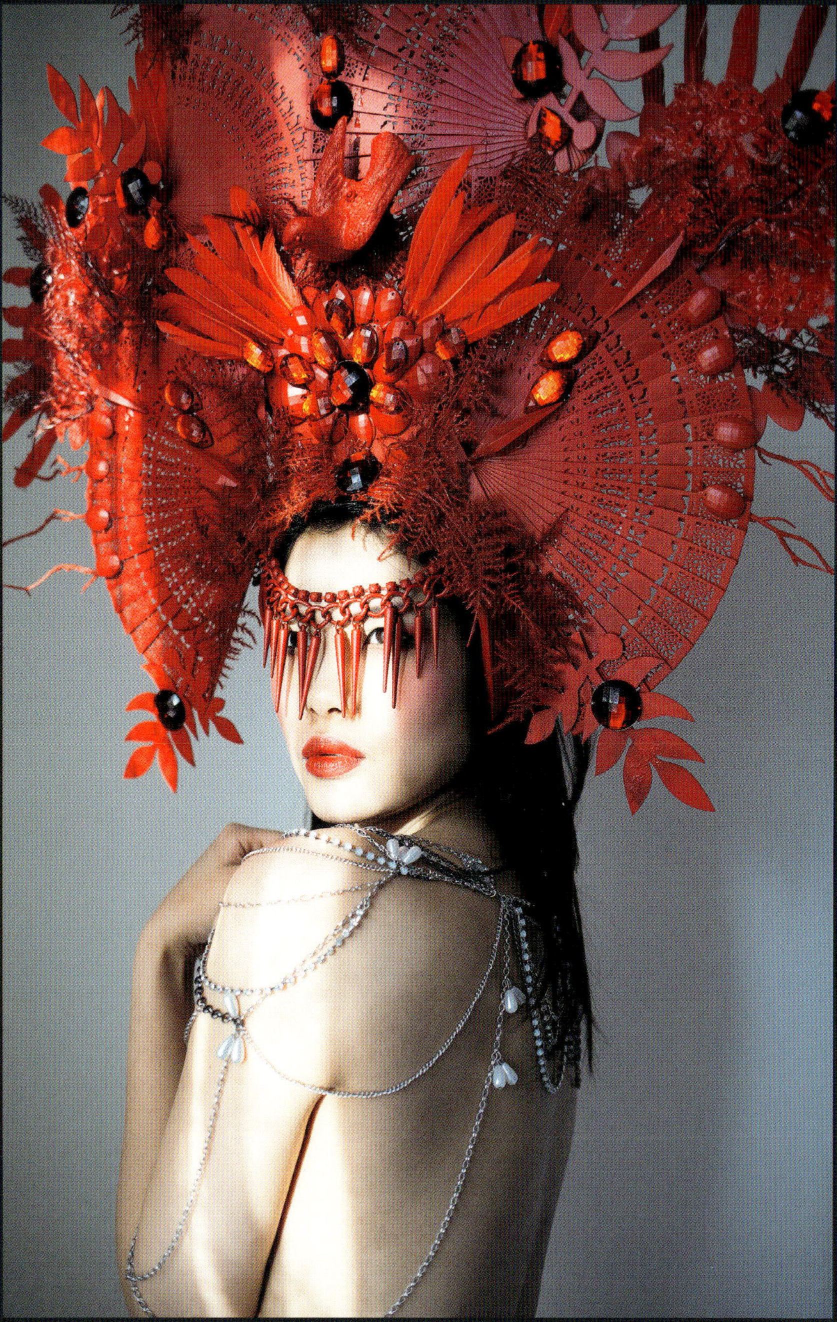

Vollformat / Objektiv 35 mm 1: 2 • Kameraeinstellungen: 35 mm / f2,8 / 1/400 s / ISO 500

Mischlicht am Fenster

Fotograf: Leave a Scar

Die Idee des Bildes

Der Raum war komplett in Grüntönen gehalten, die Gardinen waren aus einem orangefarbenen Material, das gut mit dem warmen Licht der Raumbeleuchtung harmonierte. Ich wollte eine Verbindung zwischen den Farben und den unterschiedlichen Lichttemperaturen, die durch Tageslicht und Kunstlicht entstanden, schaffen.

Das brauchst du

- Objektiv mit einer Blende von 50 mm
- einen Raum mit einem Fenster
- eine künstliche Lichtquelle

Umsetzung

1. Stelle dein Model direkt an ein Fenster und lasse es nach draußen schauen, sodass du es gegen das Licht von hinten fotografieren kannst.
2. Installiere direkt neben dem Model eine künstliche Lichtquelle (zum Beispiel eine Nachttischlampe), und schon wirst du sehen, wie sich das Licht durch die unterschiedlichen Farbtemperaturen von Kunst- und Tageslicht auf seinem Körper mischen.
3. Der Fokus liegt auf dem Model, wodurch auch der Vordergrund bei einer offeneren Blende von *f*2,8 unscharf wird. Die Bettdecke habe ich extra ein bisschen durcheinandergebracht, um einfach ein wenig Unschärfe in den Vordergrund zu bekommen.
4. Da das Shooting an einem sehr trüben Tag stattfand und ich nur auf das vorhandene Licht zurückgriff, musste ich bei 1/80 Sekunde Belichtungszeit auf ISO 1250 gehen.

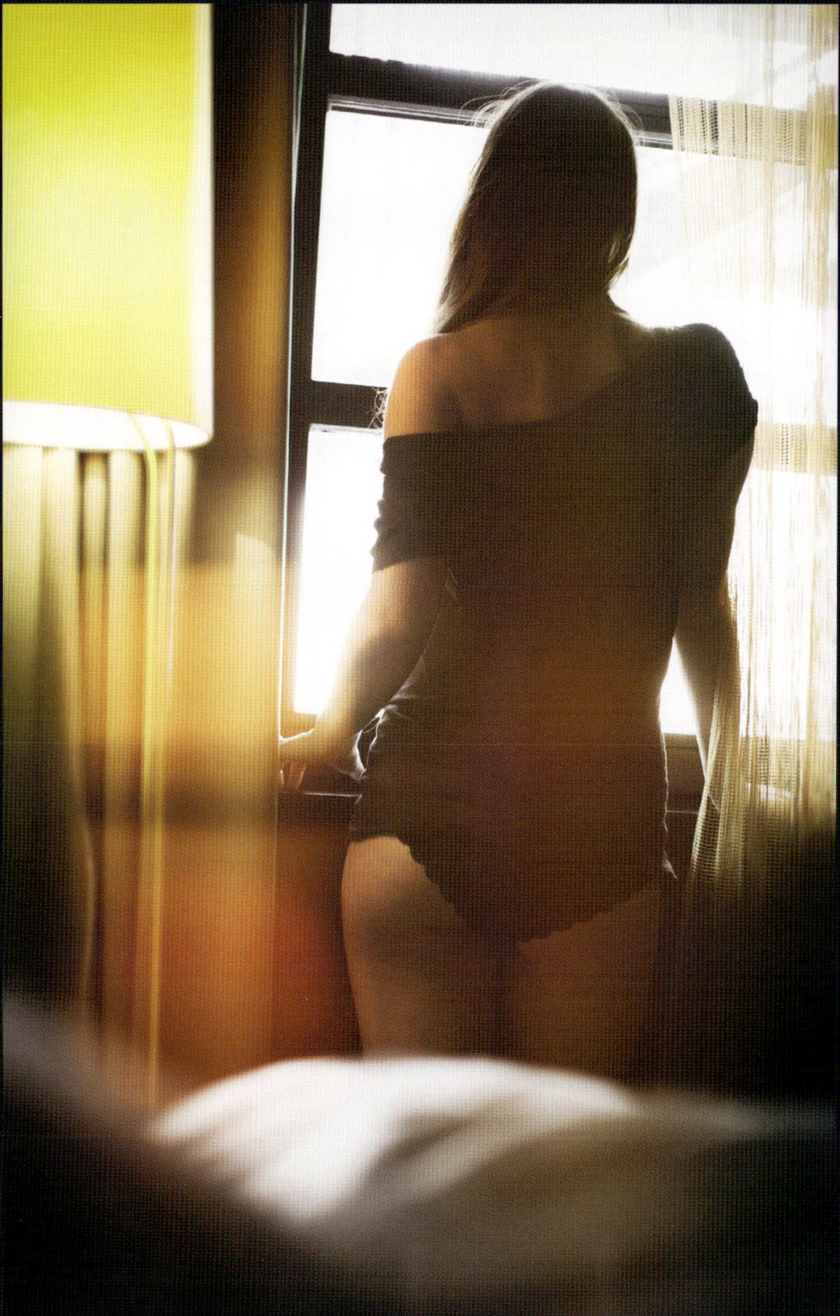

Vollformat / Objektiv 50 mm 1:1,8 • Kameraeinstellungen: 50 mm / f2,8 / 1/80 s / ISO 1250

Mädchen mit Rosen

Fotograf: Markus Hirner

Die Idee des Bildes

Ich hatte meine Blitzanlage aufgebaut und stellte das Model direkt unter die Softbox, um die Belichtung auf ihm zu messen. Noch war nur das Einstelllicht an. Als das Model ruhig dastand und wartete, merkte ich, dass genau diese Atmosphäre mein Foto werden könnte. Irgendwie erschien mir das Model zu nackt. Spontan drückte ich ihm noch ein paar künstliche Rosen in die Hand. Das war es! Die Rosen schienen mir schlicht genug, um nicht zu stören, und genau richtig, um das Bild aufzuwerten.

Das brauchst du

- Objektiv mit einer Brennweite um 30 mm
- Blitzkopf (Einstelllicht) mit Stativ
- Softbox (80 x 120 cm, siehe Glossar)
- Rosen

Umsetzung

1. Lass den Blitzkopf mit Softbox ganz von oben auf das Model hinunterscheinen und verwende einfach das Einstelllicht.
2. Stelle deine Kamera auf den manuellen Modus, damit du die dunkle Lichtstimmung einstellen kannst. Grundsätzlich fotografiere ich gerne ein bisschen dunkler und schraube lieber im Nachhinein an der Helligkeit. Das gibt dem Bild irgendwie etwas Mystisches.
3. Da mit wenig Licht gearbeitet wurde und das Bild nicht viel Tiefenschärfe benötigte, entschied ich mich für Blende $f2,8$.
4. Ich versuche, mit der ISO immer so niedrig wie möglich zu bleiben. Auch bei wenig Licht reichte ISO 200.
5. Auch ohne Stativ kam ich mit einer Belichtungszeit von 1/50 s aus.

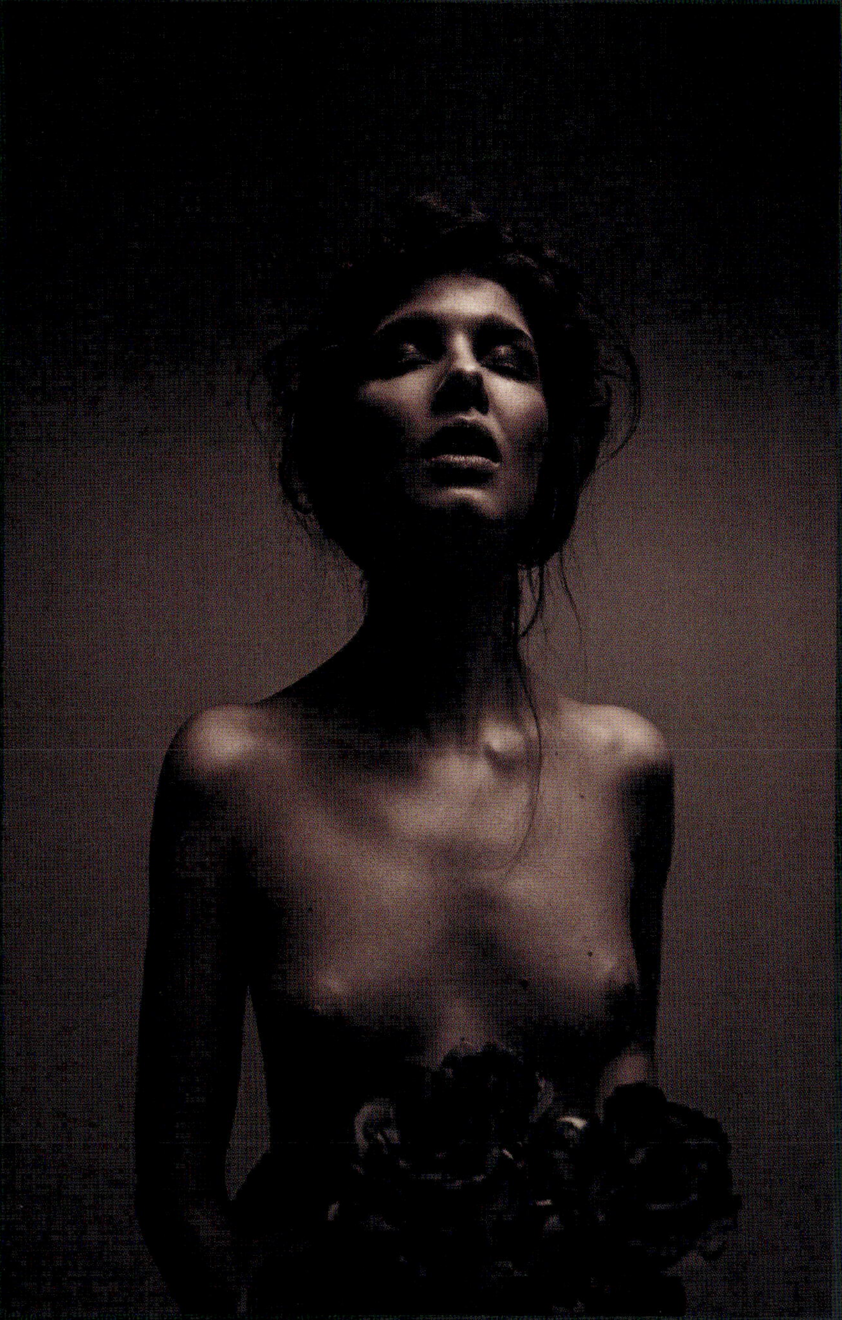

Vollformat / Objektiv 24 – 70 mm 1: 2,8 • Kameraeinstellungen: 29 mm / ƒ2,8 / 1/50 s / ISO 200

Ruhe im Einstelllicht

Fotograf: Henrik Pfeifer

Die Idee des Bildes

Während ich noch die letzten Handgriffe an meiner Blitzanlage tätigte, lag das Model einfach schon mal da und wartete und beobachtete mich. Zum Glück lag mein Fotoapparat bereit, sodass ich ein Foto davon machen konnte. Das Einstelllicht reichte dafür aus. Der Blitz hätte die Atmosphäre unterbrochen.

Das brauchst du

- Objektiv mit einer Brennweite von 30 – 80 mm
- Bett oder Matratze
- Blitzkopf (Einstelllicht) mit Stativ
- Softbox (40 x 140 cm)

Umsetzung

1. Lege eine Matratze mitten in einen Raum und bitte das Model, sich am Rand der Matratze hinzulegen. Stelle das Einstelllicht mit der Softbox links vom Model auf, leicht von oben.
2. Da das Einstelllicht nicht sonderlich hell ist, muss man den ISO-Wert ein wenig höher einstellen, als es mit dem Blitz nötig gewesen wäre (ISO 400). Dafür zerstört man aber nicht die entspannte, ruhige Atmosphäre.
3. Um mit dem wenigen Licht auszukommen, aber vor allem, um einen Schärfeverlauf in das Bild zu bekommen, habe ich mich für eine Blende *f*1,4 entschieden und konnte dann mit 1/250 Sekunde Belichtungszeit fotografieren. Das zeigt, dass ich ohne Probleme auch auf ISO 200 hätte gehen können, da eigentlich noch Belichtungsspielraum vorhanden gewesen wäre.

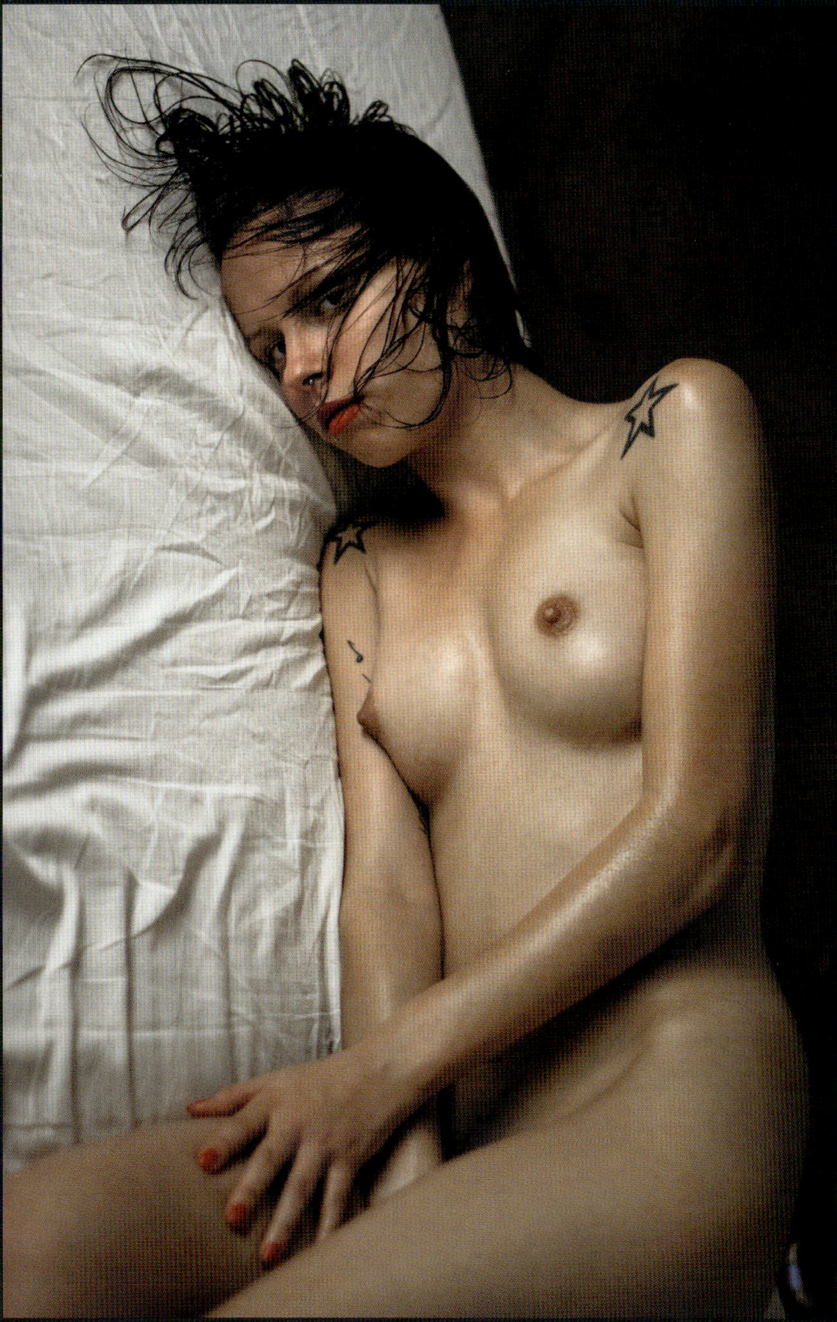

APS-C / Objektiv 50 mm 1:1,4 • Kameraeinstellungen: 50 mm / ƒ1,4 / 1/250 s / ISO 400

Octabox und Striplights

Fotograf: Christoph-Damian

Die Idee des Bildes

Ein Shooting im „Penthouse"-Stil war die Idee hinter einer ganzen Bildreihe, die ich mit meinem Model an diesem Tag umsetzen wollte. Es ging mir vor allem darum, die Schönheit seines Körpers und seine tolle Ausstrahlung hervorzuheben.

Das brauchst du

- Objektiv mit einer kurzen Brennweite um 30 mm
- drei Studioblitze
- eine Octabox und zwei Striplights (siehe Glossar)
- einen Raum mit Bett und Nachtischlampe

Umsetzung

1. Für dieses Foto habe ich mit drei Studioblitzen gearbeitet. Um Glanz in die Augen und gleichmäßiges Licht auf seinen Körper zu bekommen, habe ich mein Model von vorne mit einer Octabox eingeleuchtet und zusätzlich noch von links und rechts zwei Striplights positioniert, um dem Körper mehr Kontur zu geben.
2. Um auch auf wenig Platz möglichst viel von der Umgebung mit auf das Foto zu bekommen, habe ich mich für eine Brennweite von 28 mm entschieden.
3. Bei ISO 100 habe ich eine Verschlusszeit von 1/125 Sekunde eingestellt. Um möglichst viel Tiefenschärfe zu bekommen und trotzdem noch etwas von dem Licht der Nachtischlampe im Hintergrund zu spüren, habe ich Blende *f*5 gewählt.

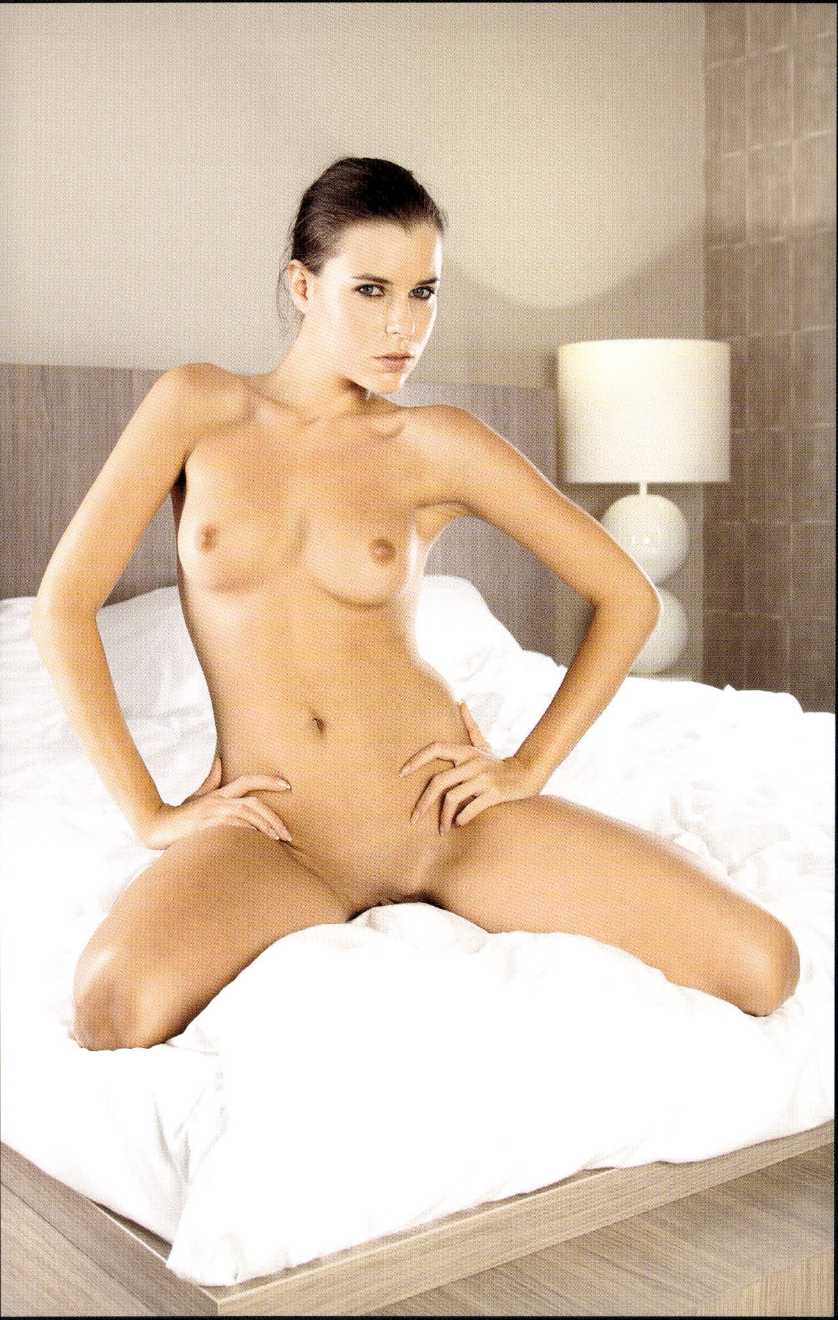

APS-C / Objektiv 24 – 105 mm 1:4 • Kameraeinstellungen: 28 mm / f5 / 1/125 s / ISO 100

In der Tür zwischen zwei Räumen

Fotograf: Markus Hirner

Die Idee des Bildes

Das Model schaute aus dem Umkleideraum, der vom Sonnenlicht hell erleuchtet war, in den dunklen Flur, in dem ich auf mein Model wartete. Sofort bemerkte ich den geheimnisvollen Moment, den die Schatten im Gegenlicht vor mir auf den Boden zauberten.

Das brauchst du

- Objektiv mit einer Brennweite um 20 mm (Weitwinkel)
- einen sehr hellen Raum, der an einen sehr dunklen Raum angrenzt

Umsetzung

1. Platziere dein Model direkt in der Tür zwischen zwei unterschiedlich hellen Räumen. Am besten ist es, wenn die Sonne direkt in den hellen Raum scheint.
2. Um im Gegenlicht die Kontrolle über die Belichtung zu haben, stelle deine Kamera auf jeden Fall auf den manuellen Modus.
3. Um viel von dem Raum und dem Lichtspiel auf engem Raum einzufangen, braucht es eine niedrige Brennweite, die ich mit 18 mm bei einer Blende *f*3,5 eingestellt habe.
4. Da ich das Bild im Schatten sehr dunkel haben wollte, reichte mir ISO 100 aus, um mit einer Belichtungszeit von 1/50 Sekunde aus der Hand zu fotografieren.

! TIPP

Mit einer künstlichen Lichtquelle kann man das natürlich auch nachbauen. Wichtig ist, dass die Lichtquelle selber nicht zu sehen ist, da der sowieso schon erhebliche Kontrast zwischen Hell und Dunkel sonst zu groß werden würde.

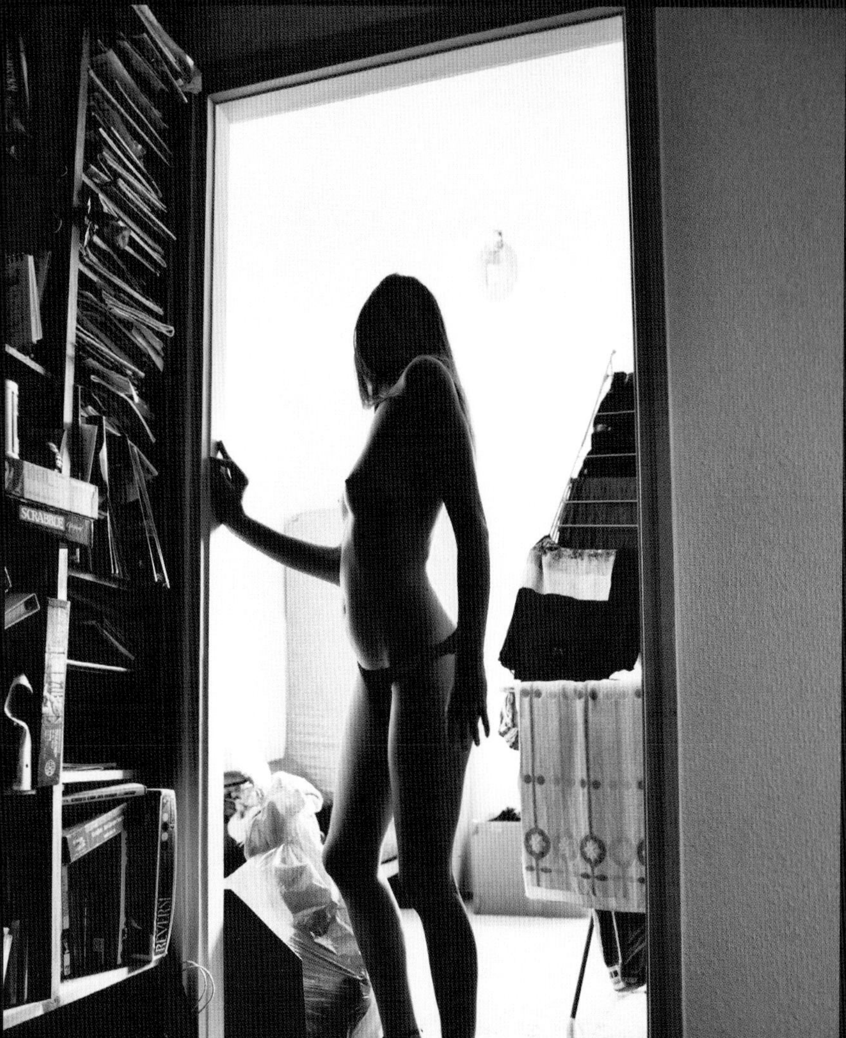

Vollformat / Objektiv 18 – 70 mm 1: 3,5 • Kameraeinstellungen: 18 mm / f3,5 / 1/50 s / ISO 100

Korsett im Boudoirstil

Fotograf: Melanie Plum

Die Idee des Bildes

Das Model brachte für unser Shooting ein wunderschönes, maßangefertigtes Korsett mit, welches ich gerne an ihm im Boudoirstil inszenieren wollte. Mein Schlafzimmer und dessen tolle Lichtsituation boten sich abermals prima als Location an. Um das Set opulenter zu gestalten, wurde noch ein wenig dekoriert. Tüll und Organza habe ich luftig von der Decke aufs Bett fließen lassen. Zudem habe ich ein Dekopferd und einen alten Vogelkäfig im Hintergrund drapiert.

Das brauchst du

- Objektiv mit kurzer Brennweite um 20 – 30 mm
- einen möglichst hellen Raum mit Fenster
- Korsett
- Bett, Tüll, Organza und Deko für den Hintergrund

Umsetzung

1. Dekoriere einen möglichst weißen, hellen Raum mit Requisiten und lasse Tüll und Organza von der Decke aufs Bett hinabfließen. Das Bett sollte seitlich zum Licht stehen.
2. Platziere dein Model unter dem Tüll und lasse es in die Kamera schauen.
3. Der Raum, in dem ich dieses Foto gemacht habe, hat weiße Wände und eine weiße Decke. Dadurch reflektiert das diffus einfallende Licht so sehr, dass ein gleichmäßiges Licht den Raum erfüllt. Es waren keine zusätzlichen Lichtquellen oder Reflektoren nötig.
4. Um das Szenario optimal einzufangen, habe ich mit einer sehr kurzen Brennweite von 24 mm fotografiert.
5. Bei ISO 400 und Blende *f*4 ist mir auch bei einer relativ langen Verschlusszeit von 1/25 Sekunde ein nicht verwackeltes Bild gelungen. Die Blende *f*4 habe ich gewählt, um möglichst viel Tiefenschärfe zu haben.

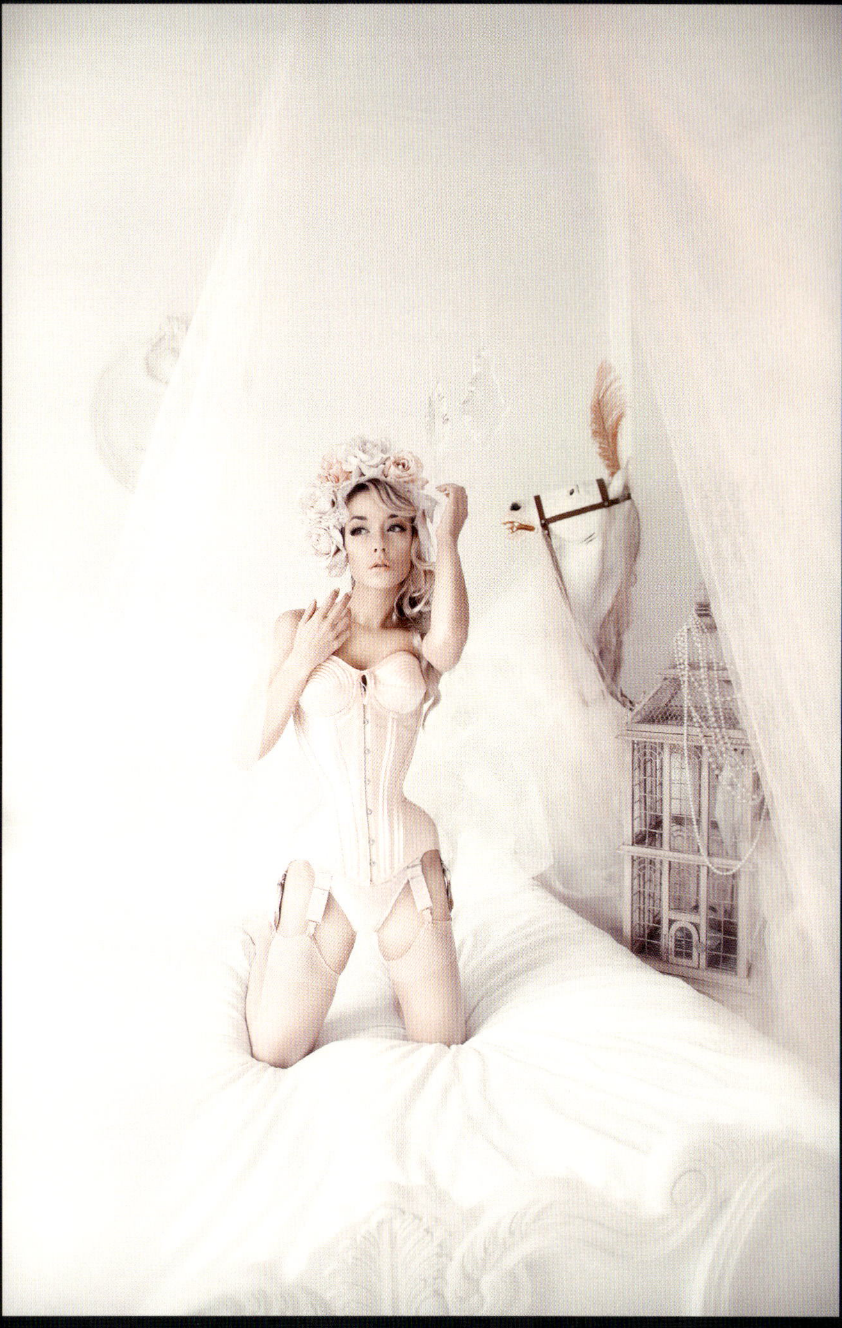

Vollformat / Objektiv 24 – 105 mm 1: 2,8 • Kameraeinstellungen: 24 mm / ƒ4 / 1/25 s / ISO 250

Steckdosen und andere Armaturen

Fotograf: Grischa Schindler

Die Idee des Bildes

Um eine schlichte, intime Atmosphäre zu schaffen, habe ich einen Raum leer geräumt und nur eine Matratze auf den Boden gelegt. In der puren Location lenken lediglich die Steckdosen und die Heizung vom Model ab. Aber gerade das macht es für mich so authentisch und „normal". Als würde man in eine Wohnung einziehen und hätte die Kisten noch nicht ausgepackt.

Das brauchst du

- Objektiv mit kurzer Brennweite um 35 mm
- einen leeren Raum mit einem Fenster

Umsetzung

1. Setze dein Model mit dem Rücken zum Fenster auf eine weiße Matratze oder ein weißes Bett. Die Sonneneinstrahlung auf das Bett wirkt gleichzeitig als Aufheller für die vom Licht abgewandte Seite. Bitte dein Model, seine Haare zu verwuscheln, und beobachte das Spiel, um den passenden Moment zu erwischen.
2. Um nah am Model zu sein und gleichzeitig viel von dem Drumherum mit auf das Bild zu bekommen, arbeite ich gerne mit einer 35-mm-Festbrennweite.
3. Bei ISO 400 und einer Blende *f*2,5 konnte ich die Lichtstimmung gut einfangen.

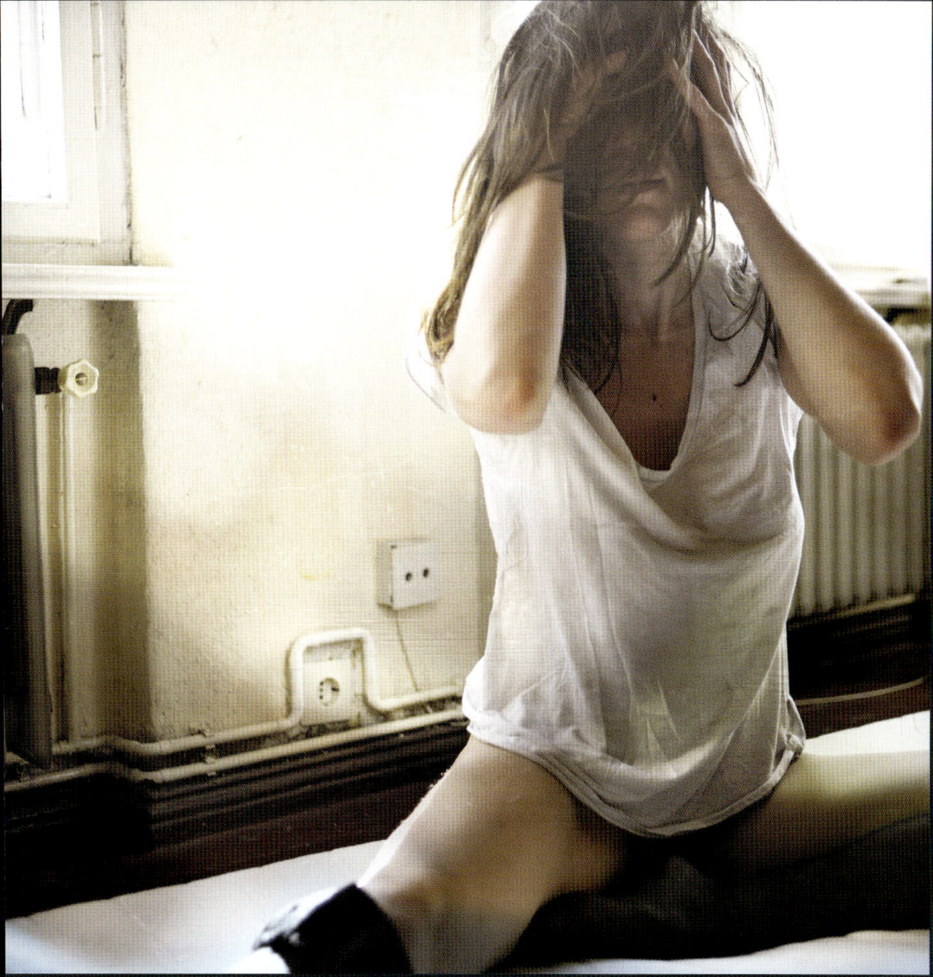

Vollformat / Objektiv 35 mm 1:2 • Kameraeinstellungen: 35 mm / f2,5 / 1/320 s / ISO 400

Durchsichtige Bluse

Fotograf: Christoph-Damian

Die Idee des Bildes

Die knapp offenstehende Bluse machte diesen Moment so attraktiv. Unschuldig, sinnlich, rein und vom Licht durchflutet sind die Attribute, die mir zu diesem wundervollen Augenblick einfallen.

Das brauchst du

- Objektiv mit einer Brennweite um 50 mm
- einen Raum mit Fenster
- Reflektor (siehe Glossar)

Umsetzung

1. Als Lichtquelle diente das Tageslicht als Gegenlicht vom Fenster. Mit einem Reflektor habe ich die Schattenpartien von Fotografenseite ein wenig aufgehellt.
2. Da es am Licht ein wenig gemangelt hat, musste ich mit ISO 800 fotografieren und eine Blende wählen, die meinen eigentlichen Ansprüchen an die Tiefenschärfe nicht gerecht wurde. Mit Blende *f*4,5 hatte ich zwar nur einen knappen Schärfebereich, aber dafür diesen sinnlichen Moment einfangen können.
3. Mit 1/80 Sekunde Verschlusszeit konnte ich noch entspannt aus der Hand fotografieren.

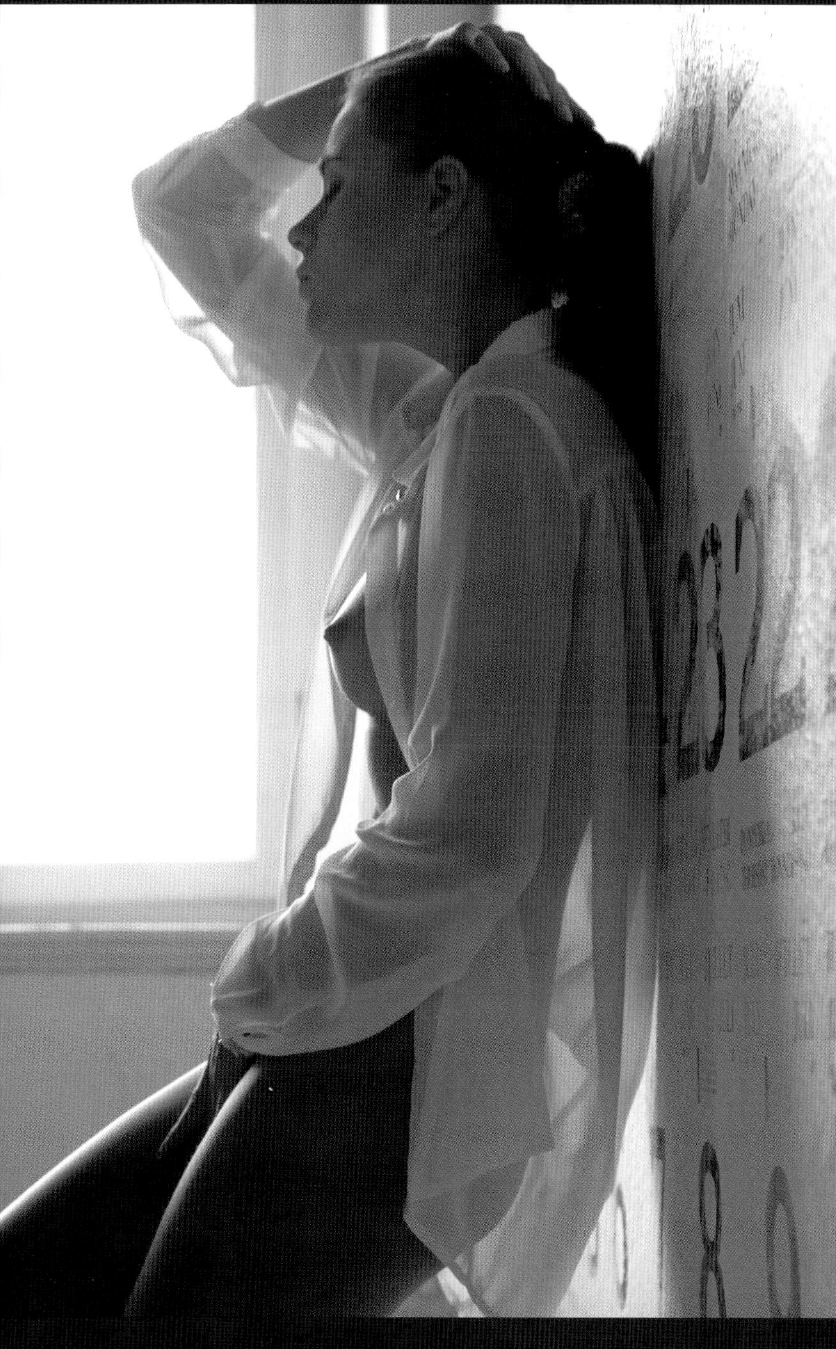

APS-C / Objektiv 24 – 105 mm 1: 4 • Kameraeinstellungen: 50 mm / f4,5 / 1/80 s / ISO 800

Ausziehen

Fotograf: Markus Hirner

Die Idee des Bildes

Während mir das Model mitgebrachte Outfits präsentierte, entstand diese Aufnahme. Kaum ausgesprochen, welches Shirt man für das nächste Foto mal ausprobieren könne, zog es sich das Shirt über den Kopf, und ich machte spontan einen Schnappschuss davon.

Das brauchst du

- Objektiv mit einer Brennweite um 20 mm (Weitwinkel)
- einen Raum mit einem Fenster

Umsetzung

1. Setze dein Model seitlich zum Licht an ein Fenster. Um den Moment genauso spontan hinzubekommen, lass es vielleicht unterschiedliche Oberteile anprobieren, sodass es ständig etwas an- oder ausziehen muss.
2. Um die Kontrolle über die Belichtung zu behalten, solltest du in jedem Fall im manuellen Modus der Kamera arbeiten.
3. Öffne die Blende so weit es dein Objektiv zulässt. Bei meinem Objektiv war es möglich, mit einer Blende *f*3,5 zu arbeiten.
4. Den ISO-Wert lasse ich immer so niedrig wie möglich. Wenn mir das Bild zu dunkel wird, korrigiere ich das lieber später am Computer.
5. Mit 18 mm Brennweite und 1/50 Sekunde Verschlusszeit kann es mit einer ruhigen Hand auch bei relativ wenig Licht funktionieren.

! **TIPP**

Bei 1/50 Sekunde Verschlusszeit kann es schon zu einer Bewegungsunschärfe kommen – gerade wenn du das Model in der Bewegung erwischen willst. Wenn du damit Probleme bekommen solltest, empfehle ich, den ISO-Wert zu erhöhen und mit einer schnelleren Verschlusszeit zu arbeiten.

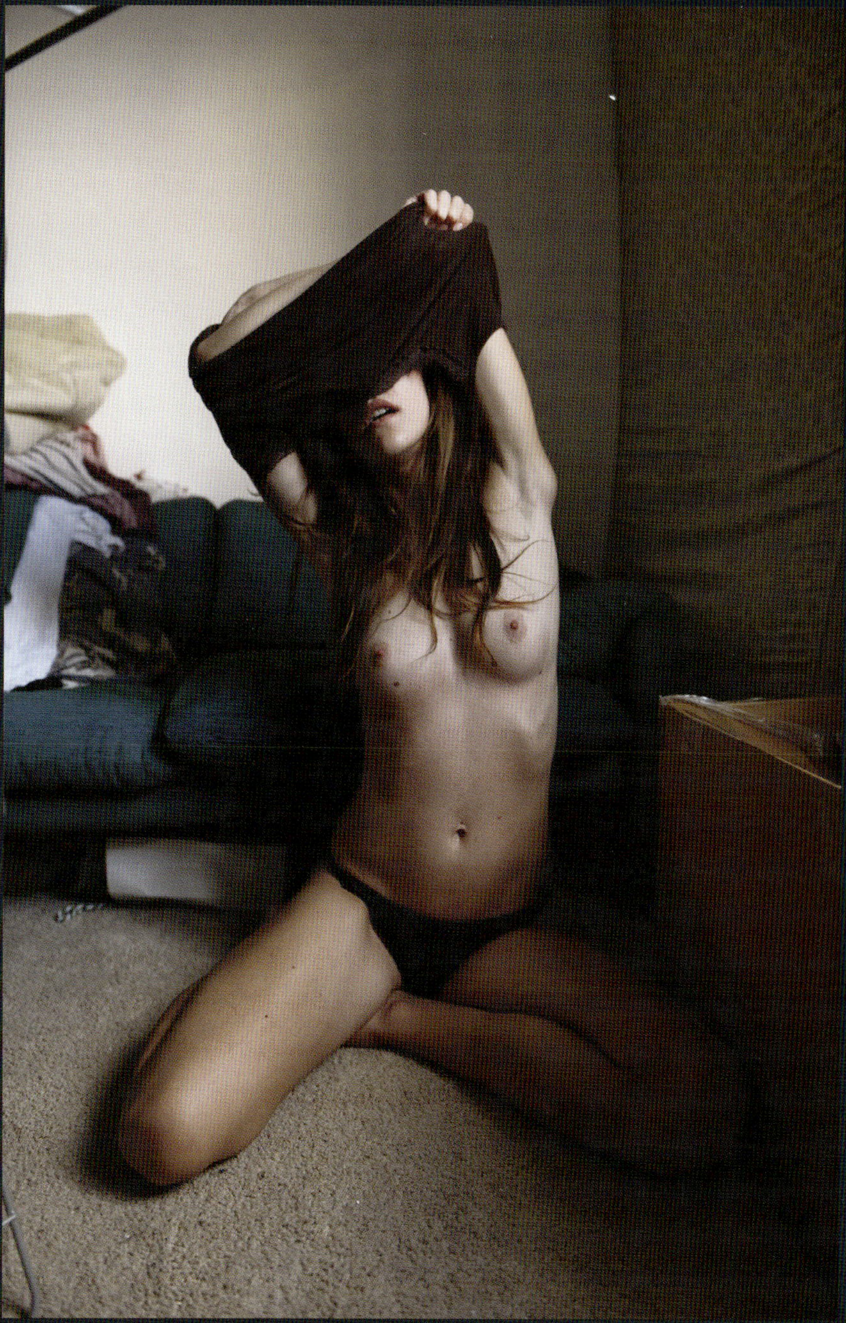

Vollformat / Objektiv 18 – 70 mm 1:3,5 • Kameraeinstellungen: 18 mm / ƒ3,5 / 1/50 s / ISO 100

Stars and Stripes

Fotograf: Marc Boesing

Die Idee des Bildes

Ziel war es, eine dynamische Aktaufnahme festzuhalten. Der angeschnittene Hintergrund, der Wind und die USA-Flagge verleihen dem Bild das gewisse Etwas.

Das brauchst du

- Objektiv mit einer Brennweite um 50 mm
- Ringblitz (siehe Glossar)
- Windmaschine oder Ventilator
- weißen Hintergrund (ein weißes Laken tut es auch)
- Flagge

Umsetzung

1. Stelle dein Model vor einen weißen Hintergrund. Das kann eine weiße Wand oder wie hier ein transportables Hintergrundsystem sein. Ein weißes Laken vor dem Schrank tut es zur Not aber auch.
2. Den Ventilator habe ich dann von links auf mein Model gerichtet und es mit dem Wind und der Flagge spielen lassen.
3. Beleuchtet habe ich das Ganze denkbar einfach mit einem Ringblitz.
4. Um eine gestochene Tiefenschärfe in das Bild zu bekommen, habe ich bei einer Brennweite von 50 mm mit einer Blende *f*10 fotografiert. Dank der Lichtintensität des Blitzes konnte ich dann bei einer Blitzsynchronzeit von 1/200 Sekunde auf ISO 100 belichten.

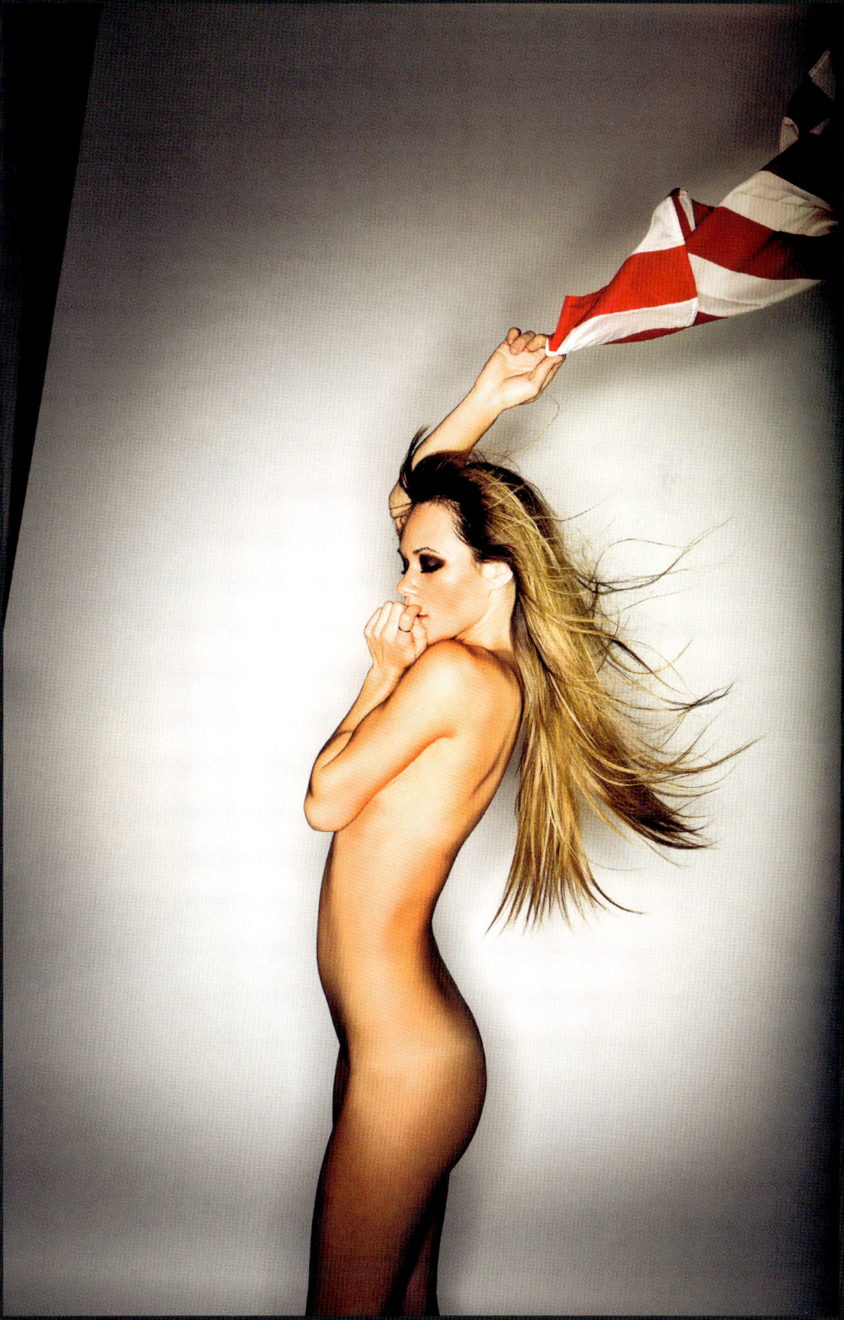

Vollformat / Objektiv 50 mm 1:4 • Kameraeinstellungen: 50 mm / ƒ10 / 1/200 s / ISO 100

Strecken

Fotograf: Henrik Pfeifer

Die Idee des Bildes

Dieses Foto entstand in meinem Atelier bei einem Testshooting für ein Männermagazin. Ich wollte wissen, ob das Model einen unkomplizierten Umgang mit seinem Körper hat und offen und kreativ genug ist, um spielerisch zu arbeiten. Gerne experimentiere auch ich dann.

Das brauchst du

- Objektiv mit einer Brennweite um 50 – 100 mm
- einen Raum mit Fenster
- Sofa
- Sprühflasche mit Wasser

Umsetzung

1. Stelle ein Sofa in Richtung des Fensters und bitte dein Model, kopfüber darauf Platz zu nehmen. Du selbst positionierst dich hinter dem Sofa, um gegen das Licht fotografieren zu können. Das Model muss nun seine Brüste gegen die Zimmerdecke strecken. Weil ich es schön finde, spritze ich gerne noch ein wenig Wasser auf den Körper. Das lässt die Härchen zu Berge stehen und auch die Brustwarzen.
2. Um diesen extremen Schärfeverlauf hinzubekommen, braucht es eine etwas längere Brennweite bei offener Blende. Der Fokus liegt auf der Brust.
3. Mit einer 80-mm-Festbrennweite, einer Blende *f*1,2 und einer Belichtungszeit von 1/125 Sekunde bei ISO 160 konnte dieses Foto entstehen.

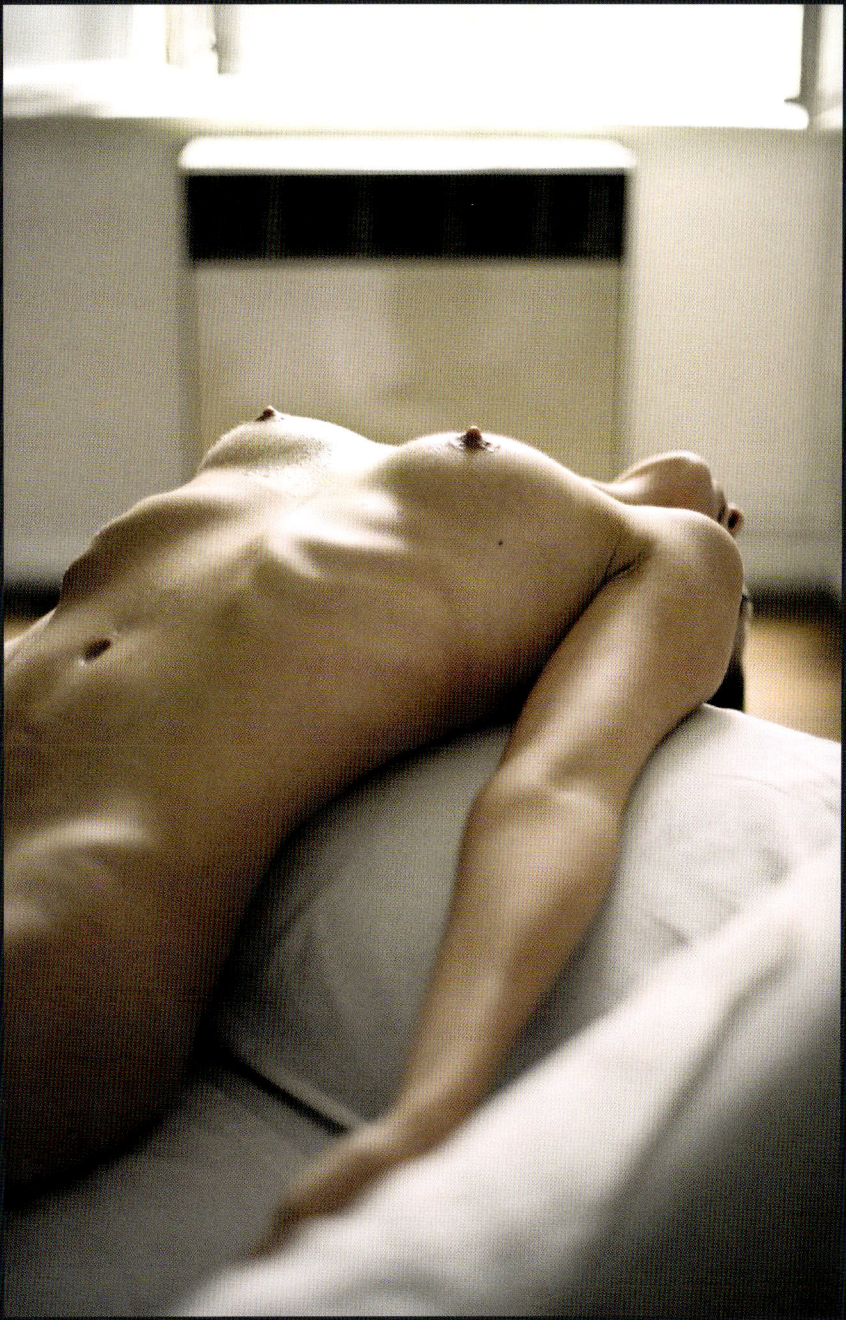

Kleinbild / Objektiv 80 mm 1:1,2 • Kameraeinstellungen: 80 mm / f1,2 / 1/125 s / ISO 160

Mit verbundenen Augen

Fotograf: Val Mont

Die Idee des Bildes

Hier wollte ich einen eher privaten Moment darstellen. Wichtig war auch, der Frivolität dieser Situation ein wenig Unschuld zu geben, indem das Model erkennbar Spaß an dem Spiel hat und so den Betrachter mit hineinzieht und dessen „Kopfkino" ankurbelt.

Das brauchst du

- Objektiv mit einer kurzen Brennweite (ca. 35 – 50 mm)
- eine Augenbinde

Umsetzung

1. Verbinde deinem Model die Augen oder lasse es das selbst machen. Dazu ist es sehr wichtig, dass das Model keine Pose einnimmt, sondern sich auf die Szene einlässt wie eine Schauspielerin auf ihre Rolle. Das geht nur, wenn man richtig Vertrauen zueinander hat.
2. Das Licht kommt hier seitlich von einem Fenster.
3. Um eine große Intimität zu erzeugen, habe ich mich für eine kurze Brennweite entschieden und meine Kamera auf 44 mm bei einer Blende von *f*5,6 eingestellt.
4. Mit ISO 2000 und 1/160 Sekunde Belichtungszeit kommt man auch mit wenig Licht aus.

! TIPP

Eine schöne Atmosphäre, in der sich das Model wohlfühlt, steht für mich an erster Stelle. Das Licht ist in meinen Augen zweitrangig. Hier kommt es seitlich vom Fenster. Man kann eine solche Situation aber auch abends simulieren mit einem einzelnen Baustrahler, den man gegen die Wand richtet und dann das weiche, reflektierte Licht verwendet. Dann könnten z. B. auch Kerzen einen schönen Akzent setzen.

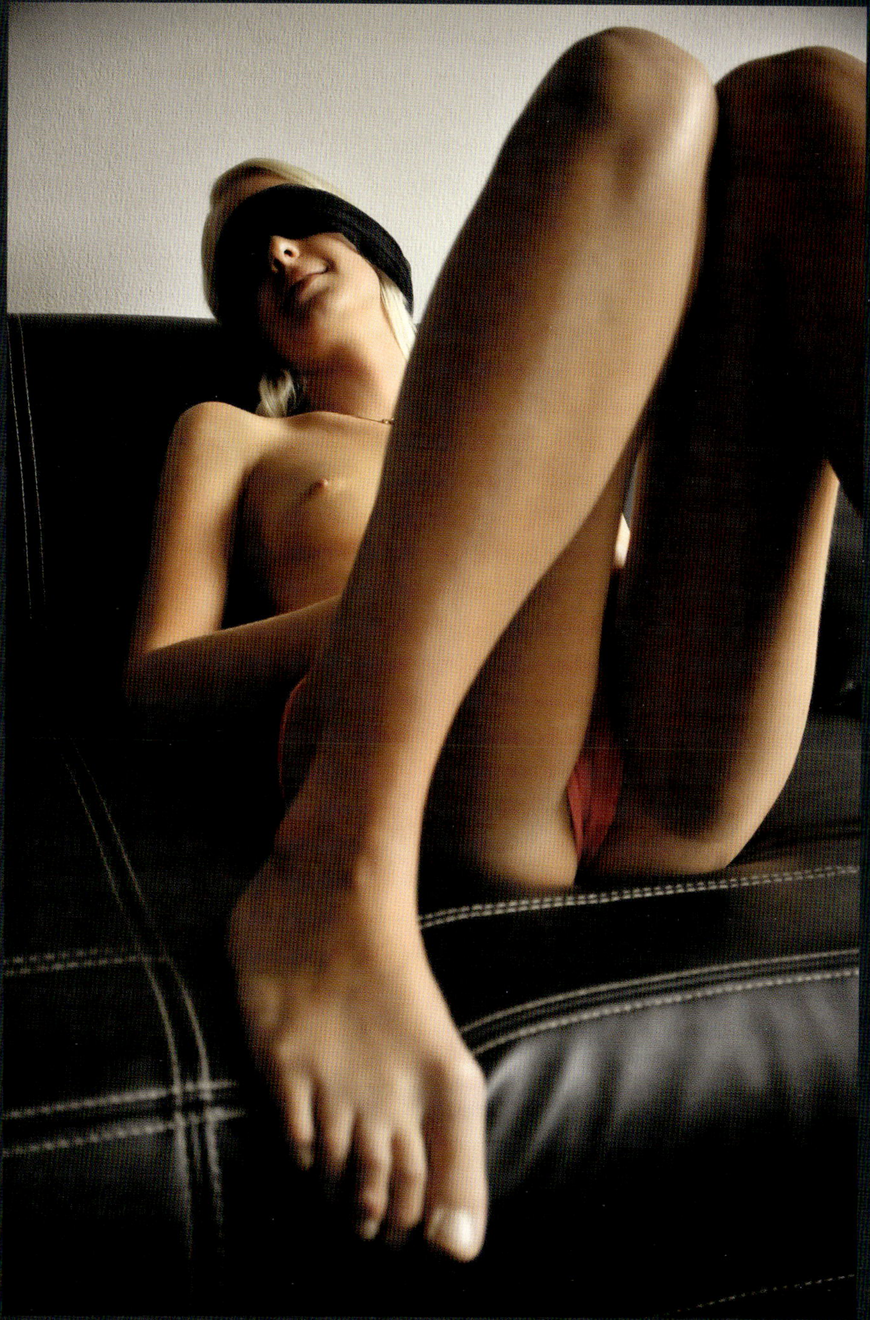

Vollformat / Objektiv 28 – 55 mm 4,5 – 5,6 • Kameraeinstellungen: 44 mm / f5,6 / 1/160 s / ISO 2000

Lametta-Girl

Fotograf: Markus Hirner

Die Idee des Bildes

Das Model war kurz zuvor aus dem Urlaub aus Mexiko zurückgekommen und hatte von dort irgendwelches mexikanisches Silvester-Glitzerzeug mitgebracht. Das Licht stand noch von einem anderen Shooting in meinem Flur. Spontan haben wir angefangen, mit dem Lametta zu spielen. Dabei ist das herausgekommen.

Das brauchst du

- Objektiv mit einer Brennweite um 20 – 30 mm
- Blitzkopf mit dazugehörigem Stativ
- Softbox (80 x 120 cm, siehe Glossar)
- Lametta oder anderen Glitzer

Umsetzung

1. Das Model legt sich auf den Boden und schaut nach oben in die Kamera. Lasse es einfach mit dem Glitzer spielen.
2. Lass den Blitzkopf mit Softbox ganz von oben auf das Model hinunter scheinen und stelle ihn auf die niedrigste Lichtstärke.
3. Wähle für deine Kamera im manuellen Modus eine möglichst offene Blende.
4. Bei dem verwendeten Objektiv konnte ich eine Blende *f*2,8 einstellen und bin bei ISO 200 mit 1/125 Sekunde Belichtungszeit zurechtgekommen.

! TIPP

Je nach Lichtstärke des Blitzkopfs kann es gut sein, dass du auch auf der niedrigsten Stufe die Blende weiter schließen musst oder ND-Folie, eine lichtdämpfende Beleuchtungsfolie, vor dem Blitzkopf anbringen musst. Diese Folie dämpft die Helligkeit des Blitzes etwas.

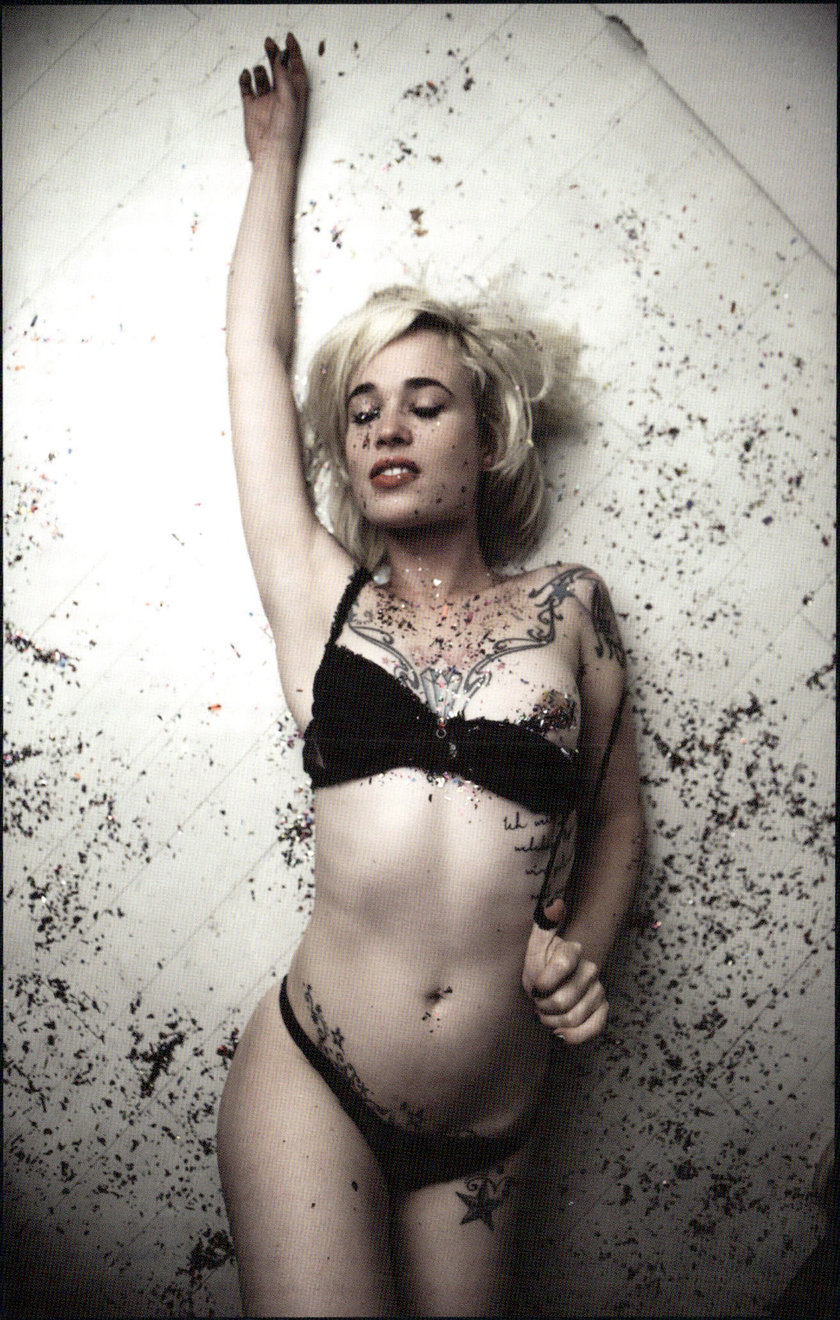

Vollformat / Objektiv 24 – 70 mm 1: 2,8 • Kameraeinstellungen: 24 mm / ƒ2,8 / 1/160 s / ISO 200

Halb Körper – halb Wand

Fotograf: Leave a Scar

Die Idee des Bildes

Bei diesem Bild sollte die Nacktheit des Models im Vordergrund stehen, jedoch ohne dass intime Details sichtbar sind. Ein verdeckter Akt, obwohl dem Betrachter die offensichtliche Nacktheit des Models präsent ist.

Das brauchst du

- Objektiv mit einer etwas längeren Blende um 80 mm
- eine Wandöffnung oder Tür, seitlich zum Licht

Umsetzung

1. Stelle dein Model gegenüber einem Fensters seitlich zum Licht in einen Türrahmen, und zwar so, dass die Hälfte seines Körpers verdeckt ist. Wenn es den Arm anwinkelt und die Haare ins Gesicht fallen lässt, entsteht ein völlig verdeckter Akt. Durch die seitliche Lichtführung fällt auch kein Licht auf den Schambereich, der dadurch ebenfalls ins Dunkle „absäuft“.
2. Der Fokus liegt auf der angeschnittenen Brust, wodurch bei der recht offenen Blende *f*2,2 trotz der verdeckten Pose der Blick dorthin gelenkt wird.
3. Da an diesem Ort wenig Tageslicht vorhanden war und ich ausschließlich auf das vorhandene Licht zurückgriff, musste ich bei 1/100 Sekunde Verschlusszeit auf ISO 1600 gehen.

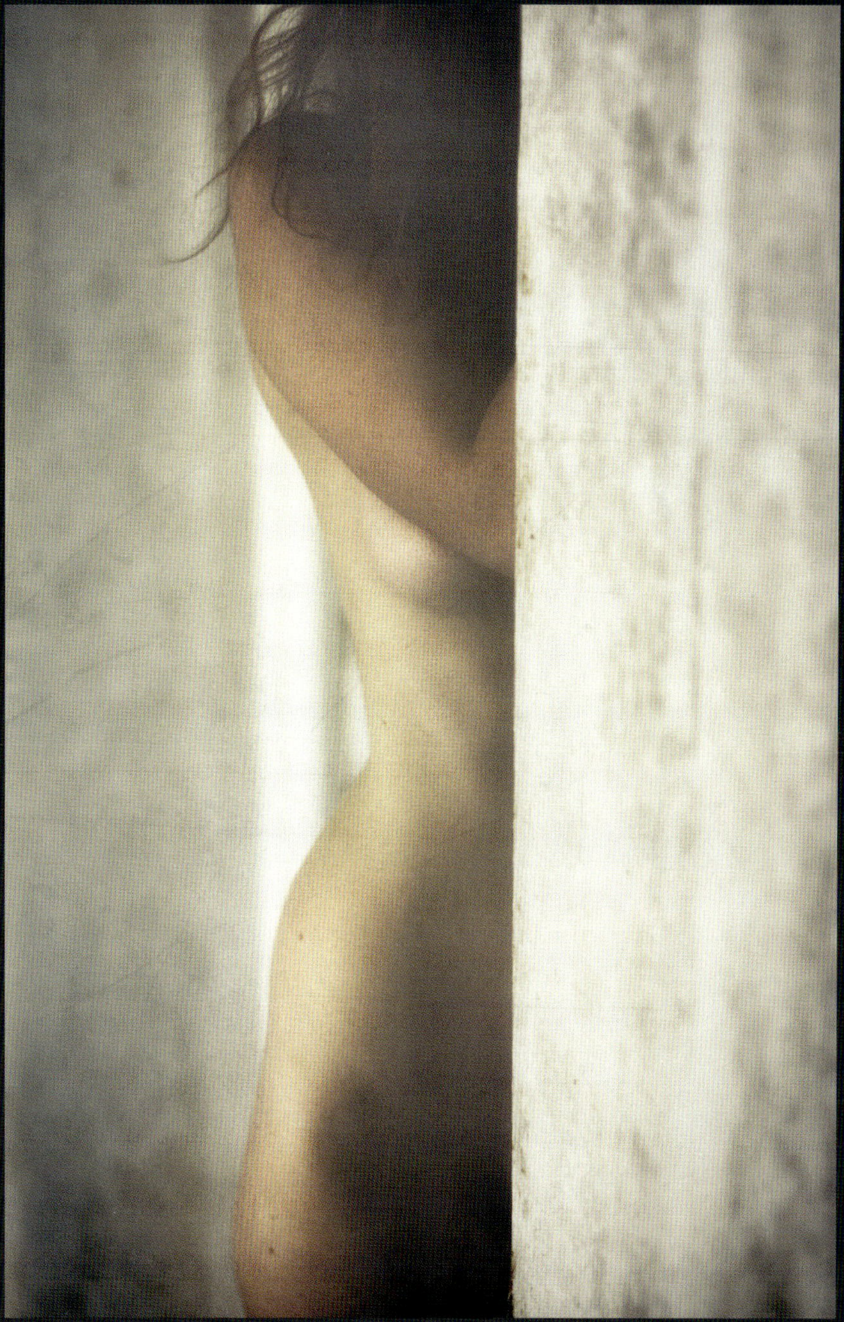

Vollformat / Objektiv 85 mm 1:1,8 • Kameraeinstellungen: 85 mm / f2,2 / 1/100 s / ISO 1600

Spiegel mit Mischlicht

Fotograf: Henrik Pfeifer

Die Idee des Bildes

In dieser Location gab es einen Spiegel, über dem Kunstlicht angebracht war, und zusätzlich viel Tageslicht durch ein Fenster in den Raum. So entstand ein Spiel mit dem Model und dem Licht über den Spiegel.

Das brauchst du

- Objektiv mit einer Brennweite von 30 – 100 mm
- einen Raum mit Fenster und einem Spiegel mit künstlicher Lichtquelle

Umsetzung

1. Platziere dein Model so in dem Raum, dass es seitlich zum Fenster steht, durch das Tageslicht in den Raum hineinscheint. Das Kunstlicht über dem Spiegel ist in erster Linie nur ein Effekt, der das Bild einrahmt und dem Bild einen eigenwilligen Touch verleiht. Im Hintergrund steht noch die Tür zum Bad offen, durch die Neonröhrenlicht (das ist dem Tageslicht sehr ähnlich) von hinten auf das Model scheint. Fotografiert habe ich dann über den Spiegel.
2. Abgelichtet habe ich den Moment wie bei fast allen meinen Bildern mit einer 50-mm-Festbrennweite bei Blende *f*1,4.
3. Das einfallende Tageslicht und die künstlichen Lichtquellen haben mich das Bild bei ISO 400 mit 1/60 Sekunde Verschlusszeit belichten lassen.

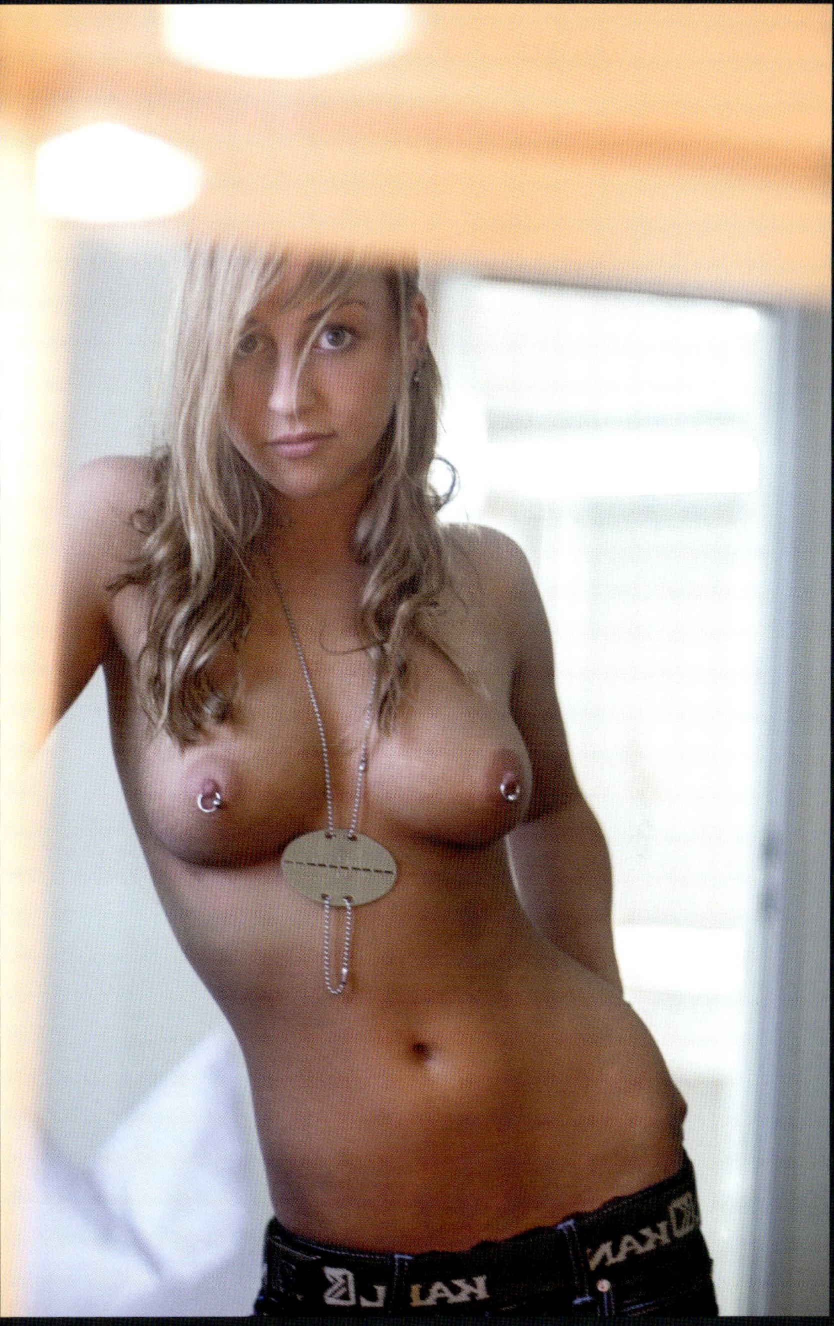

APS-C / Objektiv 50 mm 1:1,4 • Kameraeinstellungen: 50 mm / f1,4 / 1/60 s / ISO 400

Porträt am Fenster

Fotograf: Artofdan

Die Idee des Bildes

Bei dem Bild wollte ich in erster Linie den Gegensatz des jugendlichen Models mit seinem wunderschönen Körper zu der maroden Umgebung eines alten Raumes darstellen. Das Bild wirkt durch diese Kontraste, und das Model wird somit noch mehr zum Blickfang. Es war mir wichtig, dieses Bild in Farbe wiederzugeben, da gerade diese Farben sehr harmonisch und warm wirken.

Das brauchst du

- Objektiv mit einer Brennweite von 50 mm
- einen Raum mit Milchglasfenster (ersatzweise kann auch ein halbtransparenter Vorhang oder Architekten- bzw. Butterbrotpapier benutzt werden, um das Fenster abzukleben)

Umsetzung

1. Stelle dein Model relativ dicht ans und seitlich zum Fenster und lasse es über seine Schulter in deine Richtung schauen. Du stehst ebenfalls seitlich zum Fenster.
2. Bei dieser Art von Lichtverhältnissen und erwähntem Equipment ist ISO 800 meine bevorzugte Wahl.
3. Mit einer offenen Blende *f*1,8 kann man auch bei ungünstigen Lichtverhältnissen noch gut mit einer Verschlusszeit von 1/100 Sekunde arbeiten.

! TIPP

Mit Fensterlicht zu arbeiten ist nicht immer einfach. Je nach Art des Fensters sowie der Ausrichtung zur Himmelsrichtung, Tages- und Jahreszeit verändert und beeinflusst dies die Stimmungen und fotografischen Möglichkeiten oft sehr. Wichtig ist zu experimentieren und das gegebene Licht kennen- und spüren zu lernen!

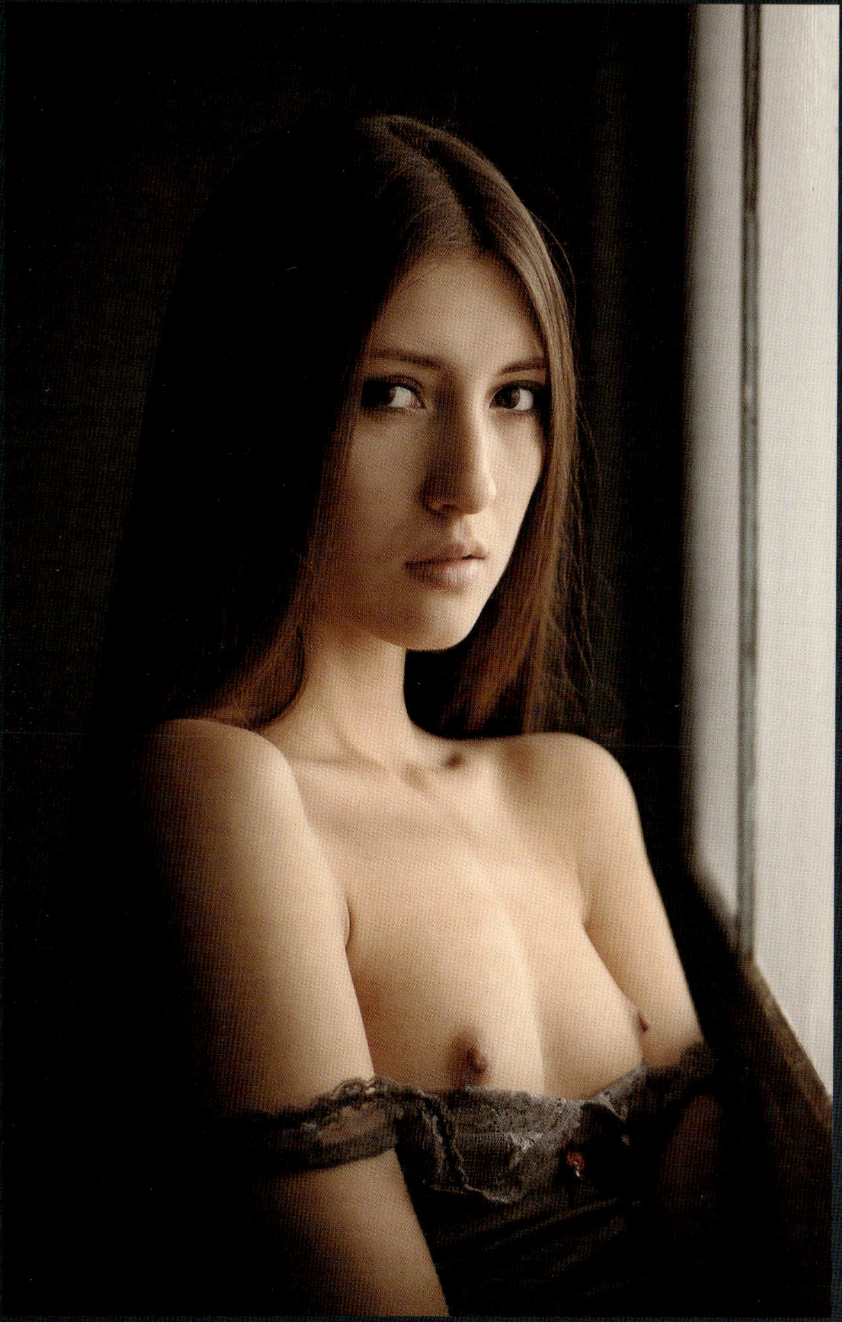

Vollformat / Objektiv 50 mm 1:1,8 • Kameraeinstellungen: 50 mm / ƒ1,8 / 1/100 s / ISO 800

Neon, Laser & Rauch

Fotograf: Markus Hirner

Die Idee des Bildes

Bei einem Wochenendausflug nach Paris entdeckte ich bei einem Straßenhändler einen Laser. Zu Hause angekommen, habe ich ihn natürlich sofort ausprobiert und damit experimentiert. Das Model wartete noch, bis ich mit meinen Einstellungen fertig war. Dabei entstand dieser Schnappschuss.

Das brauchst du

- Objektiv mit einer Brennweite von 20 – 30 mm
- eine Neonröhre zur Beleuchtung
- Spielzeuglaser
- ein rauchendes Model

Umsetzung

1. Das Model liegt auf dem Sofa und raucht. Neben ihm habe ich eine Neonröhre hingelegt. Wichtig ist, dass es sich in Richtung der Lichtquelle legt, damit sein Gesicht Licht abbekommt.
2. An meinem Laser kann man verschiedene Muster einstellen. Das kann natürlich von Laser zu Laser unterschiedlich sein.
3. Um die vorhandene Lichtstimmung einzufangen, stelle deine Kamera auf den manuellen Modus bei einer Blende *f*2,8.
4. Bei ISO 100 bin ich mit 1/50 Sekunde Verschlusszeit ausgekommen.

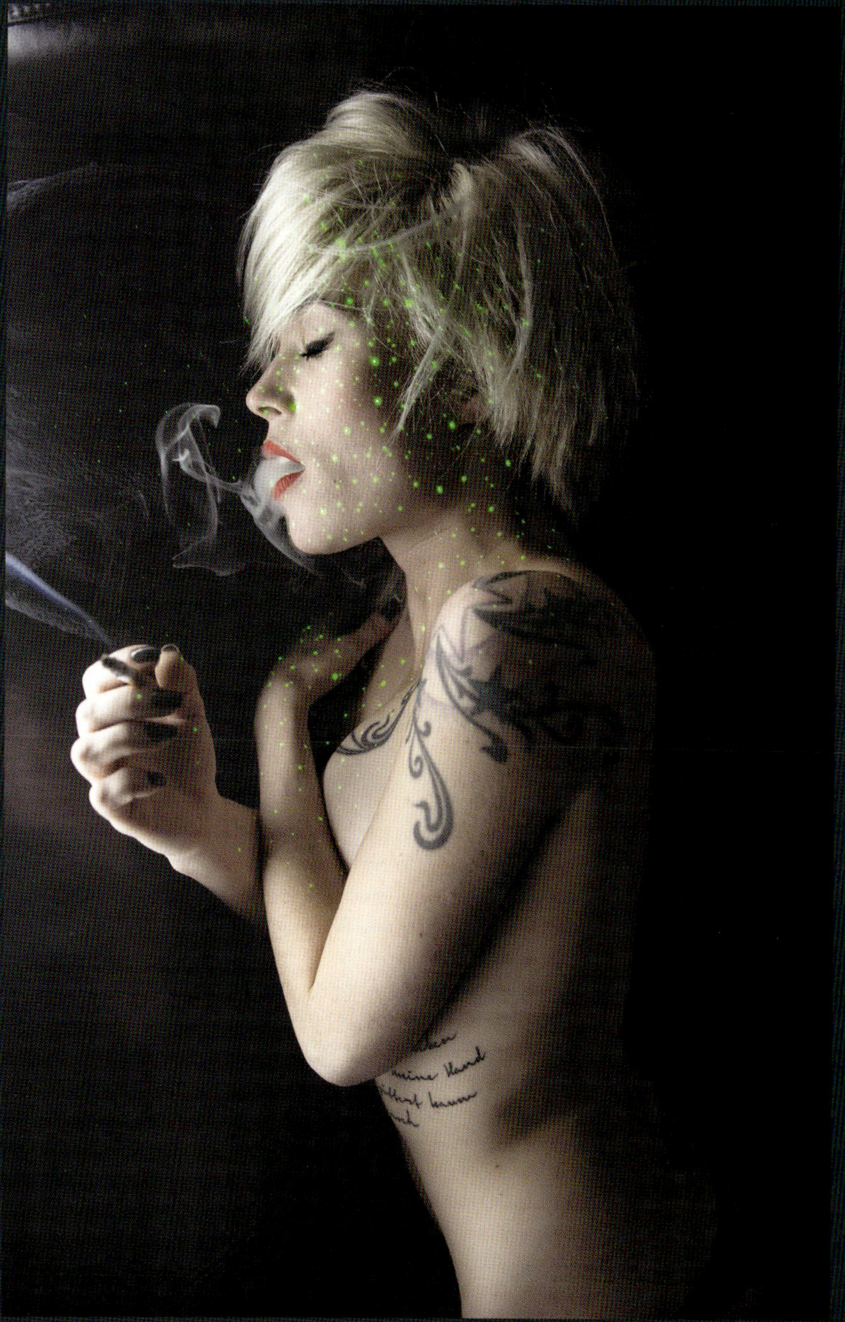

Vollformat / Objektiv 24 • 70 mm 1: 2,8 • Kameraeinstellungen: 24 mm / ƒ2,8 / 1/50 s / ISO 100

Matterhorn

Fotograf: Grischa Schindler

Die Idee des Bildes

Wie das Matterhorn steht die Brust im wahrsten Sinne des Wortes zu Berge und lässt uns in Anbetracht des Anblicks zu einem stillen Gebet niederknien. Mit einer einfachen Verrenkung ließ sich dieses schlichte Naturschauspiel inszenieren.

Das brauchst du

- Objektiv mit kurzer Brennweite von 35 mm
- einen Raum mit einem Fenster

Umsetzung

1. Bitte dein Model, sich in Richtung des Fensters zu hocken. Nun muss es sich einfach nur möglichst weit nach hinten abstützen und den Kopf über seine Schultern fallen lassen. So kann es dich kopfüber anschauen und du kannst über seinen Körper hinweg gegen das Licht fotografieren.
2. Mit 35 mm Brennweite wird die Nähe zum Model intensiviert. Daher empfehle ich auch hier eine kurze Brennweite.
3. Da es ein düsterer, von Wolken verhangener Tag war, musste ich mit ISO 1600 bei einer Blende *f*2 arbeiten. An einem helleren Tag kann man also durchaus mit einem sehr viel niedrigeren ISO-Wert zu einem ähnlichen Ergebnis kommen. Mit einer Verschlusszeit von 1/125 Sekunde ist es möglich, die Bewegung auch ohne Bewegungsunschärfe einzufangen.

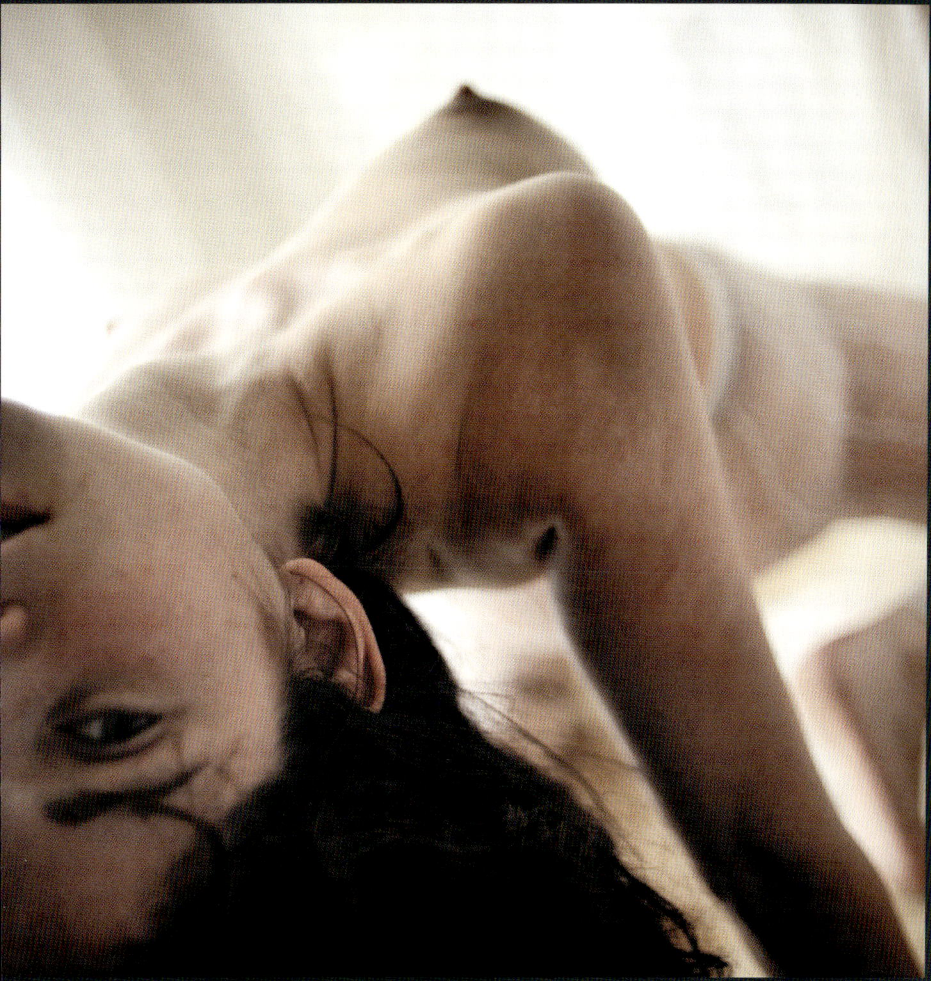

Vollformat / Objektiv 35 mm 1:2 • Kameraeinstellungen: 35 mm / ƒ2 / 1/125 s / ISO 1600

Unscharf – scharf

Fotograf: Henrik Pfeifer

Die Idee des Bildes

Das Model schaute hinaus aus dem Fenster. Draußen schien die Sonne. Durch das direkt einfallende Sonnenlicht reflektierte das Licht stark vom Boden auf mein Model, das im Schatten stand. So konnte ich trotz des starken Kontrastes zwischen draußen und drinnen ein Foto ohne irgendwelche Hilfsmittel machen. Den Fokus anstatt auf das Model nach draußen zu legen, erschien mir spontan spannend.

Das brauchst du

- Objektiv mit einer Brennweite von 30 – 80 mm
- einen Raum mit einem Fenster mit direkter Sonneneinstrahlung
- weißes Laken

Umsetzung

1. Stelle dein Model direkt neben das Fenster in den Schatten. Da das direkte Sonnenlicht sehr steil zum Fenster vor den Füßen des Models auf den Boden fiel, musste ich nur noch ein weißes Laken auf dem Boden ausbreiten, um eine tolle Aufhellung auf dem Model zu bekommen. Die Aufhellung reichte aus, um den starken Kontrast zwischen hell und dunkel auszugleichen, sodass die Landschaft draußen nur leicht überbelichtet erscheint und das Model in dem viel dunkleren Raum nicht unterbelichtet ist.
2. Um eine möglichst große Unschärfe in den Vordergrund zu bekommen, habe ich mich für eine offene Blende *f*2 entschieden und den Fokus auf die Landschaft nach draußen gerichtet.
3. Wegen des vielen Lichts musste ich bei ISO 100 mit einer Verschlusszeit von 1/500 Sekunde fotografieren.

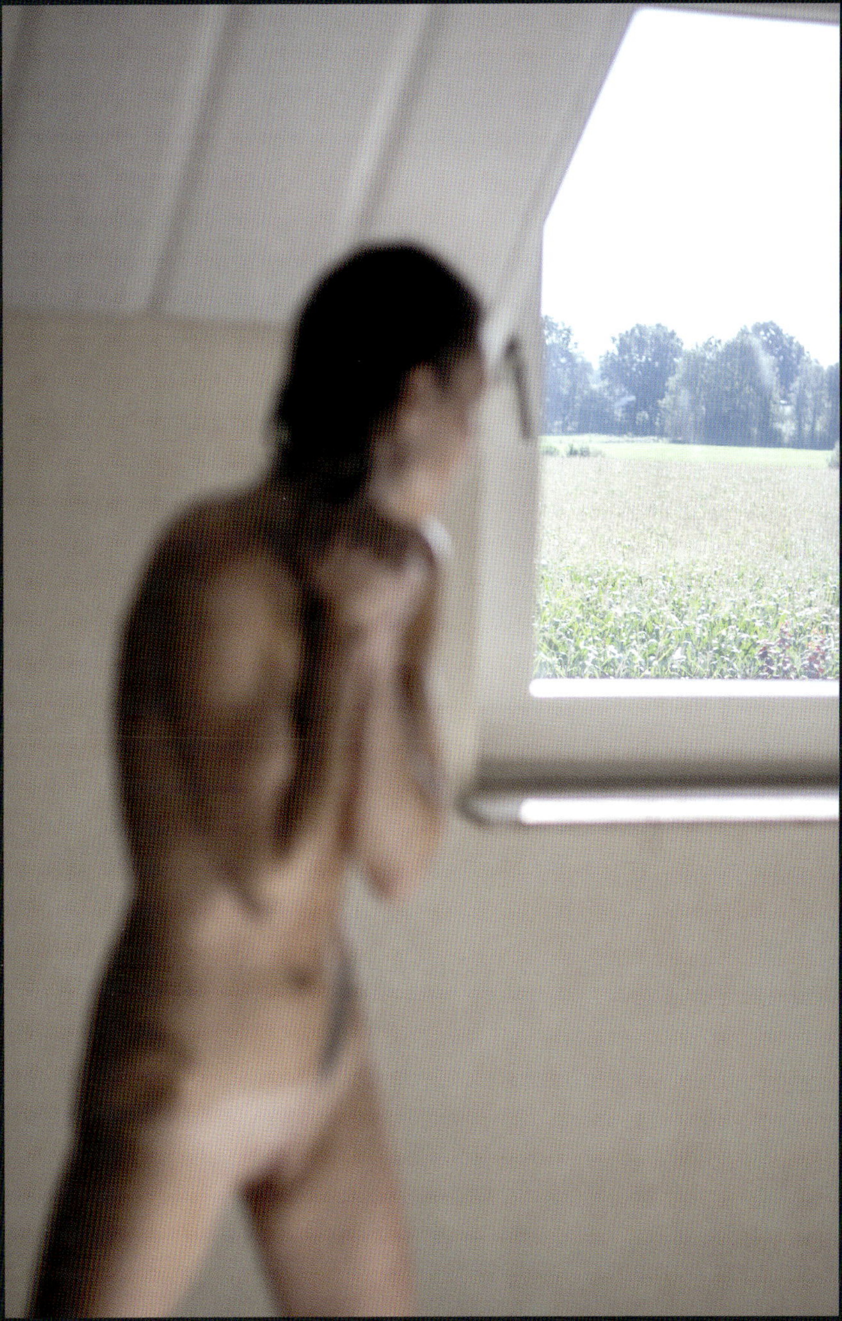

APS-C / Objektiv 50 mm 1:1,4 • Kameraeinstellungen: 50 mm / f2 / 1/500 s / ISO 100

Vor dem Spiegel

Fotograf: Val Mont

Die Idee des Bildes

Damit ein Erotikfummel stilvoll zur Geltung kommt, muss man ihm die Unschuld einer normalen Situation schenken. Mit meinem Model habe ich diese Aufgabe so gelöst: Es will seinen Freund zu dessen Geburtstag mit einem sexy Outfit überraschen und probiert einige davon schon mal vor dem Spiegel aus. Wie in einem Film, also ohne auf die Kamera Bezug zu nehmen. Das bedeutet, dass die Posen, nicht für einen Betrachter gedacht sind, sondern ganz privat für sich selbst. So entwickelt diese voyeuristische Szene eine wirklich authentische Unschuld.

Das brauchst du

- Objektiv mit kurze Brennweite um 30 mm
- einen großen Spiegel
- Erotikwäsche, Accessoires
- zwei Scheinwerfer oder Baustrahler
- zwei Bettlaken

Umsetzung

1. Stelle dein Model vor den Spiegel und lasse es wie oben beschrieben mit der Situation spielen.
2. Ein Scheinwerfer ist links vom Spiegel auf ein an die Wand gehängtes Bettlaken so gerichtet, dass nur das weiche reflektierte Licht auf das Model fällt. Ebenso der zweite Scheinwerfer rechts hinter mir: weiter weg, dadurch etwas schwächer, und nur um ihre Kontur harmonisch aufzuhellen.
3. Um die Szene auch in einem kleinen Raum komplett zu erfassen, habe ich mich für eine kurze Brennweite entschieden und meine Kamera auf 28 mm bei einer Blende von *f*2,8 eingestellt.
4. Mit ISO 1000 und 1/80 Sekunde Verschlusszeit bin ich in dieser Situation zurechtgekommen.

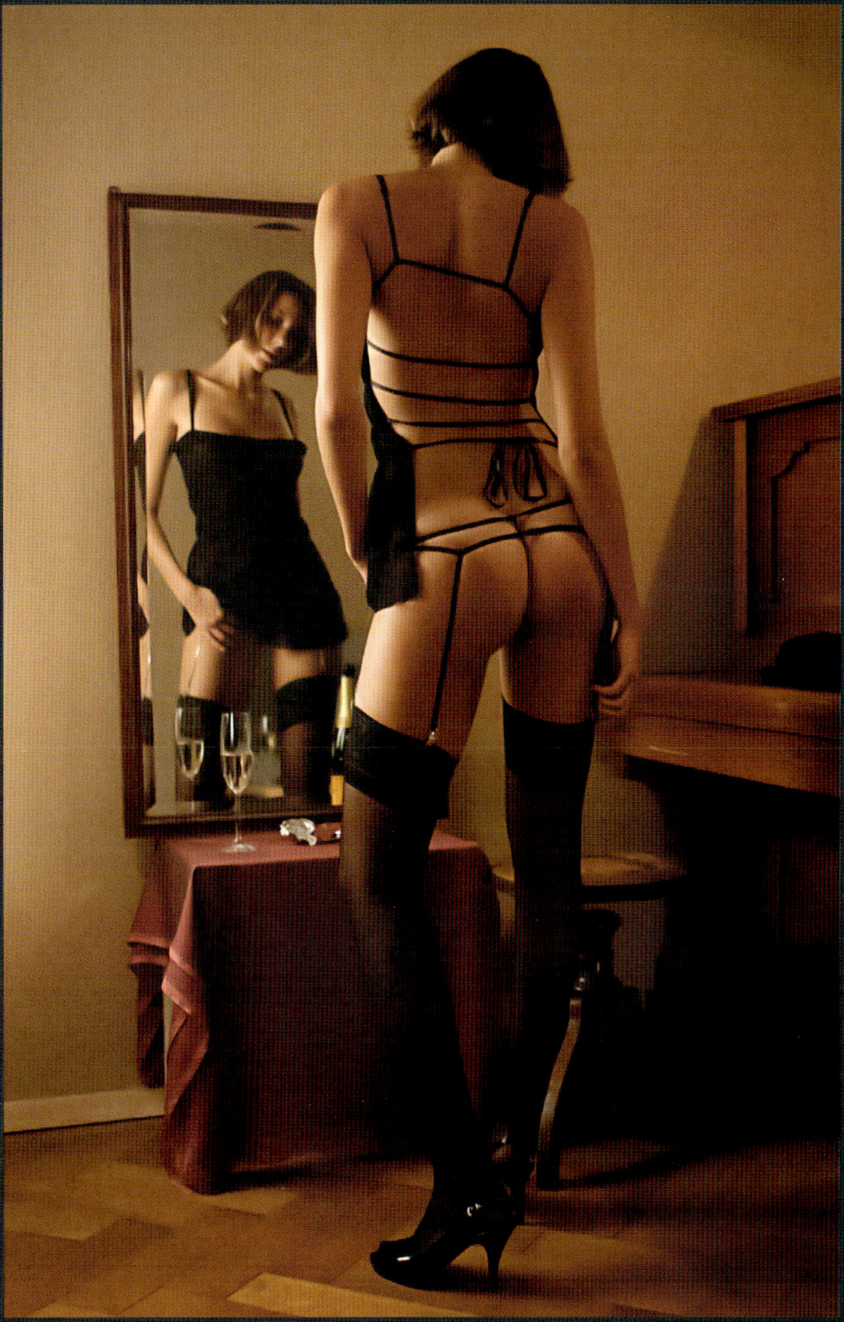

Vollformat / Objektiv 28 – 70 mm 1: 2,8 • Kameraeinstellungen: 28 mm / ƒ2,8 / 1/80 s / ISO 1000

Rückenansichten

Fotograf: Henrik Pfeifer

Die Idee des Bildes

Als Warm-up für ein Magazinshooting am Meer habe ich mich mit dem Model einen Tag vorher getroffen, um spielerisch ein paar Posen zu entwickeln, die wir dann am nächsten Tag einfach nur noch abarbeiten könnten. Dabei ist dieses wunderschöne, geheimnisvoll wirkende Foto entstanden.

Das brauchst du

- Objektiv mit einer Brennweite um 50 – 100 mm
- einen Raum mit Fenster
- ein Bett oder eine Matratze

Umsetzung

1. Bringe ein Bett oder einfach nur eine Matratze so in Position, dass du über das Bett hinweg gegen das Licht fotografieren kannst. Um die Unschärfe auf der linken Bildseite ins Bild zu bekommen, kannst du ganz dicht an einem Türrahmen vorbeifotografieren. Bei diesem Bild war es einfach die Ecke eines Schranks, was auf dem Bild allerdings die gleiche Wirkung hat. Das Foto bekommt dadurch etwas Voyeurhaftes.
2. Der Fokus liegt auf den Augen des Models. Um einen solchen Schärfeverlauf hinzubekommen, empfiehlt sich das Fotografieren mit einer offenen Blende und/oder einer längeren Brennweite. Die Kombination aus beidem führt zu dem schönsten Ergebnis.
3. Hier wählte ich bei ISO 100 eine Blende *f*1,4 und einer Verschlusszeit von 1/125 Sekunde. Die Brennweite von 50 mm war ausreichend. Eine noch längere Brennweite würde eine noch weichere Unschärfe hervorbringen.

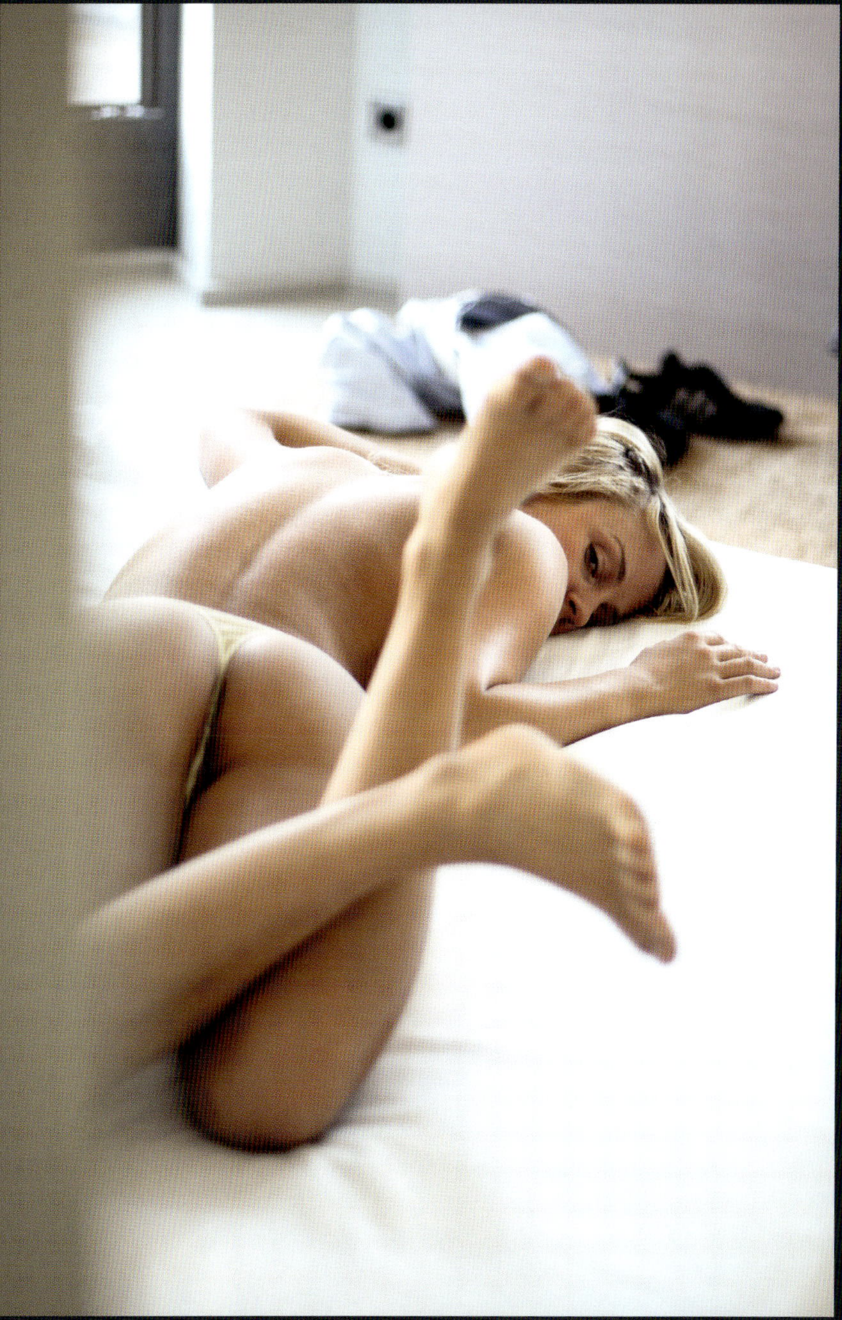

APS-C / Objektiv 50 mm 1:1,4 • Kameraeinstellungen: 50 mm / ƒ1,4 / 1/125 s / ISO 100

Kerzenlicht

Fotograf: Leave a Scar

Die Idee des Bildes

Bei diesem Set wurde der Raum komplett abgedunkelt und lediglich mit Kerzen im Raum verteilt ausgeleuchtet. Da die Leuchtkraft von Kerzen doch recht begrenzt ist, sollte der Großteil sehr nah am Model platziert werden. Das Model saß auf einer alten Matratze, um einen etwas maroden, jedoch auch subtilen Eindruck zu erzeugen, das Gefühl, es könnte sich um ein altes Abrisshaus handeln. Auf der anderen Seite sollte die Situation aber auch sensibel und vertraut wirken. Durch den Kerzenschein entsteht eine gewisse Mystik, da viele Teile des Bildes in den Tiefen „absaufen".

Das brauchst du

- Objektiv mit einer Blende von 50 mm
- Kerzen

Umsetzung

1. Setze dein Model inmitten eines Meeres aus Kerzen und gebe ihm eine Kerze in die Hand.
2. Der Fokus liegt auf den Händen, wodurch bei der recht offenen Blende *f*2 eine angenehme Unschärfe auf seinem Kopf und seinen Füßen entsteht.
3. Durch den konsequenten Einsatz von reinem Kerzenlicht musste auch der ISO-Wert dementsprechend auf ISO 2000 angepasst werden. Bei der Belichtungszeit von 1/50 Sekunde konnte ich gerade noch verwacklungsfrei aus der Hand fotografieren.

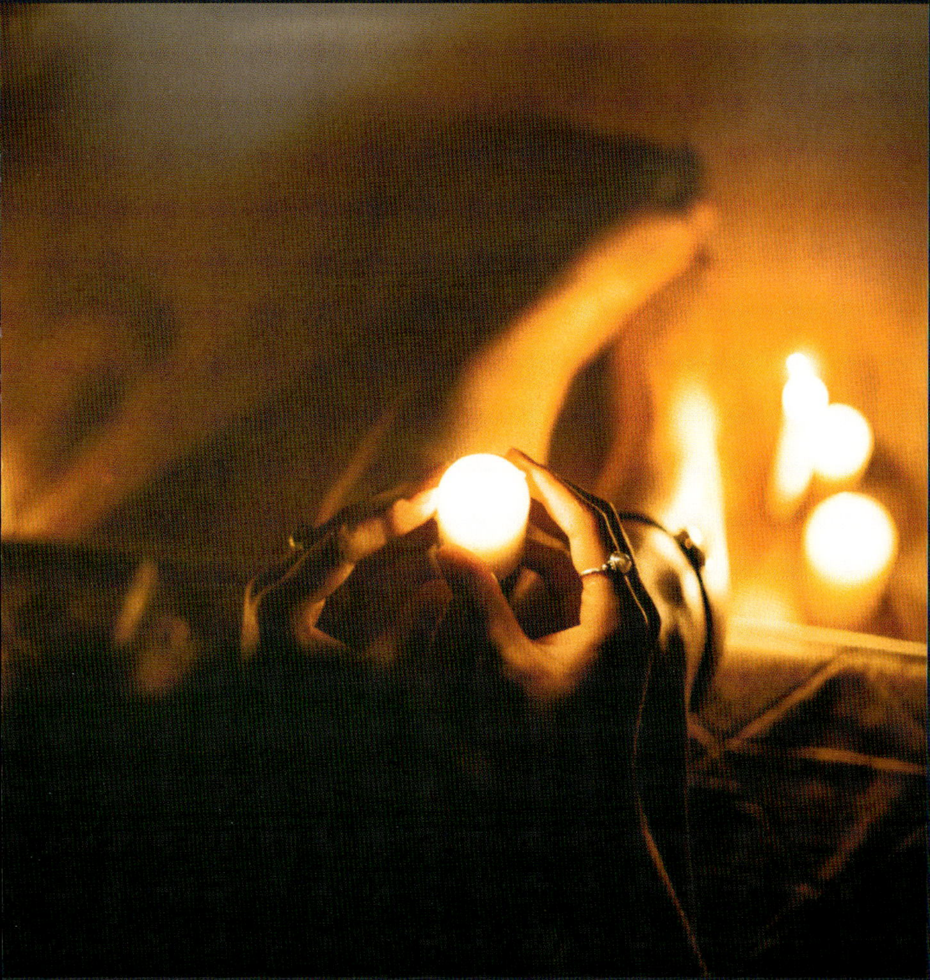

Vollformat / Objektiv 50 mm 1:1.8 • Kameraeinstellungen: 50 mm / f2 / 1/50 s / ISO 2000

Gegenlicht in der Balkontür

Fotograf: Henrik Pfeifer

Die Idee des Bildes

Mein Model hat einen sehr langen und schlanken Oberkörper. Ich wollte ein Foto machen, auf dem das besonders stark zum Ausdruck kommt. In dem Zimmer, in dem dieses Foto entstand, gab es einen Balkon, in dessen Tür ich das Model stellen konnte, um es im Gegenlicht zu fotografieren und auf diese Weise seine Konturen noch mehr zum Ausdruck zu bringen.

Was brauchst du

- Objektiv mit einer Brennweite von 30 – 100 mm
- eine Tür mit Blick ins Freie oder in einen hellen Raum
- Hautöl und eine Sprühflasche mit Wasser

Umsetzung

1. Stelle dein Model in der gewünschten Pose in den Türrahmen. Um das Gegenlicht auf der Haut hervorzuheben, sollte sich das Model mit Hautöl einreiben, damit die Haut schön glänzt. Mit ein paar Wassertropfen aus der Sprühflasche verstärkt sich dieser Effekt noch.
2. Für einen unscharfen Hintergrund solltest du die Blende möglichst weit öffnen und eine längere Brennweite benutzen. Bei diesem Foto habe ich eine Blende *f*2 mit einer 50-mm-Brennweite eingestellt.
3. Den ISO-Wert habe ich der Lichtsituation angepasst. Da es ein sehr sonniger Tag war, konnte ich wunderbar mit ISO 100 arbeiten.
4. Die Verschlusszeit habe ich dem ISO-Wert und der Blende angepasst und konnte in dieser Lichtsituation mit 1/320 Sekunde arbeiten.

TIPP

Um mehr Licht in das Gesicht des Models zu bekommen, wäre es möglich gewesen, mit einem Reflektor zu arbeiten. Ich habe darauf verzichtet, da das dunkle Gesicht das Model so geheimnisvoll macht.

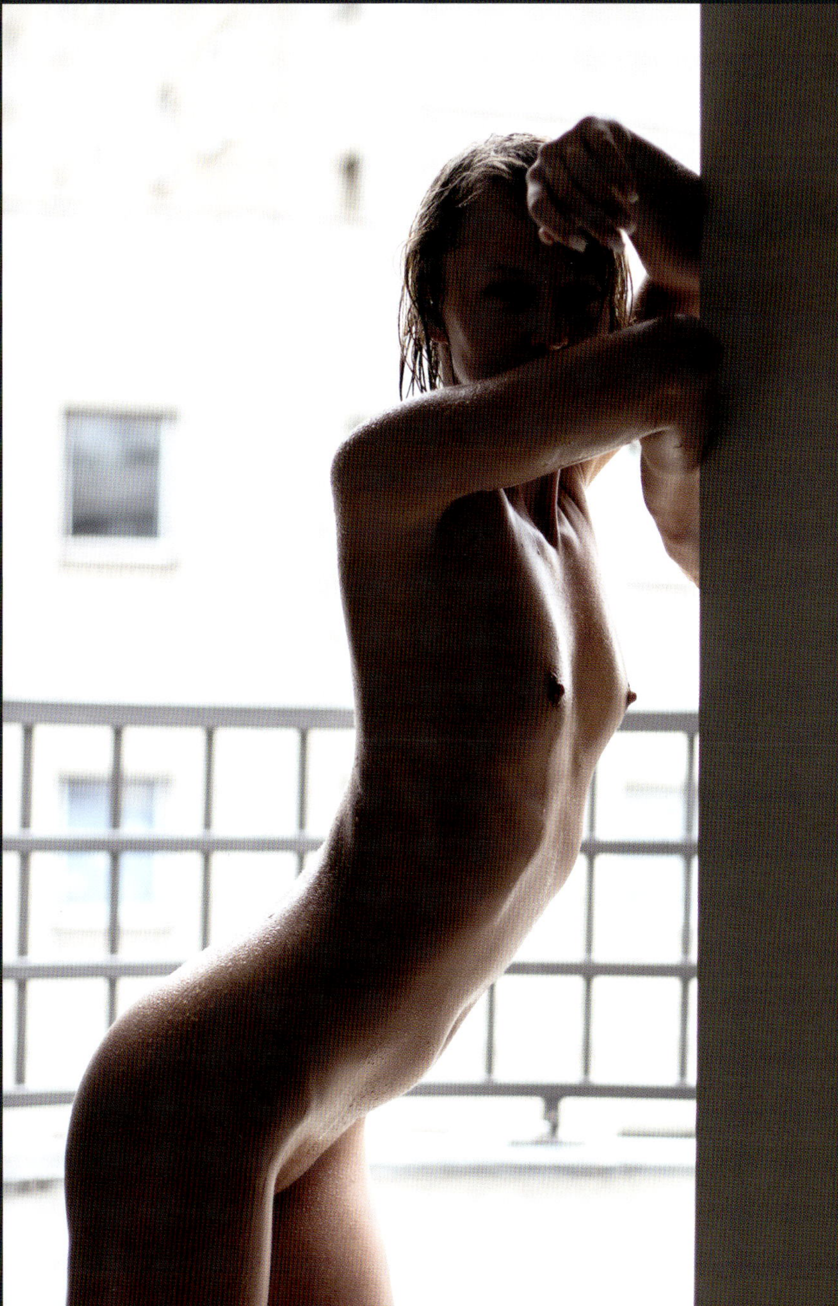

APS-C / Objektiv 50 mm 1:1,4 • Kameraeinstellungen: 50 mm / f2 / 1/320 s / ISO 100

Handschellen

Fotograf: Henrik Pfeifer

Die Idee des Bildes

Für ein Foto mit Handschellen ist es ganz wichtig, dass das Model dem Fotografen vertrauen kann, da es ihm in dieser Situation tatsächlich ein bisschen ausgeliefert ist. Mit einer solchen Idee sollte man also auf keinen Fall zur Tür hereinpoltern, wenn man das Model noch gar nicht kennt. Es sei denn, die Idee kommt von dem Model oder entwickelt sich während des Shootings.

Das brauchst du

- Objektiv mit einer Brennweite von 30 – 80 mm
- einen Raum mit einem Fenster mit direkter Sonneneinstrahlung
- Bett oder Matratze mit weißem Laken
- Handschellen

Umsetzung

1. Arrangiere eine Matratze so im Raum, dass das durch das Fenster einfallende Sonnenlicht nur auf einen Teil der Matratze scheint, auf dem Foto kommt das Licht von links. Auf diese Weise beleuchtet zum einen das vom Fenster einfallende Licht das Model leicht von oben, zum anderen das auf der Matratze reflektierende Licht das Model von unten. Die in den Schatten getauchten Augen des Models machen seinen Blick in die Kamera sehr geheimnisvoll.
2. Um einen schönen Schärfeverlauf in die Situation zu bekommen, habe ich den Fokus auf die Augen des Models gerichtet und mit einer Blende *f*2 fotografiert.
3. Aufgrund des sehr hellen Lichts musste ich trotz ISO 100 das Bild mit 1/400 Sekunde belichten. Wenn ich eine geschlossenere Blende gewählt hätte, wäre mir nicht so ein schöner Schärfenverlauf gelungen.

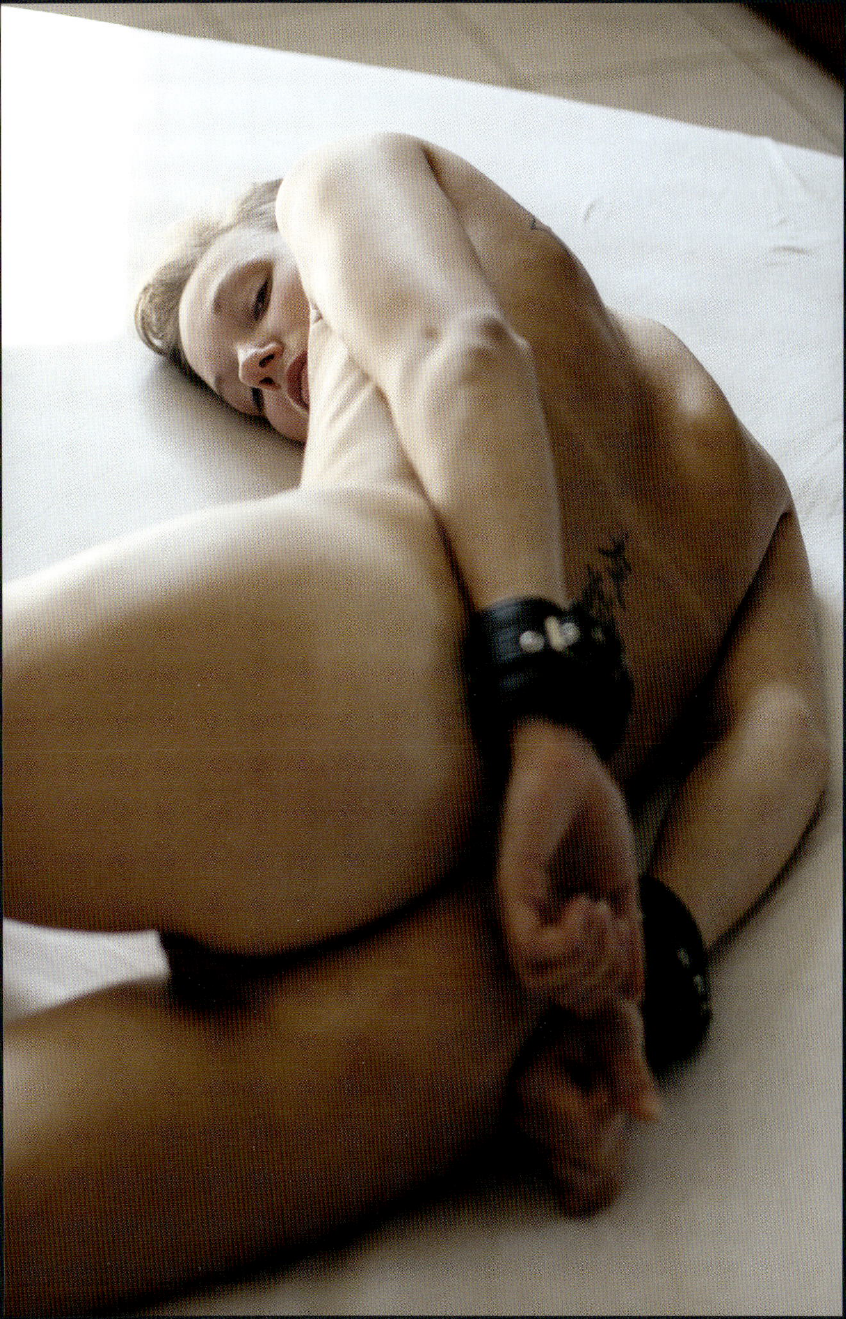

APS-C / Objektiv 50 mm 1:1,4 • Kameraeinstellungen: 50 mm / ƒ2 / 1/400 s / ISO 100

Spaghetti in Pink

Fotograf: Markus Hirner

Die Idee des Bildes

Mit einer farbigen LED-Leuchte, einem Laser und einer Deko-Leuchtschnur habe ich mein Model beleuchtet. Durch längere Belichtungszeit und der Bewegung des Lasers sind Streifen entstanden. Trotz des wenigen Lichts habe ich aus der Hand fotografiert.

Das brauchst du

- Objektiv mit einer Blende von 20 – 30 mm
- farbige LED-Leuchte
- Laser
- Deko-Leuchtschnur

Umsetzung

1. Umwickle dein Model mit der Deko-Leuchtschnur und lege die farbige LED-Leuchte rechts neben dein Model. Ich habe hier mit blauem Licht gearbeitet, wodurch die Blaufärbungen entstanden sind.
2. Den Laser habe ich bewegt, wodurch die grünen Streifen entstanden sind.
3. Um in dieser schwierigen Lichtsituation zurechtzukommen, solltest du in jedem Fall im manuellen Modus der Kamera arbeiten und die Blende, so weit es dein Objektiv zulässt, öffnen. Bei mir war das mit einer Blende f 2,8 möglich.
4. Um Streifen mit dem Laser hinzubekommen, braucht es ein klein wenig mehr Belichtungszeit: Bei ISO 200 bin habe ich mit 1/50 Sekunde gearbeitet. So konnte ich trotzdem noch gut aus der Hand fotografieren, und auf dem Model ist keine Bewegungsunschärfe entstanden.

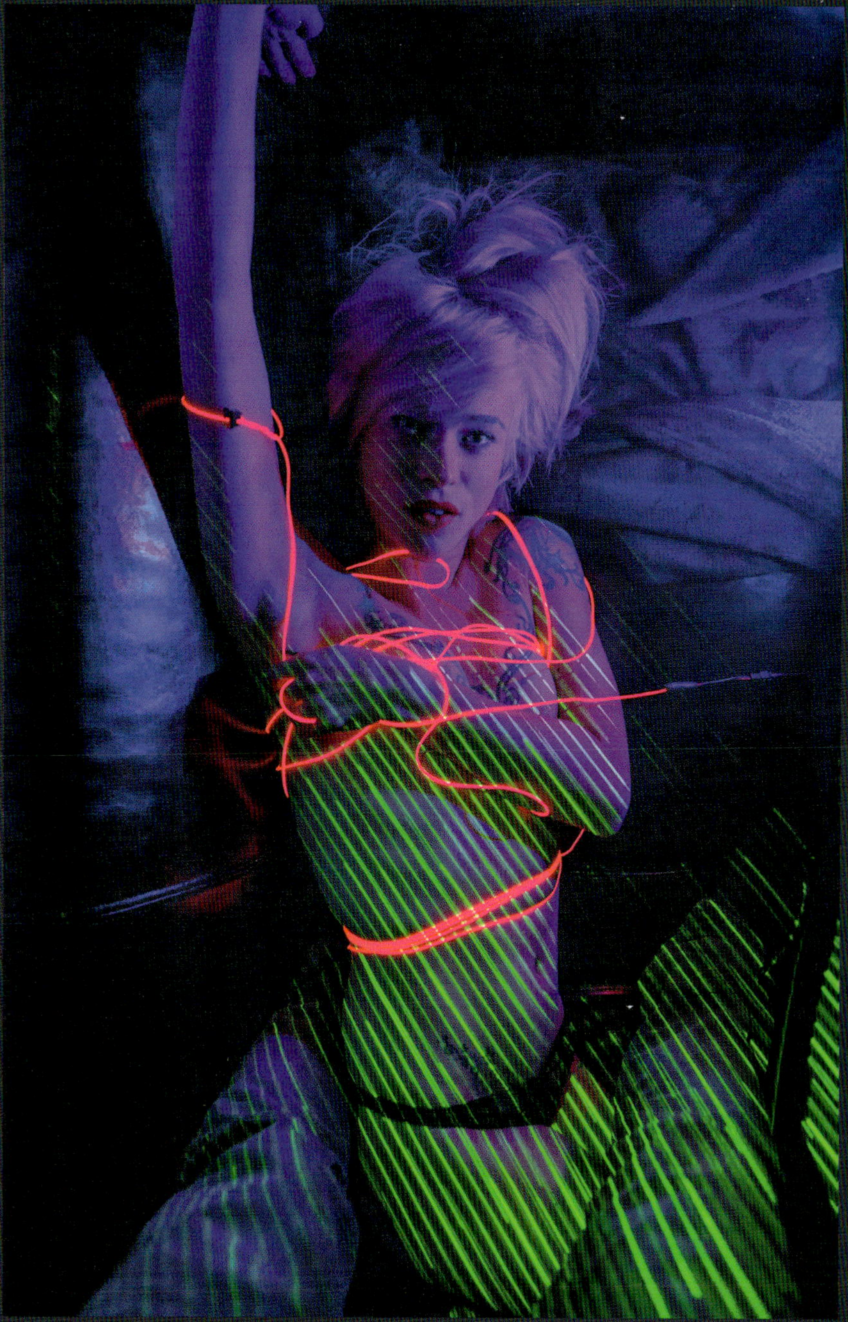

Vollformat / Objektiv 24 – 70 mm 1: 2,8 • Kameraeinstellungen: 24 mm / ƒ2,8 / 1/50 s / ISO 200

Zwei Frauen

Fotograf: Henrik Pfeifer

Die Idee des Bildes

Für dieses Shooting habe ich mit zwei Models gearbeitet, die für diese Bilder zum ersten Mal aufeinandertrafen. Da ich mit beiden unabhängig voneinander schon oft fotografiert hatte und wusste, dass sie einen unkomplizierten, natürlichen Umgang mit Nacktheit hatten, konnte ich mir sehr gut vorstellen, dass sie sich auf dieses Experiment einlassen würden.

Das brauchst du

- Objektiv mit einer Brennweite von 50 – 100 mm
- einen Raum mit Fenster
- Bett mit weißen Laken
- Sprühflasche mit Wasser

Umsetzung

1. Die Herausforderung lag vor allem darin, die Models so zu arrangieren, dass das Licht keine ungünstigen Schatten auf sie warf. Der Ablauf war also, entgegengesetzt zu der Atmosphäre, die das Foto ausstrahlt, sehr technisch. Für dieses Foto habe ich gegen das Licht gearbeitet. Zwei große Fenster befanden sich am Kopf der Models.
2. Der Fokus liegt auf der Brust des liegenden Models. Wir schauen, wie auch das andere Model, durch eine Blende von *f*1,4 auf die Brust, dadurch wird alles andere drum herum leicht unscharf.
3. Bei ISO 400 und konnte ich mit 1/125 Sekunde Verschlusszeit trotz aller Aufregung entspannt aus der Hand fotografieren.

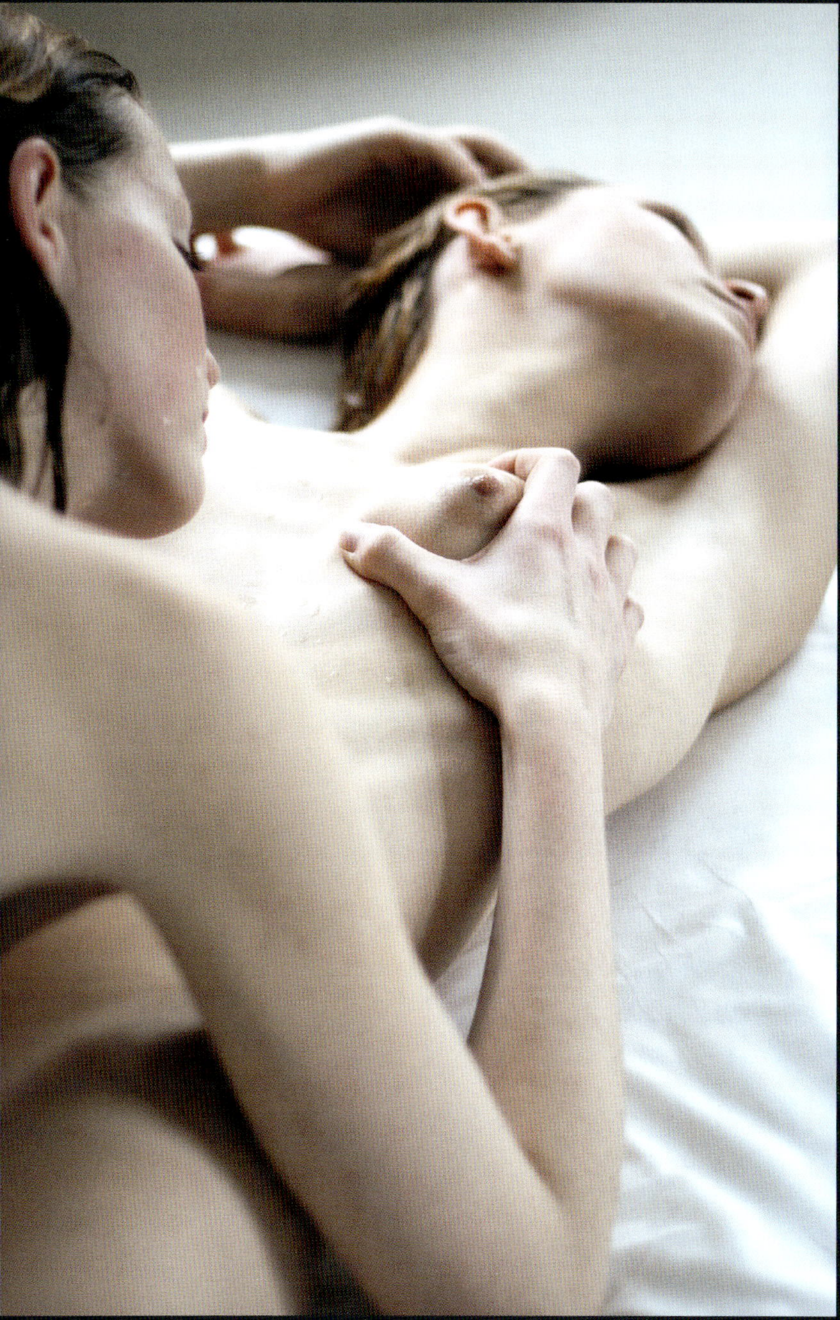

APS-C / Objektiv 50 mm 1:1,4 • Kameraeinstellungen: 50 mm / f1,4 / 1/125 s / ISO 400

Badewasser mit Farbe

Fotograf: Markus Hirner

Die Idee des Bildes

Mit Kinderbadewasserfarbe und Fingernagelglitzer habe ich mit meinem Model im Bad zu Hause herumexperimentiert. Außerdem wollte ich meine neue Kompaktkamera ausprobieren und testen, was damit alles möglich ist.

Das brauchst du

- Kompaktkamera mit integriertem Blitz
- Badewanne
- Fingernagelglitzer
- Badewasserfarbe für Kinder

Umsetzung

1. Lege dein Model in eine mit Wasser gefüllte Badewanne und streue den Glitzer auf die Wasseroberfläche.
2. Stelle dich über das Model auf den Badewannenrand und fotografiere von oben.
3. Wähle den manuellen Modus deiner Kompaktkamera und setze dazu den integrierten Blitz als Aufhellblitz ein.
4. Bei ISO 80 konnte ich mit einer Blende *f*1,8 bei einer Brennweite von 10,4 mm dieses Foto machen.

! TIPP

Durch den Glitzer entstehen auf der Wasseroberfläche skurrile Muster, die sich dann zum Teil auch auf die Haut legen. Dabei sind unterschiedliche Stimmungen entstanden. Ein toller Spaß für alle Experimentierfreudigen.

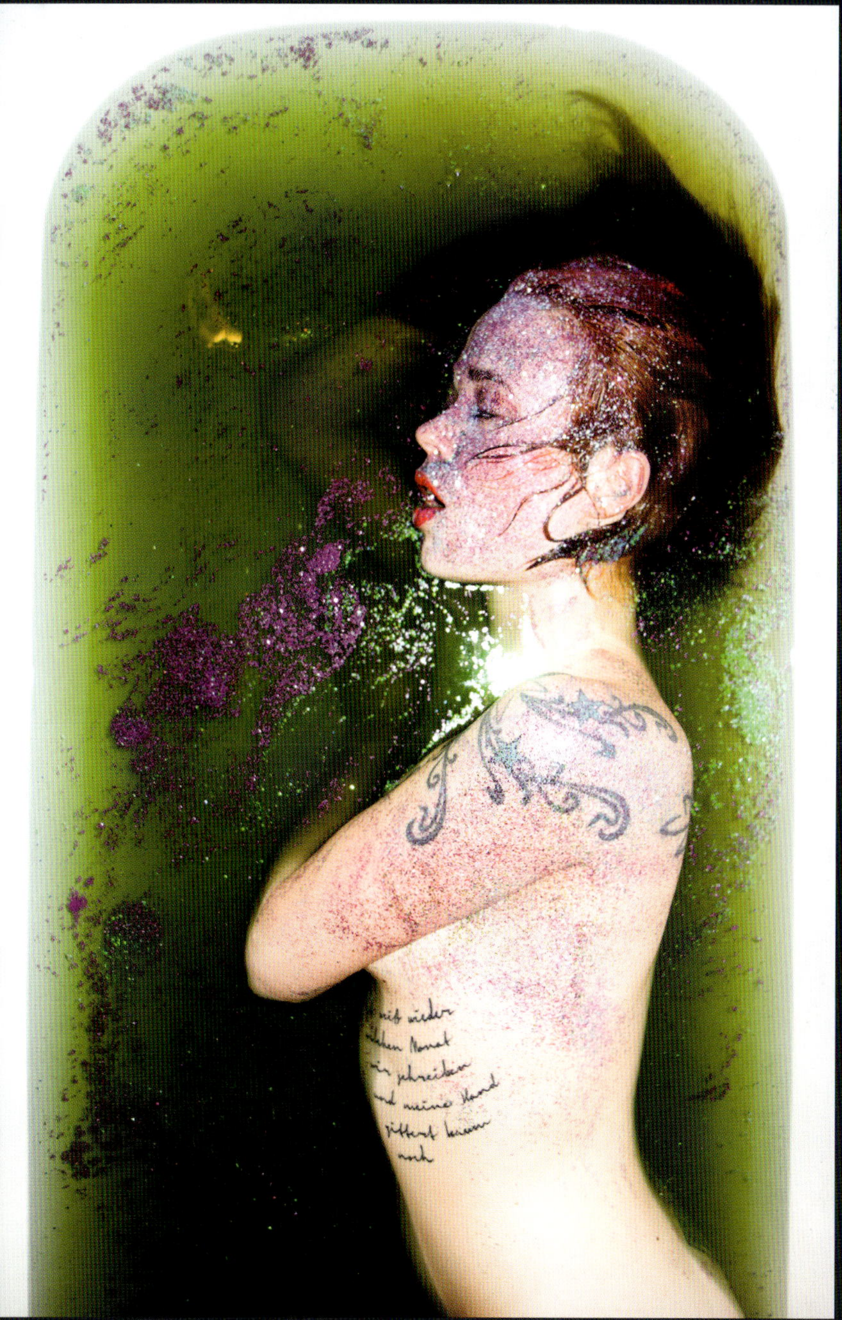

Kompaktkamera / 10,4 mm / ƒ1,8 / 1/125 s / ISO 80

Lachen im Gegenlicht

Fotograf: Henrik Pfeifer

Die Idee des Bildes

Im Erker dieses Zimmers hatte ich die eigenwillige Situation, dass Licht von vielen Seiten auf mein Model fiel. Außerdem diente der helle Sessel, der in der Unschärfe im Vordergrund zu sehen ist, noch als Aufhellung.

Das brauchst du

- Objektiv mit einer Brennweite von 50 – 100 mm
- einen Raum mit einem Erker
- Reflektor oder weißes Laken (siehe Glossar)

Umsetzung

1. Stelle dein Model in den Erker, sodass es Licht von drei Seiten bekommt. Du fotografierst gegen das Licht und kannst die vom Licht abgewandte Seite eventuell noch mit einem Reflektor aufhellen. Auf dem Foto reichte die helle Rückseite eines Sessels, den ich ebenfalls, um Tiefe zu erzeugen, in den Vordergrund eingebaut habe, als Aufheller.
2. Mit einer Brennweite von 50 mm und einer Blende *f*1,4 wurden sowohl der Hintergrund als auch der Vordergrund unscharf, wodurch das Bild viel Tiefe auf kleinem Raum bekommen hat.
3. Im Gegenlicht belichtete ich bei ISO 100 mit 1/250 Sekunde Verschlusszeit aus der Hand.

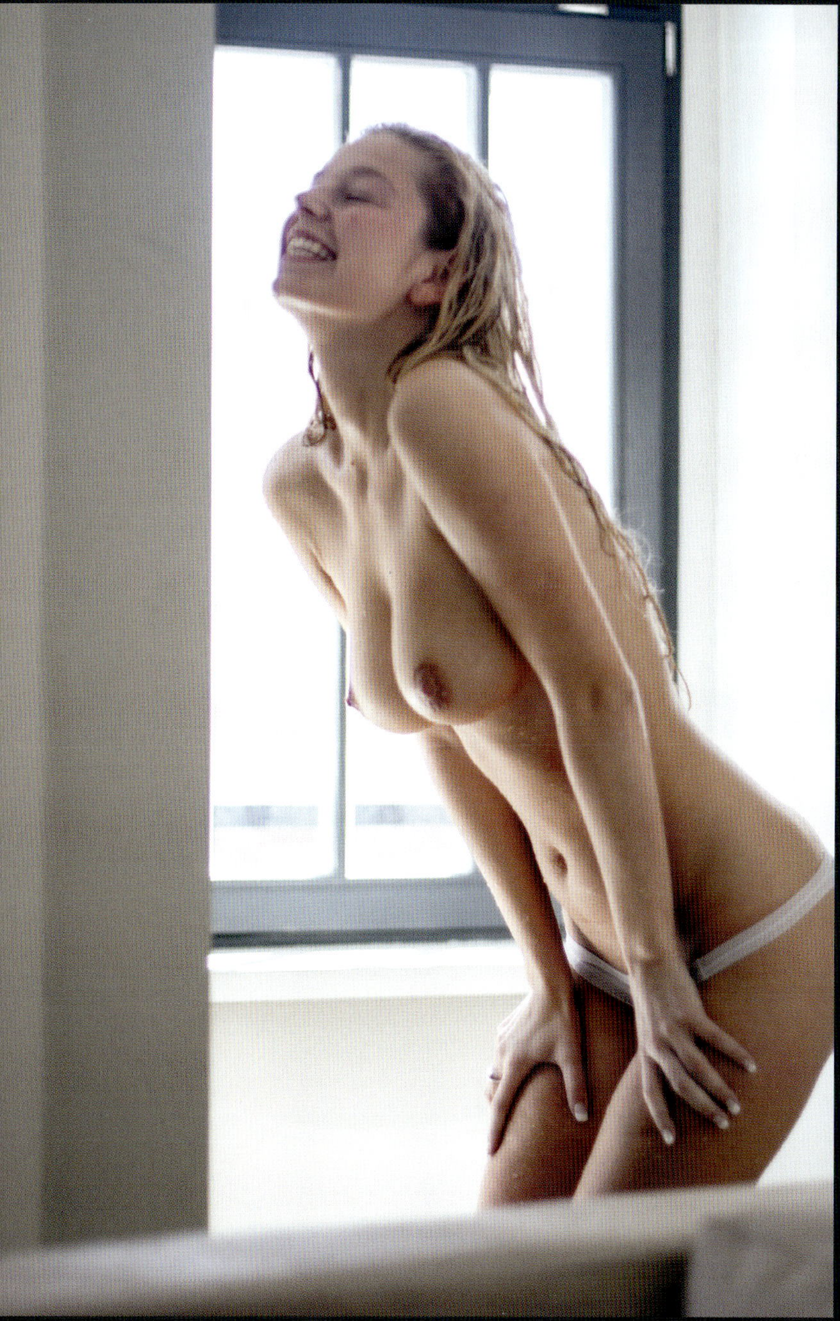

APS-C / Objektiv 50 mm 1:1,4 • Kameraeinstellungen: 50 mm / f1,4 / 1/250 s / ISO 100

Das doppelte Lottchen

Fotograf: Henrik Pfeifer

Die Idee des Bildes

Immer wieder spiele ich gerne mit Spiegeln. Zum einen, weil man sich selbst auf diese Weise ab und an mal mit ins Bild bringen kann, aber auch das Doppeln des Models kann immer wieder seine Reize haben. Wie hier, wo sich das Model einfach selbst betrachtet.

Das brauchst du

- Objektiv mit einer Brennweite von 30–80 mm
- Spiegel
- einen Raum mit Fenster

Umsetzung

1. Bringe einen Spiegel seitlich zum Licht in Position. Die Lichtquelle hier ist ein Fenster, durch das die Sonne steil auf den hellen Boden fällt und so auch Licht von unten auf das Model reflektiert. Das Model steht in Richtung Licht. Ich habe mich seitlich von ihm positioniert, sodass ich fast selbst in der Spiegelung zu sehen gewesen wäre, wenn ich mich nicht ganz rechts an den Rand gequetscht hätte.
2. Aus dieser Position konnte ich die Schärfe auf die Brüste in der Spiegelung fokussieren und mit einer offenen Blende *f*2 eine Unschärfe auf die Brüste im Vordergrund bekommen.
3. Dank der hellen Sonne an diesem Tag kam ich gut mit ISO 100 und einer Belichtungszeit von 1/125 Sekunde in der hintersten Ecke dieses Raums zurecht.

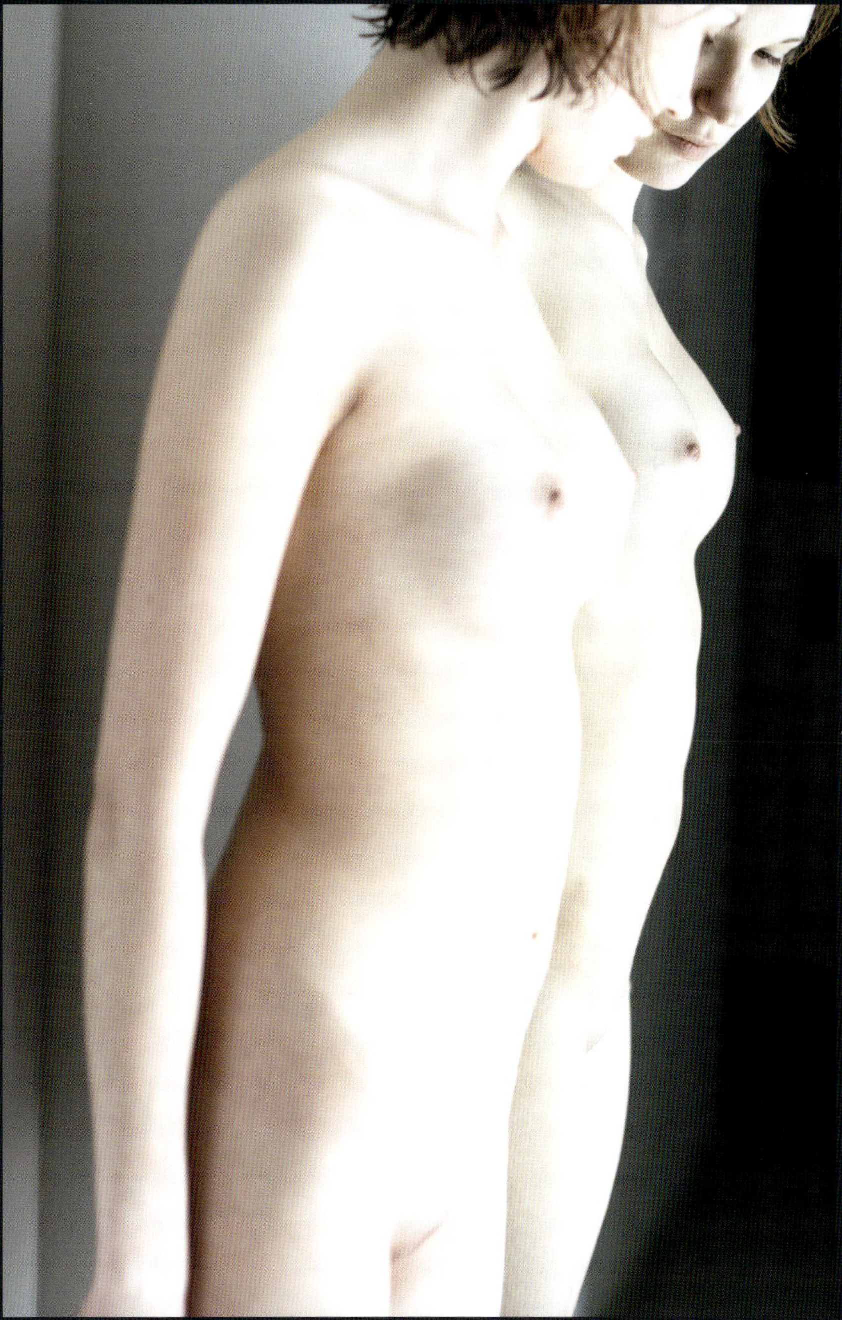

APS-C / Objektiv 50 mm 1:1,4 • Kameraeinstellungen: 50 mm / f2 / 1/125 s / ISO 100

In einem Meer aus Federn

Fotograf: Melanie Plum

Die Idee des Bildes

Als ich die Federboas in dem schönen Nudeton entdeckte, kam mir gleich die Idee, mein Model quasi darin eintauchen zu lassen. Ich breitete die Federn auf meinem Bett aus und legte es hinein. Anschließend wurden weitere Federn über mein Model drapiert. Trotz seiner Nacktheit strahlt das Endergebnis Reinheit und Unschuld aus.

Das brauchst du

- Objektiv mit kurzer Brennweite 35 mm
- einen hellen Raum mit weißen Wänden und Fenster
- Federn

Umsetzung

1. Lege dein Model in ein Meer aus Federn und drapiere zusätzlich noch Federn auf seinem Körper.
2. Der Raum, in dem ich dieses Foto gemacht habe, hat weiße Wände und eine weiße Decke. Dadurch reflektiert das diffus einfallende Licht so sehr, dass ein softes, weiches, gleichmäßiges Licht den Raum erfüllt. Keine zusätzlichen Lichtquellen oder Reflektoren waren dafür nötig.
3. Von einer Leiter habe ich dann mit einer relativ kurzen Brennweite (35 mm) von oben auf das Model herab fotografiert.
4. Bei einer Verschlusszeit von 1/250 Sekunde und ISO 250 konnte ich mit einer Blende *f*3,5 zu diesem Ergebnis kommen.

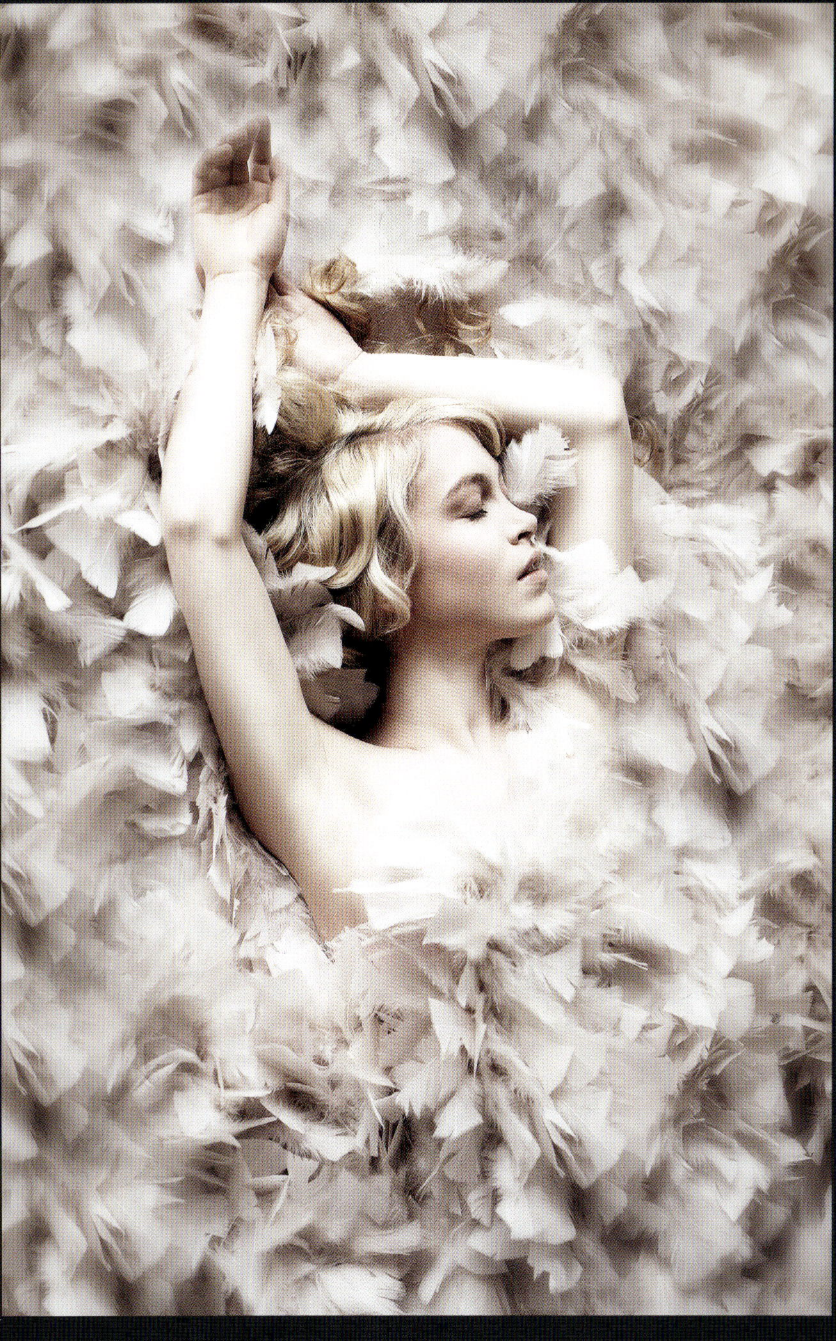

Vollformat / Objektiv 35 mm 1:2 • Kameraeinstellungen: 35 mm / f3,5 / 1/50 s / ISO 250

Kopfüber

Fotograf: Henrik Pfeifer

Die Idee des Bildes

Spielwiese bei diesem Shooting war ein altes Sofa, über das ich eine schlichte Überdecke eines bekannten schwedischen Möbelherstellers warf. Als Lichtquelle diente ein Baustrahler, mit dem ich indirekt über die weißen Wände des Raums experimentierte. Das Model hatte die Aufgabe, sich auf dem Sofa herumzurollen, um Posen aus der Bewegung heraus zu finden.

Das brauchst du

- Objektiv mit einer Festbrennweite von 50 mm
- einen 500-Watt-Baustrahler
- einen Raum mit hellen Wänden oder ein weißes Tuch
- ein Sofa mit hellem Bezug oder einer hellen Überdecke

Umsetzung

1. Leuchte mit dem Baustrahler einfach gegen die weiße Wand, damit das Licht indirekt und damit gestreuter auf dein Model scheint. Wenn du keine hellen Wände hast, kannst du auch ein weißes Laken an die Wand hängen und den Baustrahler darauf richten. Die Lichtquelle ist hier links von dem Model. Durch das helle Sofa und die weißen Wände reflektiert auch auf der Schattenseite so viel Licht, dass keine starken Schatten entstehen.
2. Den Fokus habe ich anstatt auf das Gesicht auf die Brust gelegt. So wie ich vielleicht auch in der Situation ohne Fotoapparat geschaut hätte. Durch die offene Blende *f*1,4 wird diese Entscheidung unterstützt.
3. Aufgrund des wenigen Lichts habe ich mit ISO 400 gearbeitet und konnte mit 1/60 Sekunde Belichtungszeit noch wunderbar aus der Hand fotografieren.

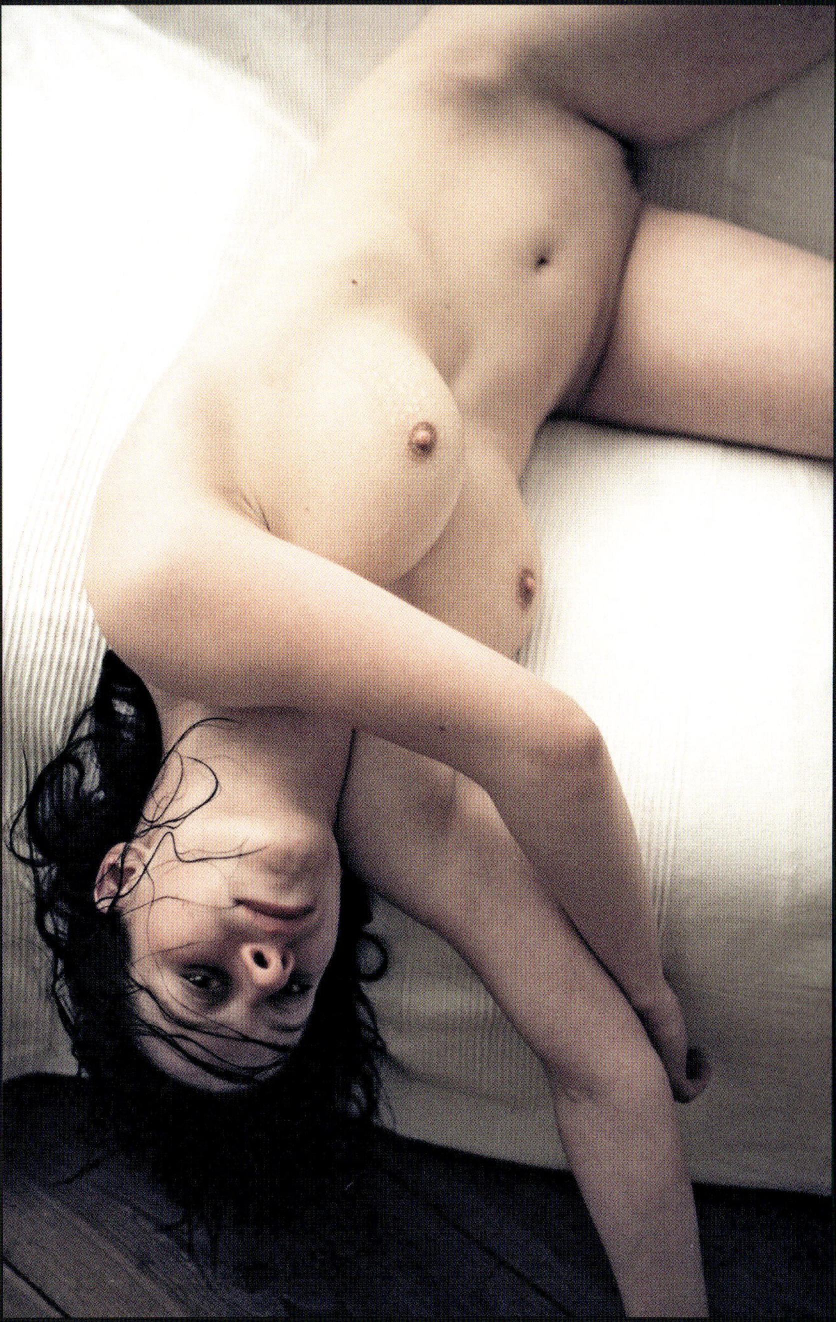

Kleinbild / Objektiv 50 mm 1 : 1.4 • Kameraeinstellungen: 50 mm / f1.4 / 1/60 s / ISO 400

In der Küche

Fotograf: Marc Boesing

Die Idee des Bildes

Das Foto sollte in einer echten Küche entstehen und möglichst authentisch rüberkommen.

Das brauchst du

- Objektiv mit einer kurzen Brennweite um 30 mm
- Ringblitz (siehe Glossar)
- Reflektor (eventuell mit Stativ)

Umsetzung

1. Positioniere dein Model vor einer Küchenzeile.
2. Beleuchtet habe ich das Ganze mit einem Ringblitz. Zusätzlich habe ich rechts von meinem Model einen Reflektor angebracht, um eine leichte Aufhellung von der Seite zu bekommen.
3. Bei einer Brennweite von 35 mm habe ich auch bei einer Blende *f*2,8 eine gute Tiefenschärfe in das Bild bekommen.
4. Mit einer Blitzsynchronzeit von 1/200 Sekunde habe ich dieses Foto bei ISO 100 belichtet.

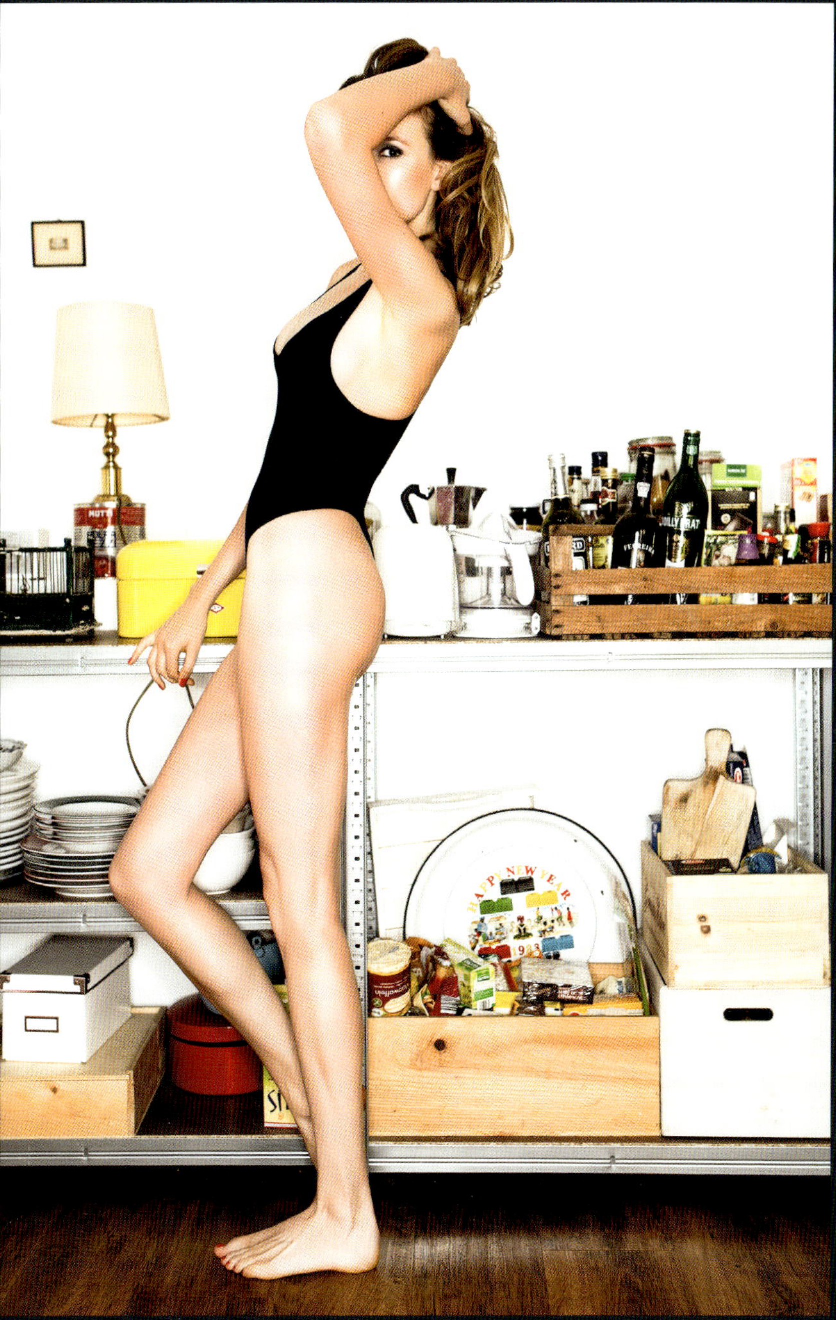

Vollformat / Objektiv 35 mm 1: 4 • Kameraeinstellungen: 35 mm / ƒ2,8 / 1/200 s / ISO 100

Spiegelbild

Fotograf: Leave a Scar

Die Idee des Bildes

In diesem Badezimmer gab es kein Tageslicht, nur eine Lampe oberhalb des Spiegels. Aber irgendwie gefiel mir dieses zufällige Licht, das einfach so da war und das Model und mich anregte, mit dem Spiegel zu spielen.

Das brauchst du

- Objektiv mit einer Brennweite um 50 mm
- Badezimmer mit Spiegel und Kunstlicht

Umsetzung

1. Stelle dein Model vor den Spiegel. Es soll nicht für die Kamera posen, sondern sich einfach selbst anschauen und anfangen, mit der Situation zu spielen. Als würde es sich selbst für Selfies fotografieren wollen.
2. Fotografiere über seinen Rücken hinweg in den Spiegel und finde genau den richtigen Winkel, damit du zum einen nicht selbst im Spiegel zu sehen bist und zum anderen das Model real von hinten und im Spiegelbild von vorne im Bild hast.
3. Hier habe ich mit einer 50-mm-Festbrennweite fotografiert und wegen des geringen Lichts mit ISO 1000 bei offener Blende *f*2,2 und einer 1/320 Sekunde belichtet.

! TIPP

In der unbearbeiteten Bilddatei war das Licht natürlich viel wärmer, der Weißabgleich wurde jedoch in der Nachbearbeitung angepasst.

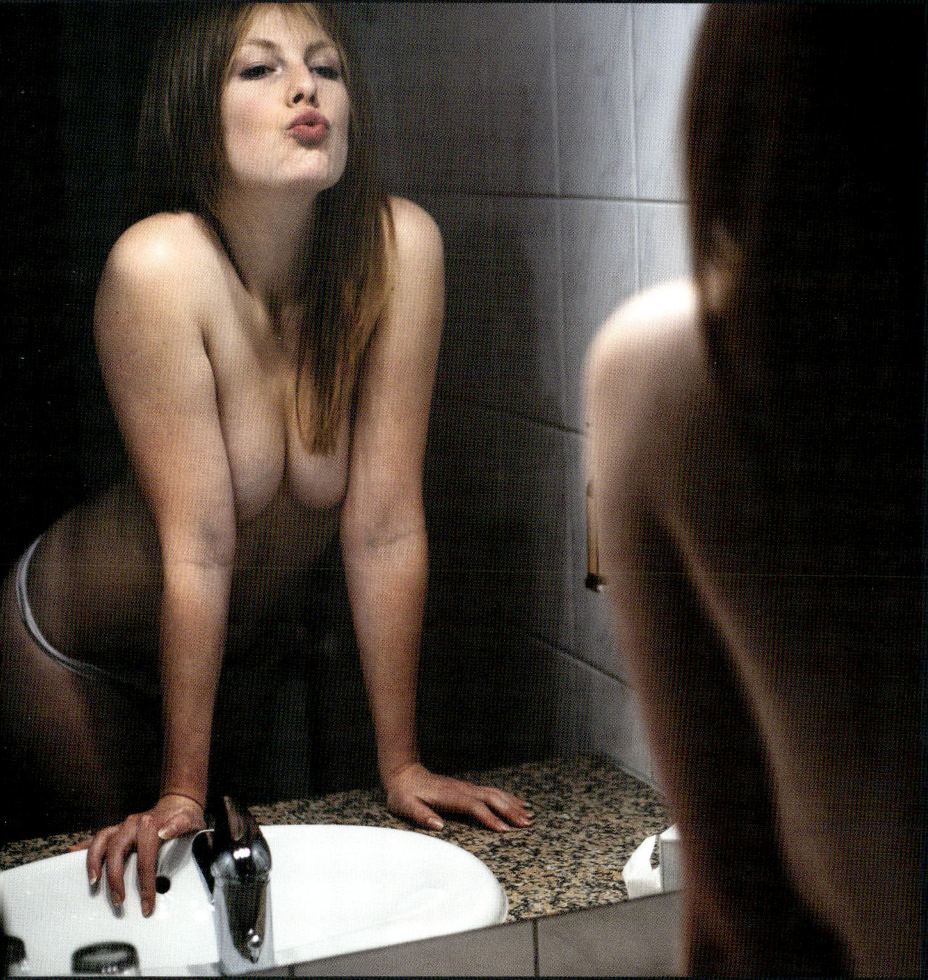

Vollformat / Objektiv 50 mm 1: 1,8 • Kameraeinstellungen: 50 mm / f2,2 / 1/320 s / ISO 1000

Schreibtischlampe

Fotograf: Peter Grüner

Die Idee des Bildes

Entstanden ist das Bild mehr oder weniger spontan. Ich wollte nicht immer die gleichen Bilder im Bett bzw. auf dem Sofa umsetzen. Ich wusste auch nicht 100-prozentig, ob das Foto so klappen würde, da der Platz etwas beengt war und mir nicht die volle Flexibilität der Komposition gegeben war. Fotografisch versuche ich, das Bild schon fertig komponiert auf den Chip zu brennen. Ich bin niemand, der im Nachhinein Bilder beschneidet.

Das brauchst du

- Objektiv mit einer Brennweite um 80 mm
- einen Schreibtisch mit Schreibtischlampe

Umsetzung

1. Setze dein Model auf den Schreibtisch direkt vor die Lampe und lasse es mit dem Licht spielen, als würde es die Sonne auf seiner Haut genießen.
2. Der Raum war groß genug, um auch mit einer Brennweite von 85 mm genügend Abstand zum Model zu haben, um seinen ganzen Körper auf das Bild zu bekommen.
3. Ich wählte eine offenere Blende *f*2,2, um die Struktur des Hintergrunds leicht unscharf werden zu lassen und auch um bei moderaten ISO 500 mit einer kurzen Verschlusszeit von 1/200 Sekunde arbeiten zu können.

! TIPP

Die einzige Lichtquelle ist in der Tat die Schreibtischlampe. Über die Bildbearbeitung und die anschließende Umwandlung in Schwarz-Weiß wurde die vom Licht abgewandte Seite des Models leicht aufgehellt.

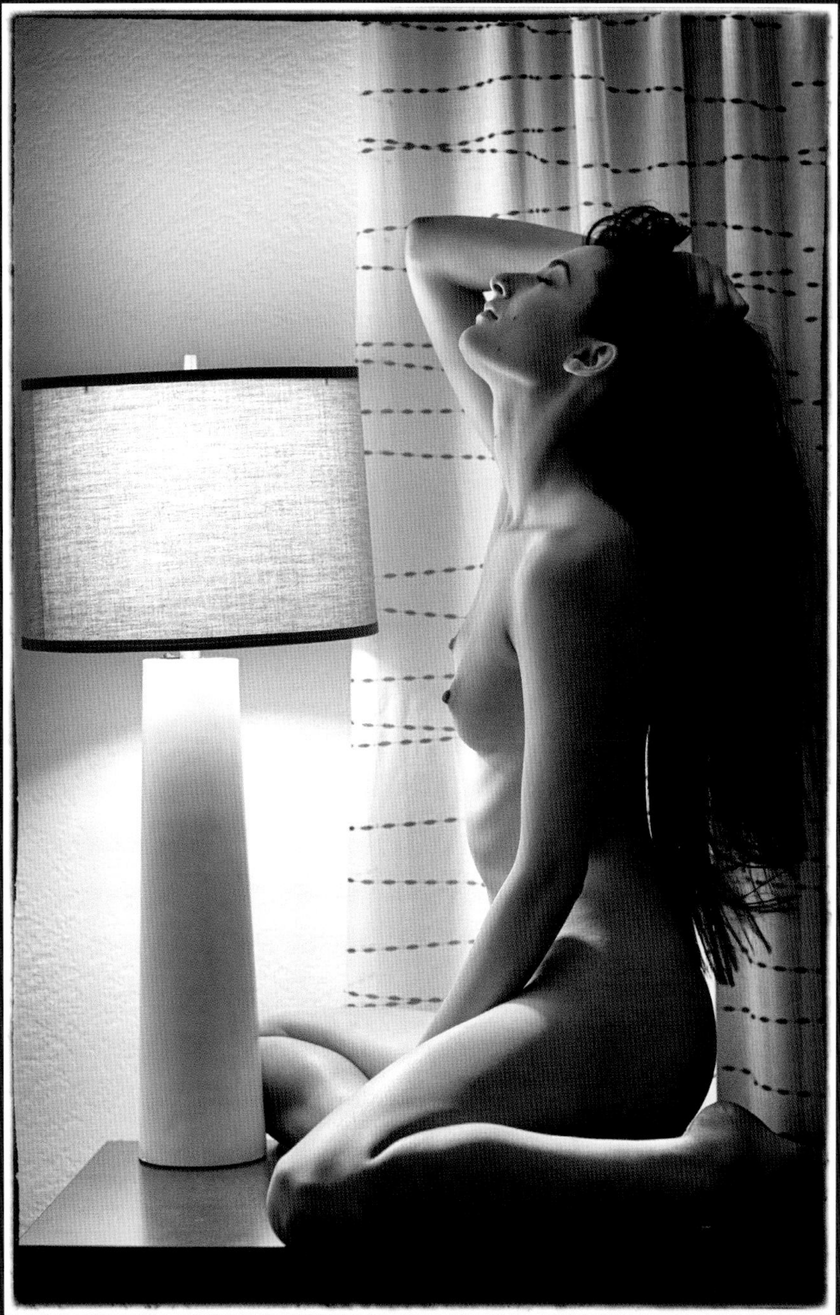

Vollformat / Objektiv 85 mm 1:1,2 • Kameraeinstellungen: 85 mm / f2,2 / 1/200 s / ISO 500

Auf der Treppe

Fotograf: Val Mont

Die Idee des Bildes

Schon bei meiner Ankunft im Haus des Models gefielen mir der schöne altmodische Treppenaufgang und dessen kleine Fensterluken. Hier wollten wir einige der geplanten Aktbilder machen. Wichtig ist dabei, dass man ungestört arbeiten kann. Große Treppenhäuser sind also eher nicht geeignet. Gerade bei den kleinen Luken dieses Treppenhauses, die das Licht wie ein Scheinwerfer bündeln, war es sehr spannend zu beobachten, wie sich das Bild sofort ändert, wenn das Model sich auch nur um wenige Zentimeter bewegt. Und dennoch: So beengt man von den Verhältnissen sein mag, so viele Freiheiten tun sich plötzlich gestalterisch auf, denn mit diesem Licht lässt sich der Körper so facettenreich modellieren wie in einem Studio.

Das brauchst du

- Objektiv mit kurze Brennweite um 40 mm
- Treppenhaus mit Fenster

Umsetzung

1. Setze dein Model seitlich zum Fenster auf die Treppe.
2. Um die Szene auch in dem räumlich begrenzten Treppenhaus erfassen zu können, habe ich mich für eine kurze Brennweite entschieden und meine Kamera auf 38 mm bei einer Blende von *f*5,6 eingestellt.
3. Mit ISO 4000 und 1/50 Sekunde Belichtungszeit gelangte ich auch bei den eher schlechten Lichtbedingungen zu einem tollen Ergebnis.

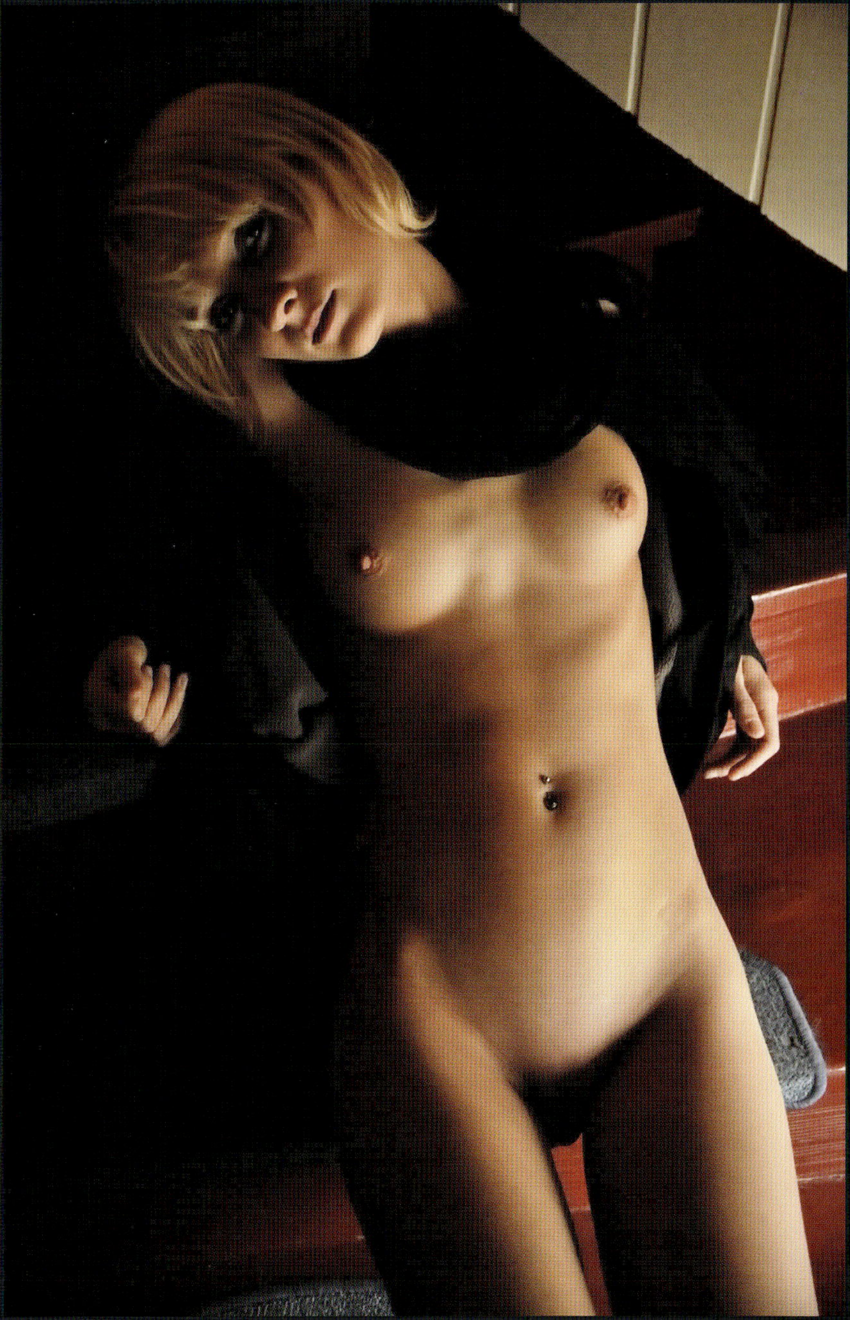

Vollformat / Objektiv 28 – 55 mm 4,5 – 5,6 • Kameraeinstellungen: 38 mm / f5,6 / 1/50 s / ISO 4000

Intensiver Blick

Fotograf: Grischa Schindler

Die Idee des Bildes

Einen erotischen Moment aus einer Bewegung heraus einzufangen war die Idee hinter diesem Foto. Das Model sollte große, starke Bewegungen machen, ohne statisch in einer Pose zu verharren. Dabei sollte es Blickkontakt mit der Kamera halten. Dabei ist dieser intensive Moment entstanden.

Das brauchst du

- Objektiv mit kurzer Brennweite um 35 mm
- einen Raum mit einem Fenster und einem Bett

Umsetzung

1. Lege eine Matratze oder stelle ein Bett seitlich zum Fenster, damit das Licht von der Seite auf dein Model fällt. Durch die weißen Betttücher entsteht eine natürliche Aufhellung der vom Licht abgewandten Seite. Um dein Model in Bewegung zu bekommen, hilft manchmal auch Musik. Spiele die Musik, zu der sich dein Model gerne bewegt, und lasse dich überraschen.
2. Durch eine kurze Brennweite ist man automatisch sehr nah am Model, was eine intime und intensive Atmosphäre unterstützt.
3. Mit ISO 200 und einer Blende von *f*2,2 gelang es mir, diesen intensiven Blick einzufangen.

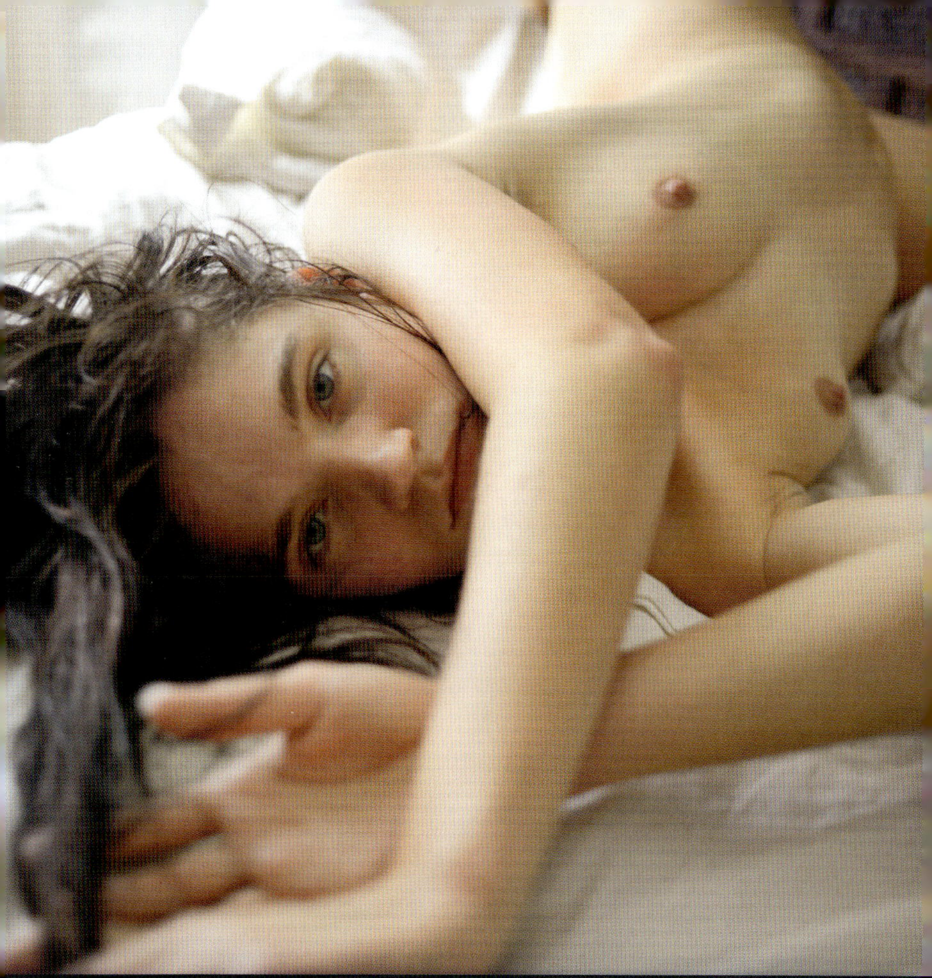

Vollformat / Objektiv 35 mm 1:2 • Kameraeinstellungen: 35 mm / f2,2 / 1/320 s / ISO 200

An der Wand stehen

Fotograf Henrik Pfeifer

Die Idee des Bildes

Gerade für ein unerfahrenes Model ist es hilfreich, wenn es irgendetwas hat, woran es sich festhalten oder wenigstens anlehnen kann. Das Stehen und Posen im freien Raum ist nämlich gar nicht so einfach. Daher stelle ich meine Models immer gerne an eine Wand, weil man so viel einfacher spielerisch eine coole Pose finden kann.

Das brauchst du

- Objektiv mit einer Brennweite von 30 – 50 mm
- einen Raum mit Fenster

Umsetzung

1. In diesem Fall habe ich hinter dem Model das Fenster zuhängen müssen, da die Sonne so sehr hineingeschienen hat, dass der Hintergrund einfach nur gnadenlos überbelichtet gewesen wäre. Stattdessen haben wir mit dem direkten Sonnenlicht, was ein wenig weiter rechts auf den Boden schien, gearbeitet. Der helle Boden hat das Licht reflektiert. Bei einem dunkleren Boden hätte man auch mit einem weißen Laken als Reflektor arbeiten können.
2. Da wir uns vor dem Sonnenlicht versteckt haben, musste ich mit ISO 400 arbeiten.
3. Bei einer Brennweite von 50 mm konnte ich dann mit Blende *f*2 mit 1/60 Sekunde Belichtungszeit aus der Hand fotografieren.

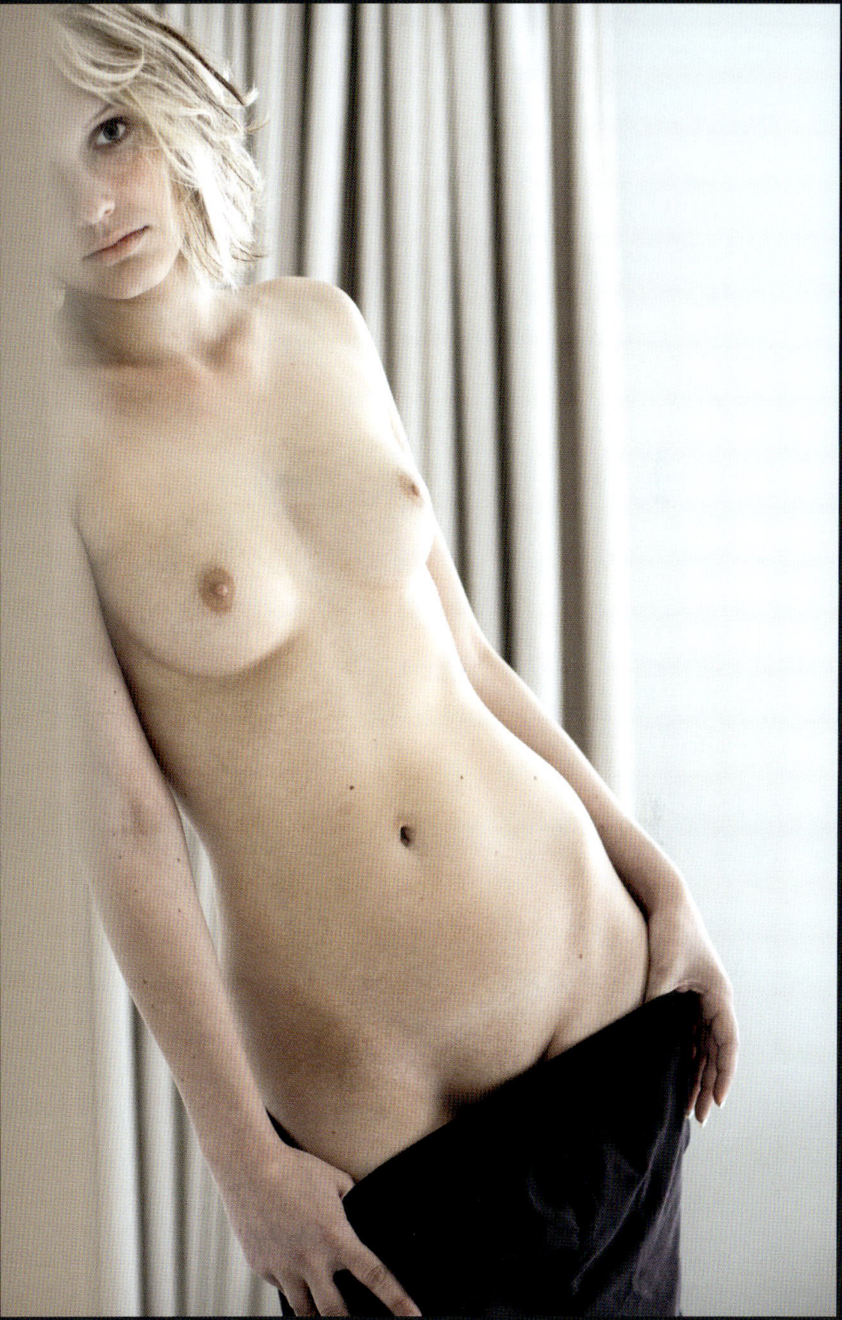

APS-C / Objektiv 50 mm 1: 4 • Kameraeinstellungen: 50 mm / f2 / 1/60 s / ISO 400

Gold

Fotograf: Marc Boesing

Die Idee des Bildes

Eyecatcher sollten der goldene Body und die Tattoos des Models sein. Im Hintergrund sollten noch Details von der Wohnung zu erkennen sein, aber in der Unschärfe leicht verschwimmen, um nicht vom Hauptmotiv abzulenken.

Das brauchst du

- Objektiv mit einer Brennweite von 30 – 80 mm
- Ringblitz (siehe Glossar)

Umsetzung

1. In dieser loftartigen Wohnung gab es mitten im Raum einen Stahlträger, an den sich das Model lehnen konnte. Beleuchtet habe ich das Foto ausschließlich mit einem Ringblitz.
2. Ich finde es spannend, dass im Hintergrund noch ein paar Details zu sehen sind, die aufgrund der relativ offenen Blende *f*3,5 schon ein wenig unscharf sind und in der Dunkelheit nach hinten „absaufen“.
3. Mit der Blitzsynchronzeit von 1/200 Sekunde habe ich bei ISO 100 den Sensor belichtet.

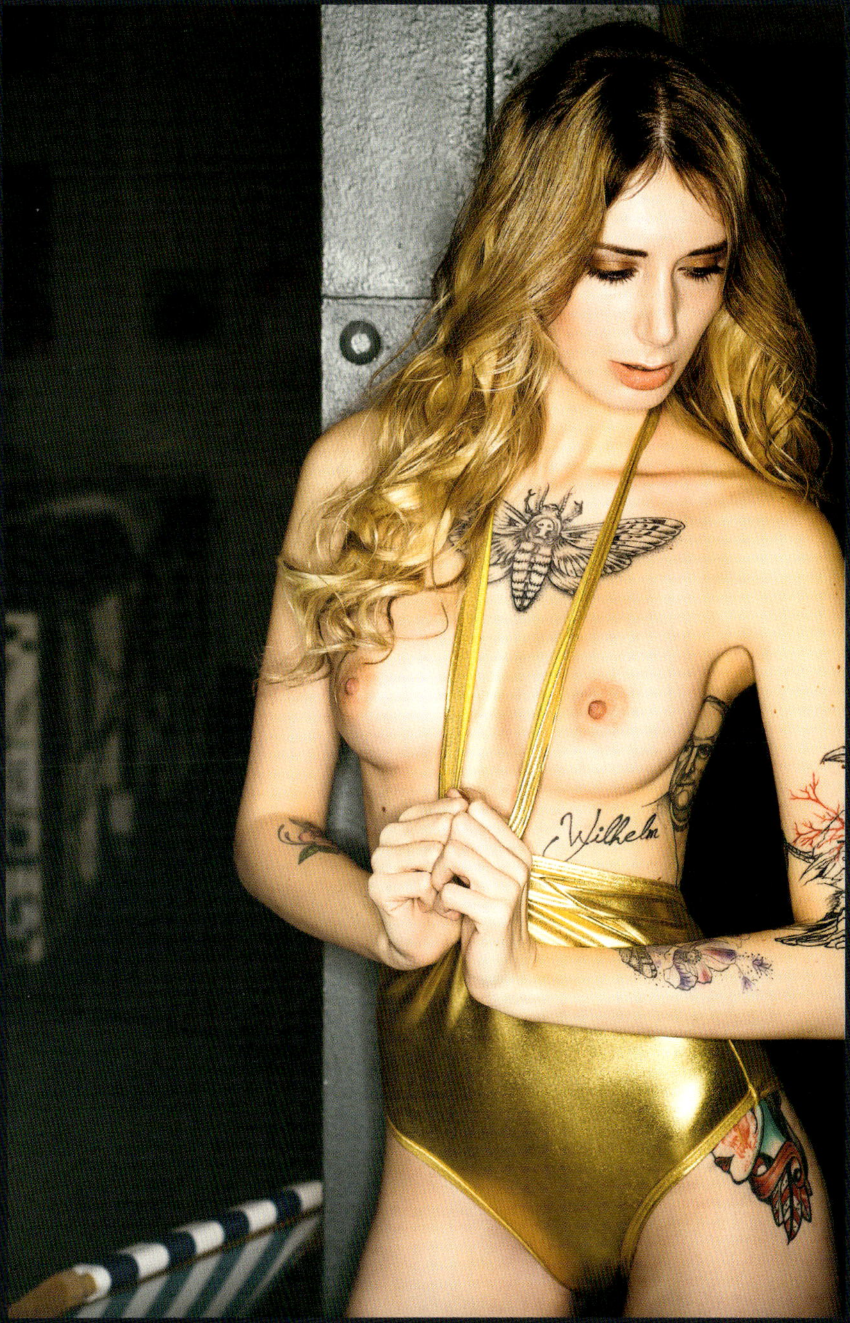

Vollformat / Objektiv 50 mm 1:4 • Kameraeinstellungen: 50 mm / f3,5 / 1/200 s / ISO 100

Fallen lassen

Fotograf: Henrik Pfeifer

Die Idee des Bildes

Für dieses Foto sollte das Model weder stehen noch liegen und sich trotzdem fallen lassen können. Also bot ich ihm quasi als Rückenlehne die Kante eines Sofas an und legte eine Matratze davor, damit die Situation trotzdem die Gemütlichkeit eines Bettes haben würde.

Das brauchst du

- Objektiv mit einer Brennweite 30 – 50 mm
- einen Raum mit Fenster
- rotes Sofa und eine Matratze mit Laken

Umsetzung

1. Stelle das Sofa seitlich zum Fenster und lege eine Matratze davor, damit das Model eine weiche Unterlage für die Knie hat. Ich mag diese Pose, da sich das Model auf diese Weise dem Betrachter entgegenstreckt und öffnet, ohne zu freizügig zu sein. Das Licht kommt also von rechts.
2. Um aus dieser Nähe leicht von oben zumindest fast den ganzen Körper fotografieren zu können, habe ich mich für eine 30-mm-Festbrennweite entschieden. Mit einer längeren Brennweite hätte ich auf eine Leiter gemusst, und das wollte ich in dieser Situation nicht, um flexibel zu sein.
3. Mit Blende *f*2 konnte ich trotz des recht plakativen Aufbaus einen leichten Schärfeverlauf in das Bild bekommen und bei ISO 200 mit 1/125 Sekunde Belichtungszeit aus der Hand fotografieren.

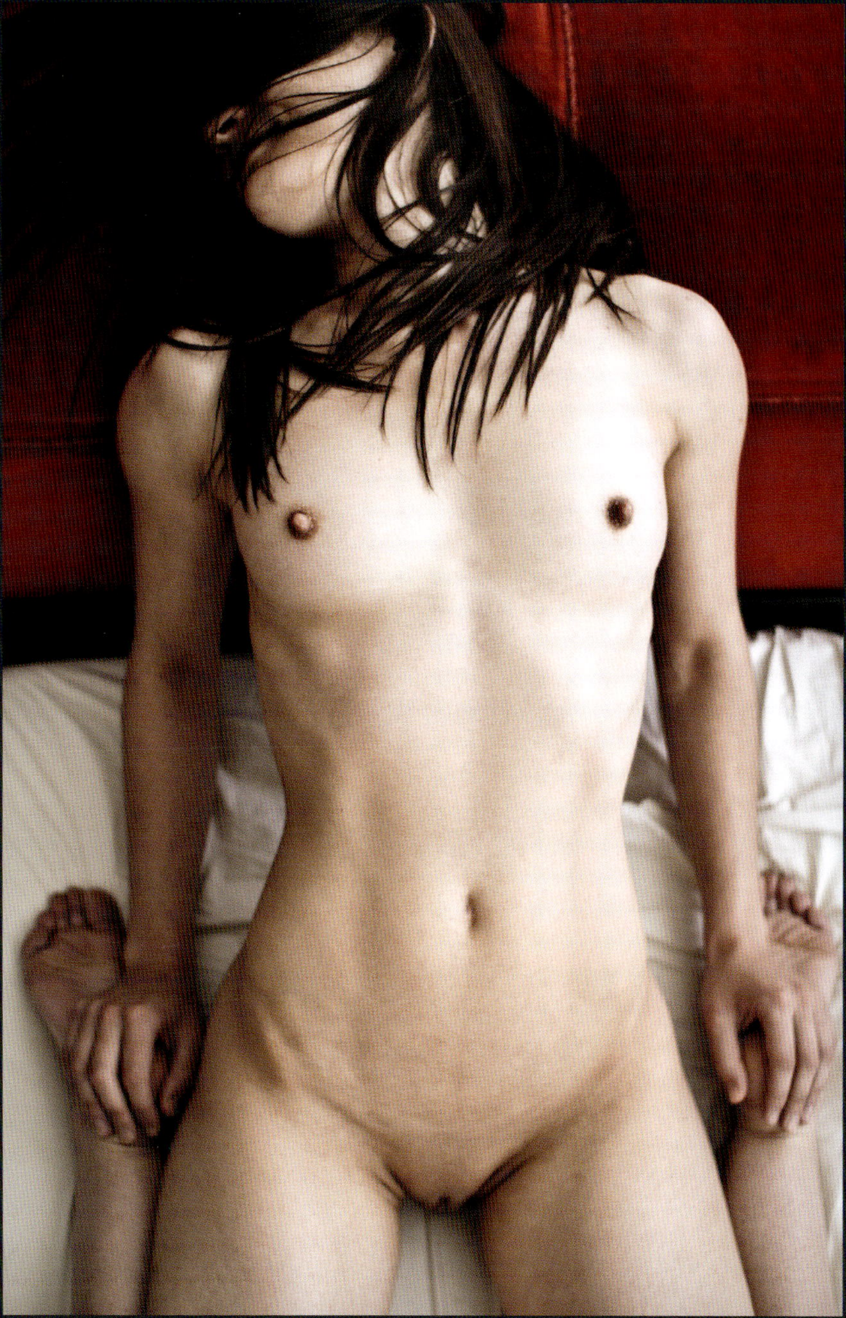

APS-C / Objektiv 30 mm 1:4 • Kameraeinstellungen: 30 mm / ƒ2 / 1/125 s / ISO 200

Sinnlicher Akt in altem Raum

Fotograf: Artofdan

Die Idee des Bildes

Bei dem Bild wollte ich in erster Linie den Gegensatz des jugendlichen Models mit seinem wunderschönen Körper zu der maroden Umgebung eines alten Raumes darstellen. Das Bild wirkt durch diese Kontraste, und das Model wird somit noch mehr zum Blickfang. Es war mir wichtig, dieses Bild in Farbe wiederzugeben, da gerade diese Farben sehr harmonisch und warm wirken.

Das brauchst du

- Objektiv mit kurzer Brennweite um 40 mm
- einen alten Raum oder eine unbenutzte Werkstatt oder Garage mit einem Fenster
- einen Tisch oder eine Werkbank zum Anlehnen

Umsetzung

1. Stelle dein Model seitlich zum Fenster (in diesem Fall war es ein großes Tor) und lasse es über die Schulter in deine Richtung schauen.
2. Ich stand etwa zwei Meter vom Model entfernt und habe diesen Bildausschnitt mit 40 mm Brennweite eingefangen.
3. Aufgrund der optimalen Lichtsituation konnte ich auch hier ohne technische Hilfsmittel eine durchzeichnende Tiefenschärfe mit Blende *f*8 und einer Verschlusszeit von 1/250 Sekunde bei ISO 500 erreichen.

! TIPP

Bei Bildumsetzungen dieser Art ist das Licht je nach Wetterlage und Tageszeit sehr unterschiedlich. So ist es um die Mittagszeit von Frühjahr bis Herbst lichttechnisch ideal, da die Sonne weniger direkt und nicht zu intensiv strahlt.

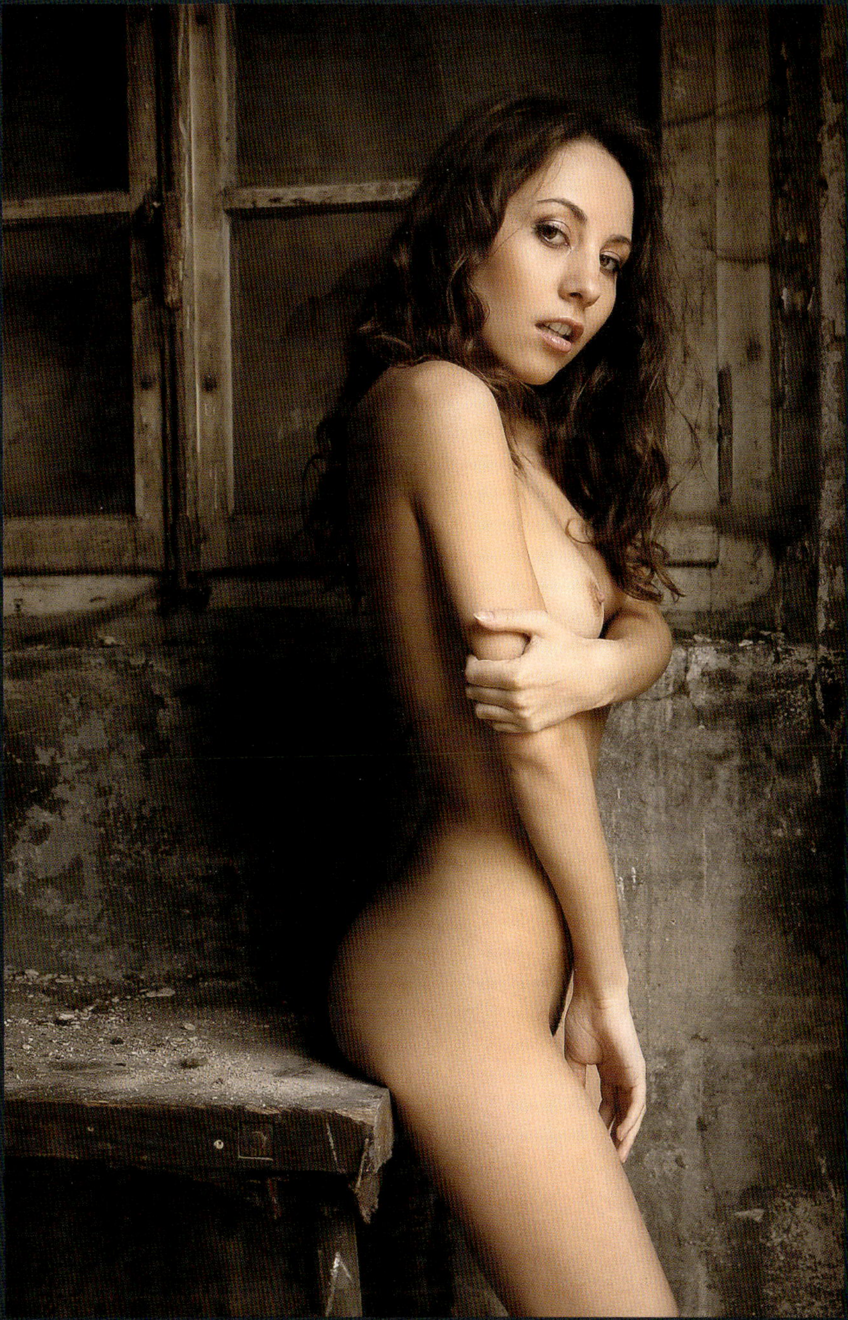

Vollformat / Objektiv 28 – 70 mm 1: 2,8 • Kameraeinstellungen: 40 mm / ƒ8 / 1/250 s / ISO 500

Topfhüpfen

Fotograf: Henrik Pfeifer

Die Idee des Bildes

Auf die Suche nach irgendetwas Neuem begab ich mich vor ein paar Jahren, nachdem ich über drei Jahre erotische Aktfotos für ein Buch fotografiert hatte. Ich wollte keine Frau mehr fotografieren, die sich nackt auf einem Bett rekelt, und versuchte spielerisch, eher mit Witz an die Sache heranzugehen. Dazu baute ich gerne spontan vorhandene Requisiten ein.

Das brauchst du

- Objektiv mit einer Brennweite von 30 – 80 mm
- einen Raum mit Fenster
- Papierkorb oder Topf oder Eimer

Umsetzung

1. Um schönes gleichmäßiges Licht auf mein Model zu bekommen, fotografierte ich mit dem vorhandenen Licht. Ich stand also mit dem Rücken zum Fenster, mein Model im Raum. Ein kleiner Papierkorb wurde unser Requisit. Ich frage mich bis heute, wie seine Füße da hineingepasst haben.
2. Um ein wenig von der kahlen Atmosphäre des Raums miteinzufangen, fotografierte ich mit einer 28-mm-Brennweite.
3. Mit einem ISO-160-Film in der Kamera drückte ich bei offener Blende *f*2,8 mit einer Belichtungszeit 1/125 Sekunde den Auslöser.

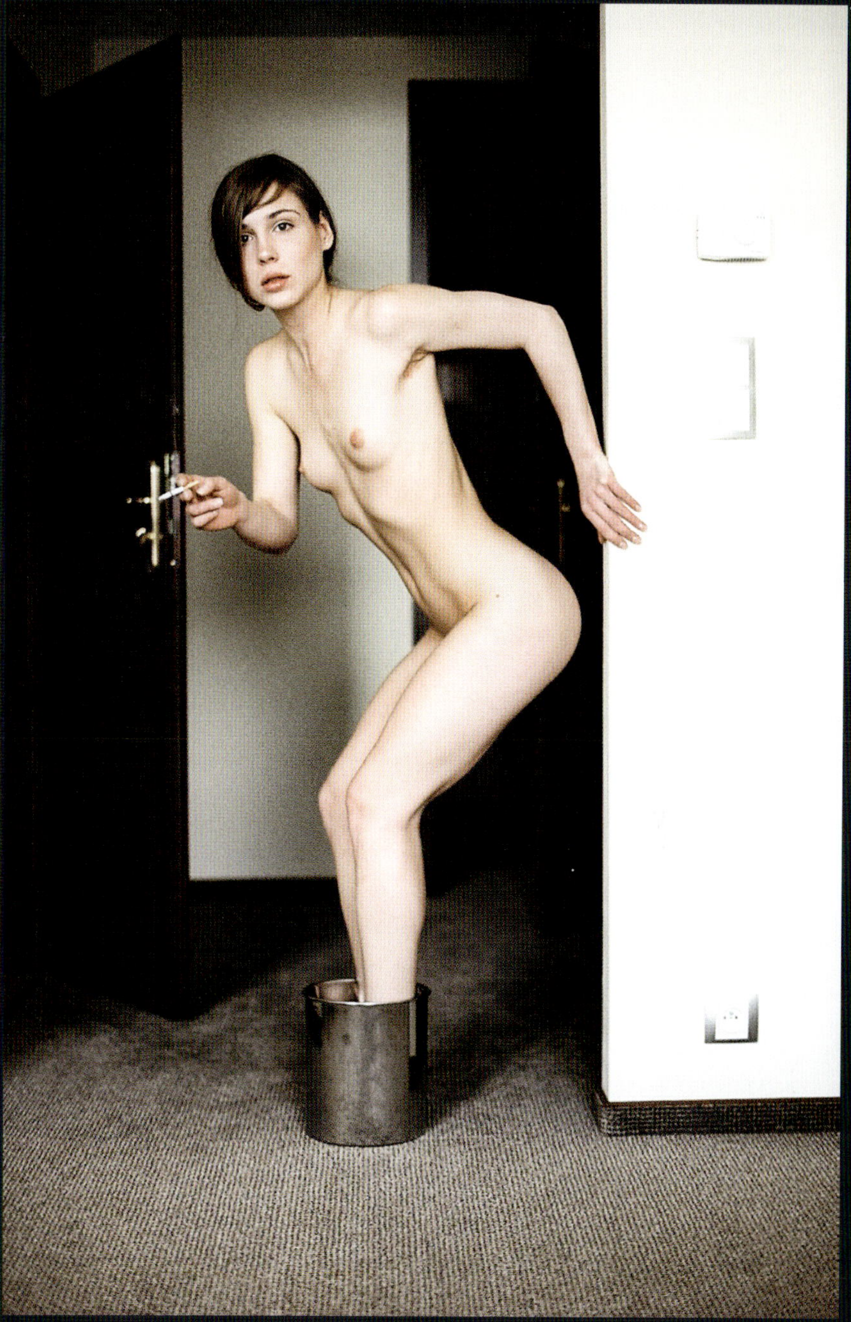

Kleinbild / Objektiv 28 mm 1: 2,8 • Kameraeinstellungen: 28 mm / ƒ2,8 / 1/125 s / ISO 160

Baden in Milch

Fotograf: Melanie Plum

Die Idee des Bildes

Bereits seit längerer Zeit schwirrte mir die Bildidee mit dem Milchbad durch den Kopf. Meine Inszenierung sollte sich jedoch von anderen Arbeiten etwas abheben. Schnell entstand die Idee, das Model in der Wanne zu verhüllen. Als perfekter Stoff dafür erwies sich ein weißer Chiffon, er fließt weich im Wasser und schmiegt sich perfekt an den nassen Körper. Model und Wasser verschmelzen so wunderbar miteinander.

Das brauchst du

- Objektiv mit kurzer Brennweite von 35 mm
- einen möglichst hellen Raum mit einer Badewanne
- Milch oder Sahne oder irgendetwas anderes Weißes, Hautfreundliches, um das Wasser einzufärben
- weißen Chiffon

Umsetzung

1. Bitte dein Model, sich in eine Badewanne mit weiß eingefärbtem Wasser zu legen, und hülle es zusätzlich in den weißen Chiffon.
2. Das Badezimmer, in dem ich dieses Foto gemacht habe, ist weiß gekachelt und hat eine weiße Decke. Dadurch reflektiert das diffus einfallende Licht so sehr, dass ein gleichmäßiges Licht den Raum erfüllt. Es waren keine zusätzlichen Lichtquellen oder Reflektoren nötig.
3. Von oben habe ich dann mit einer relativ kurzen Brennweite (35 mm) auf das Model herabfotografiert.
4. Bei einer Verschlusszeit von 1/400 Sekunde und ISO 800 konnte ich mit einer Blende *f*3,5 zu diesem Ergebnis kommen.

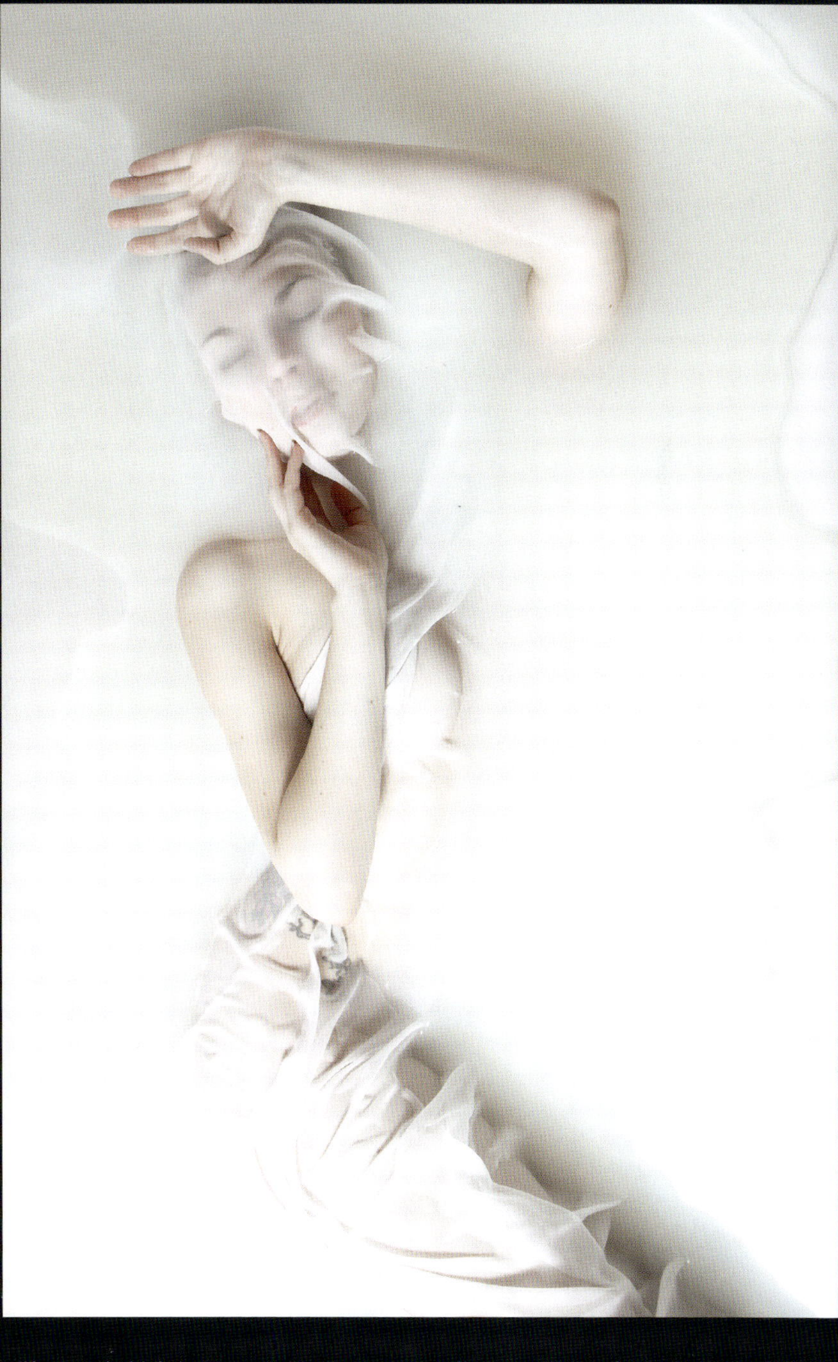

Vollformat / Objektiv 35 mm 1:2 • Kameraeinstellungen: 35 mm / f3,5 / 1/400 s / ISO 800

Dezentes Selbstporträt

Fotograf: Henrik Pfeifer

Die Idee des Bildes

Das Model sollte vor dem Spiegel posen, damit ich mich selbst mit ins Bild bringen konnte, um eine offensichtliche Verbindung von mir zu dem Foto herzustellen. Als verbindendes Glied trug ich ein rotes Schweißband, um die Farben des Models aufzugreifen.

Das brauchst du

- Objektiv mit einer Brennweite von 30 – 50 mm
- einen Raum mit zwei Fenstern oder breiter Fensterfront
- Spiegel

Umsetzung

1. Das Model steht seitlich zum Fenster (das Fenster ist links von ihm) am Spiegel und lässt zwischen seinen Beinen genügend Platz, um die Sicht auf mein Spiegelbild freizugeben. Ich selbst hocke ebenfalls seitlich zum Fenster auf dem Boden. Da man dafür ein bisschen Abstand braucht, muss es entweder zwei Fenster nebeneinander geben oder die Fensterfront muss breit genug sein, damit sowohl das Model als auch der Fotograf selbst schönes Licht von der Seite abbekommen.
2. Der Fokus sitzt bei dieser Aufnahme auf dem Model, sodass ich bei einer offenen Blende von *f*1,4 nur unscharf zu erkennen bin.
3. Den ISO-Wert musste ich nur leicht auf 200 erhöhen, um auch bei etwas weniger Tageslicht noch mit 1/125 Sekunde belichten zu können.

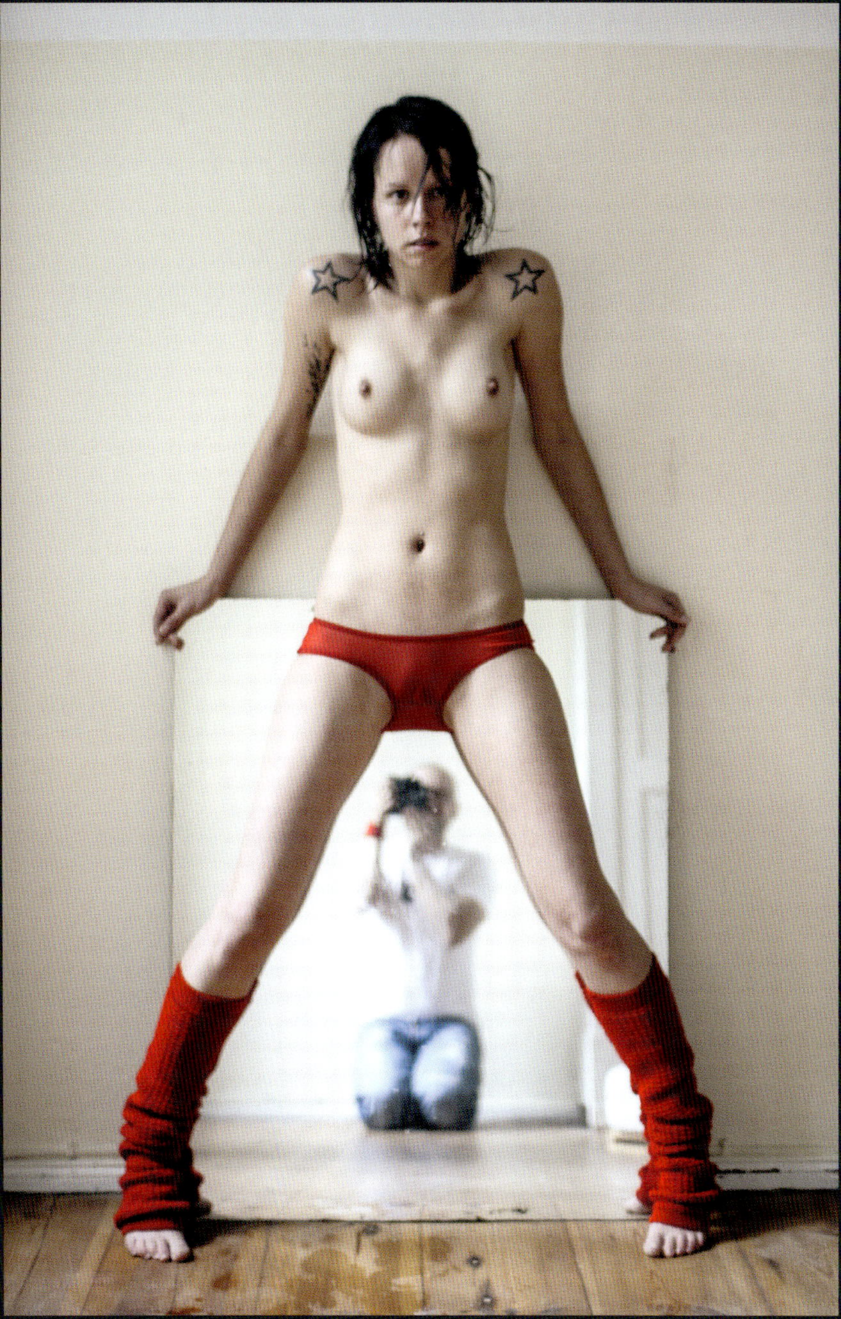

APS-C / Objektiv 30 mm 1: 1,4 • Kameraeinstellungen: 50 mm / f1,4 / 1/125 s / ISO 200

Bewegungs-Collage

Fotograf: Grischa Schindler

Die Idee des Bildes

Ich finde Bilder interessanter, die einen „Makel" haben, in denen etwas irritiert. Perfektion und Hochglanz sind Domäne der Werbung, die letztlich unsere Sehgewohnheiten prägt. Erotik und Sinnlichkeit, das hat in erster Linie mit Wahrnehmung zu tun. In dem Augenblick, wo ich mich herausnehme und mit technischen Dingen befasse, verliere ich den Moment. In dieser Collage zeigt sich wunderbar, wie sich durch die Bewegung des Models das Licht bei gleichen Kameraeinstellungen verändert.

Das brauchst du

- Objektiv mit Brennweite um 50 mm
- einen Raum mit einem Fenster
- Bett mit weißen Laken

Umsetzung

1. Lege eine Matratze oder stelle ein Bett mit dem Fußende zum Fenster, damit das Licht von hinten auf dein Model fällt. Durch die weißen Betttücher entsteht eine natürliche Aufhellung. Auf dem mittleren Foto kann man gut erkennen, wie sich durch das Anheben des Körpers die Lichtsituation verändert. Das Licht findet seinen Weg auf das Laken unter dem Model und hellt dadurch die vom Licht abgewandte Seite auf.
2. Auch mit einer 50-mm-Brennweite ist man noch sehr nah am Model. Ich mag die Intensität, die dadurch entsteht.
3. Mit ISO 200 und einer Blende von *f*2,8 entstanden bei einer Verschlusszeit von 1/30 Sekunde leichte Unschärfen, die die Bewegung des Models unterstützen.

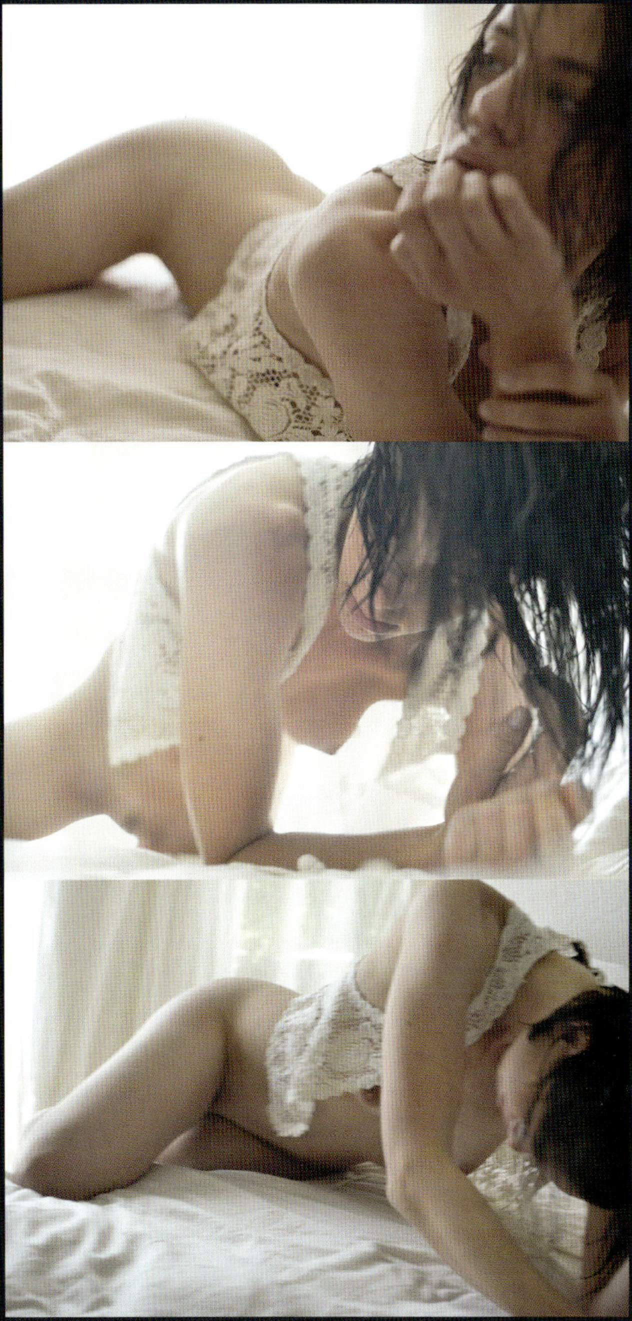

Vollformat / Objektiv 50 mm 1 : 1,4 • Kameraeinstellungen: 50 mm / f2,8 / 1/30 s / ISO 200

Türrahmenmeditation

Fotograf: Henrik Pfeifer

Die Idee des Bildes

In dieser Location wurde es schon fast zu hell. Die Sonne knallte so heftig ins Zimmer, dass wir uns auf die Flucht vor dem Licht machen mussten. Während ich sonst eher die Nähe zum Fenster suche, haben wir uns in diesem Fall in die hinterste Ecke des Zimmers verzogen und in der Tür eines dunklen Durchgangszimmers fotografiert.

Das brauchst du

- Objektiv mit einer Brennweite von 30 – 50 mm
- einen Raum mit Fenster und Verbindung zu einem dunklen Nachbarraum

Umsetzung

1. Positioniere dein Model in einem Türrahmen, sodass eines oder mehrere Fenster im Hintergrund sind und du es im Gegenlicht fotografieren kannst. Auf eine Aufhellung der Schattenseite habe ich bewusst verzichtet, da ich die Atmosphäre genau so sehr spannend und knisternd empfinde.
2. Aufgrund der beengten Raumsituation bin ich auf eine kurze Brennweite von 30 mm gegangen. Mit ein wenig mehr Platz wäre das natürlich auch mit einer 50-mm- oder noch längeren Brennweite umzusetzen gewesen.
3. Wegen des hellen Gegenlichts habe ich ISO 100 gewählt und mit einer Blende *f*2 und einer Verschlusszeit von 1/60 Sekunde aus der Hand fotografiert.

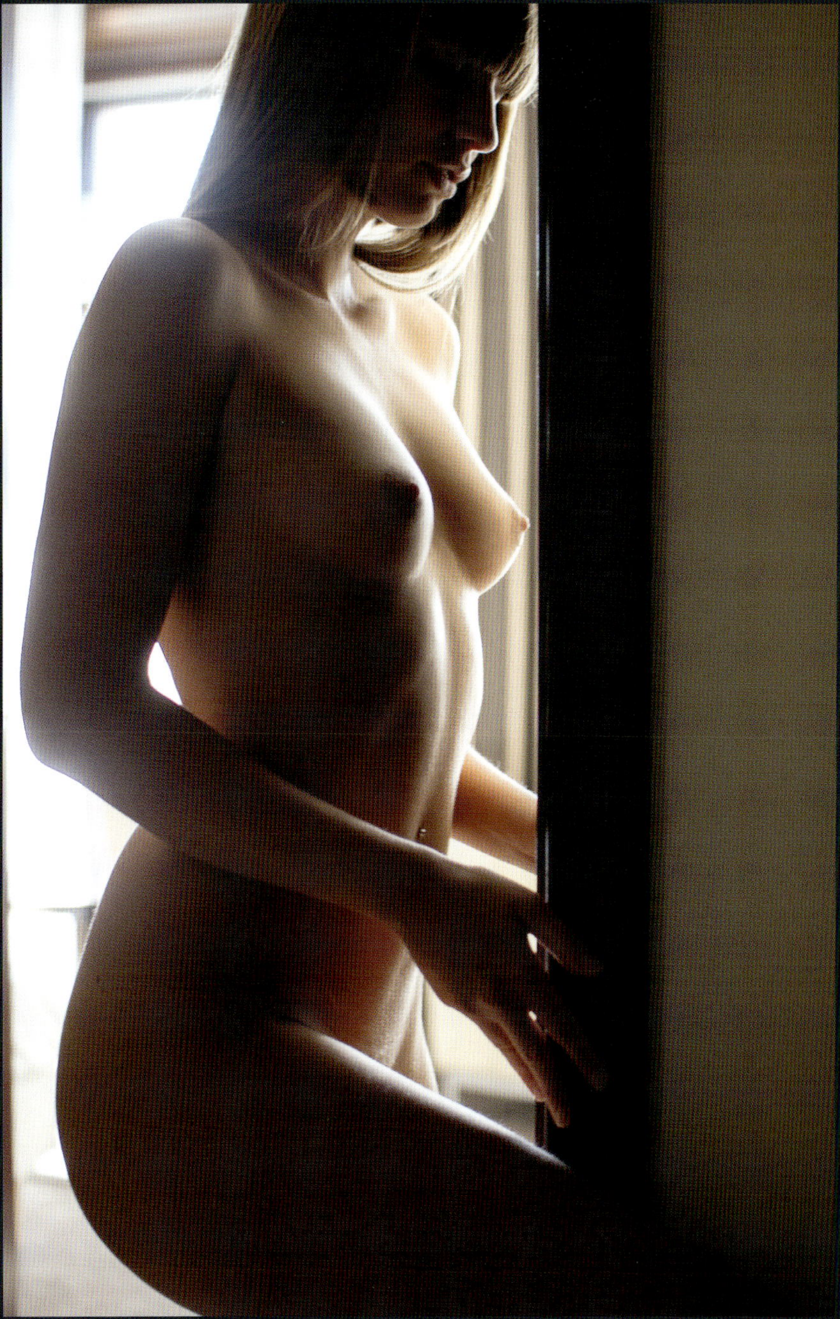

APS-C / Objektiv 30 mm 1:1,4 • Kameraeinstellungen: 30 mm / f2 / 1/60 s / ISO 100

Spiegelbild

Fotograf: Val Mont

Die Idee des Bildes

Ich wollte mit meinem Model eine eher private Szene vor dem Spiegel nachstellen. So, als wäre sein Freund hinter der Kamera und sie würden zusammen die Möglichkeiten erforschen, die man mit dem Spiegelbild hat. Es gibt auch Bilder aus dieser Serie, wo es über den Spiegel in die Kamera sieht, aber dies hier fand ich spannender, geheimnisvoller. Denn eigentlich wendet es sich ja von der Kamera ab, sieht den Fotografen aber dadurch direkt an, während er über den Spiegel das schönes Dekolleté ablichtet.

Das brauchst du

- ein Objektiv mit einer längeren Brennweite, ab 120 mm wäre gut
- einen Spiegel
- zwei Baustrahler
- zwei Bettlaken

Umsetzung

1. Wenn du den Spiegel wie hier gezeigt auf einen Tisch oder eine Kommode stellst, kann das Model sich aufstützen und so ein wenig mit dem Dekolleté spielen. Sie könnte ihn aber auch z. B. in der Hand halten.
2. Für das Licht habe ich rechts und links von uns ein Bettlaken an die Wand gehängt und mit je einem Scheinwerfer (ein Baustrahler mit ca. 1000 Watt geht auch) angestrahlt, damit indirekt weich reflektiertes Licht auf dem Model zu sehen ist.
3. Um auch bei einer Blende von *f*5,6 das Model noch schön vom Hintergrund freigestellt zu bekommen, habe ich die Brennweite 180 mm gewählt.
4. Mit ISO 1600 und einer Belichtungszeit von 1/80 Sekunde kommt man auch bei wenig Licht gut hin.

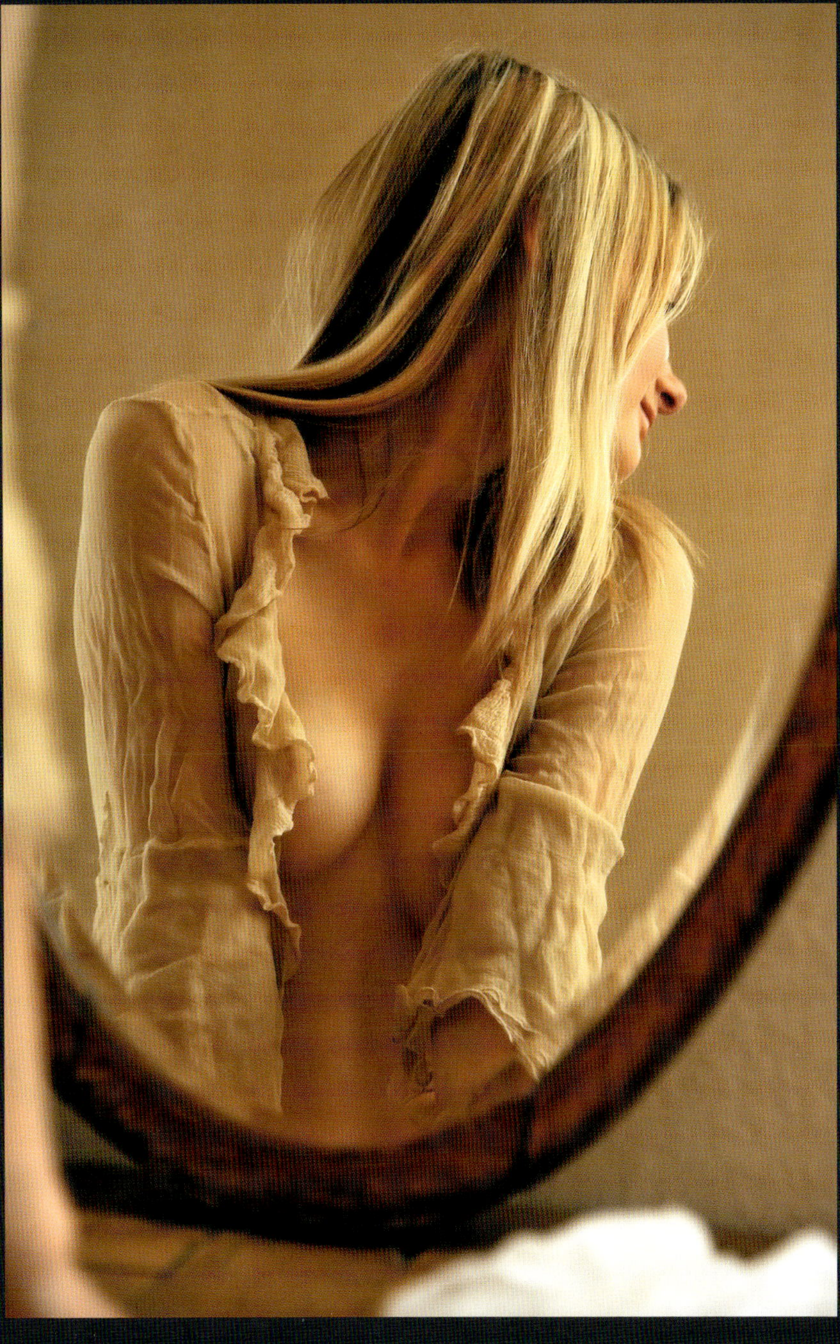

Vollformat / Objektiv 28 – 300 mm 3,5 – 5,6 • Kameraeinstellungen: 180 mm / f5,6 / 1/80 s / ISO 1600

Möbelpacker

Fotograf: Henrik Pfeifer

Die Idee des Bildes

Warum nicht einfach mal alles auf den Kopf stellen? Eigentlich hatten wir für ein Foto nur alles beiseite geräumt, um mehr Platz in dem Raum zu haben. Doch erschien uns dieses kleine Chaos mit einem Mal viel spannender als unser ursprüngliches Vorhaben. Spontan kletterte mein Model auf den umgedrehten Sessel und fing an zu posieren.

Das brauchst du

- Objektiv mit einer Brennweite von 28 – 50 mm
- einen Raum mit Fenster

Umsetzung

1. Um den athletischen Körper meines Models zur Geltung zu bringen, fotografierte ich auch hier gegen das Licht. Einzige Lichtquelle ist das Fenster. Die hellen Wände des Zimmers reflektierten allerdings genügend Licht zurück, um auch auf der vom Licht abgewandten Seite eine Aufhellung auf dem Model zu erzeugen.
2. Um möglichst viel von dem Chaos und der damit verbundenen Atmosphäre einzufangen, fotografierte ich mit einer 28-mm-Brennweite.
3. Mit einem ISO-160-Film in der Kamera fotografierte ich bei offener Blende *f*2,8 mit einer Verschlusszeit von 1/125 Sekunde.

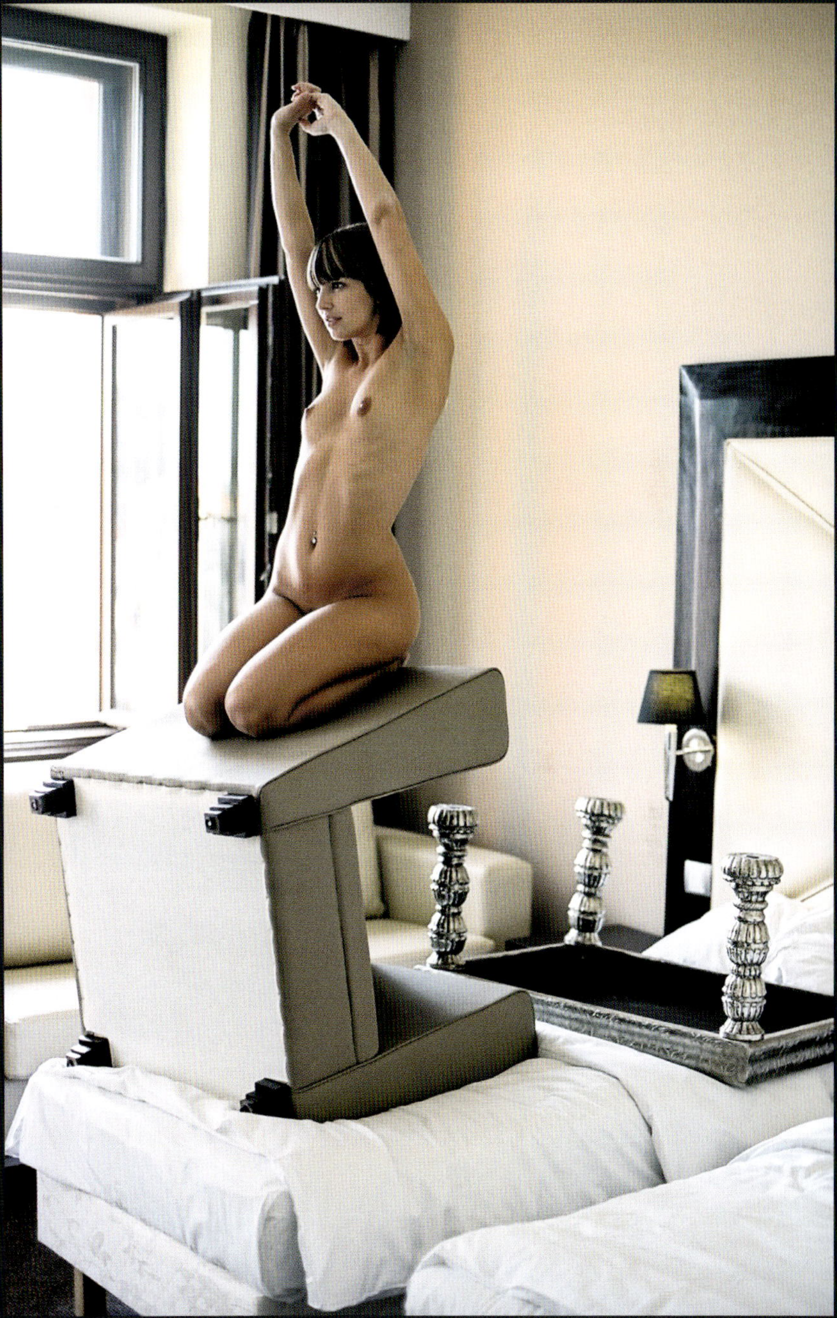

Kleinbild / Objektiv 28 mm 1: 2,8 • Kameraeinstellungen: 28 mm / f2,8 / 1/125 s / ISO 160

Kein Schnickschnack

Fotograf: Marc Boesing

Die Idee des Bildes

Frontal und direkt, ohne viel Schnickschnack, sollte dieses Bild sein. Trotzdem wollte ich eine gewisse Distanz wahren und empfand das Model nackt genug ohne BH unter dem Top.

Das brauchst du

- Objektiv mit einer Brennweite von 30 – 50 mm
- Ringblitz (siehe Glossar)
- dunkle Wand

Umsetzung

1. Um einen möglichst plakativen und direkten Look zu bekommen, wollte ich für dieses Foto mit einer eher kurzen Brennweite arbeiten und stellte mein Model direkt vor eine Wand.
2. Meine 35-mm-Festbrennweite schien mir geeignet. Auch bei der relativ offenen Blende *f*2,8 bekommt man bei einer kurzen Brennweite viel Tiefenschärfe ins Bild.
3. Mit einer Blitzsynchronzeit von 1/200 Sekunde belichtete ich meinen Sensor bei ISO 100.

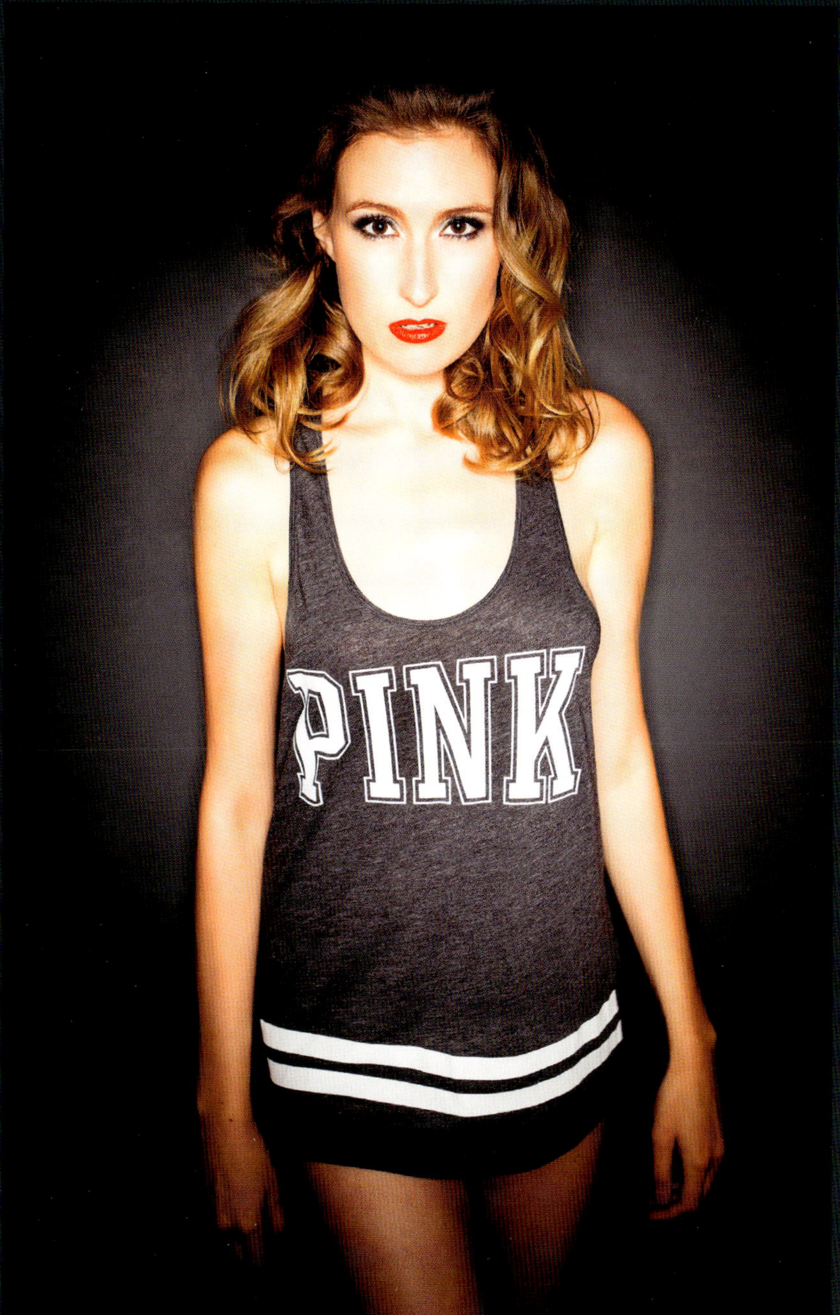

Vollformat / Objektiv 35 mm 1: 4 • Kameraeinstellungen: 35 mm / f2,8 / 1/200 s / ISO 100

KLEINES WORKSHOP-GLOSSAR

Beauty Dish

Der Beauty Dish ist ein Lichtformer mit einer matten Beschichtung, über dessen Blitzröhre ein Abdeckspiegel angebracht ist. Geblitzt wird gegen den Spiegel, das Licht wird dabei nach außen geworfen. Dadurch liefert er ein „Spotlicht“ mit einer weich auslaufenden Randausleuchtung. Sowohl auf dem Model als auch auf dem Hintergrund entsteht ein sehr schöner Schattenwurf. Mit dem Beauty Dish lassen sich je nach Positionierung tolle Effekte erzielen.

Blitzsynchronzeit

Mit der Blitzsynchronzeit wird die kürzeste Belichtungszeit, bei der der Verschluss den kompletten Sensor freigibt, beschrieben. Das Blitzgerät kann dann den kompletten Sensor vollständig beleuchten. Die Blitzauslösung ist so mit dem Verschluss synchronisiert, dass der Verschluss vollständig geöffnet ist, bevor der Blitz startet.

Octabox

Dieser Lichtformer besteht aus einer flachen Wanne, die nach vorne ein Achteck bildet und mit einer gleichmäßig bespannten Oberfläche versehen ist. Er liefert besonders weiches Licht.

Reflektor

Der Reflektor ist ein Lichtformer, der das Licht – vereinfacht gesagt – zurückwirft und so im Schatten liegende Bereiche aufhellt. Er kann für jede Lichtart genutzt werden, für Tageslicht ebenso wie für künstliches Dauerlicht oder Blitzlicht. Als Reflektor reicht oft schon ein weißes Tuch, ein Bettlaken, eine Tischdecke oder manchmal sogar ein Blatt Papier.

Ringblitz

Ein Ringblitz ist ein Blitz besonderer Bauart, bei dem die Blitzröhren um die Vorderseite des Objektivs angeordnet sind. Dadurch lässt sich das Motiv schattenfrei ausleuchten, ohne dass der Schatten des Objektivs darauf fällt.

Softbox

Auch die Softbox ist ein Lichtformer, der sehr weiches Licht macht. Es gibt sie in verschiedenen Größen und Formen. Je größer die Softbox, desto weicher und großflächiger wird das Licht.

Stativ

Externe Blitze, die von der Kamera entfernt stehen, finden auf einem Stativ den besten Halt. Dadurch lässt sich der Blitz genau dort platzieren, wo man ihn braucht – egal ob ganz oben oder in Bodennähe. Stative sollten stabil sein und möglichst keine Plastikverschlüsse haben, die schnell abbrechen können.

Striplight

Diese sehr schmalen, länglichen Softboxen begrenzen das Licht sehr eng und werden als gezieltes Kantenlicht eingesetzt, beispielweise um Konturen zu betonen.

DIE WORKSHOP-FOTOGRAFEN STELLEN SICH VOR

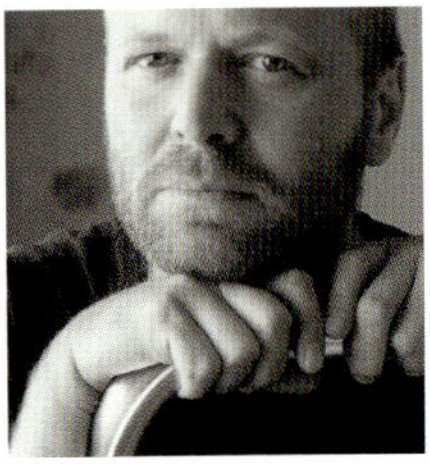

Artofdan Photography – Dani Fehr

Meine Vision ist es, Bildwelten von zeitlosem Wert zu erzeugen sowie Gefühle und Emotionen in meinen Arbeiten zum Ausdruck zu bringen. Sinnlichkeit, Leidenschaft, Nachdenklichkeit, Sehnsucht und Erotik sind nur ein paar Beispiele für den Anspruch meiner Bildkompositionen. Meine Ideen setze ich an den verschiedensten Outdoor-Locations sowie in meinem 200-m^2-Studio in einem alten Fabrikgebäude um. Meine fotografischen Bereiche sind hauptsächlich Artistic Nude, Nude Art, Erotic Art, Lingerie, Beauty und Porträt.

Mittlerweile durfte ich mit meinen Arbeiten zahlreiche Wettbewerbserfolge, Veröffentlichungen in Print- und Onlinemagazinen, Büchern, Jahreskalendern sowie vielen Präsentationen von Einzelbildern oder Serien auf internationalen Websites verzeichnen.

www.artofdan.com

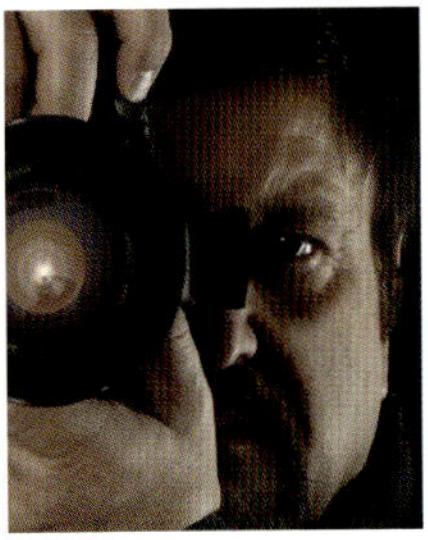

Christoph-Damian

Ich arbeite eigentlich in der chemischen Industrie. Fotografieren ist eine (inzwischen sehr intensive) Freizeitgestaltung. Ich arbeite sowohl im Studio als auch Outdoor oder On-Location und fliege auch schon mal weiter weg, um gute Bilder zu machen: USA, DomRep, Kuba, Ukraine, Kanaren ...

www.model-kartei.de/sedcard/fotograf/52242/

Grischa Schindler

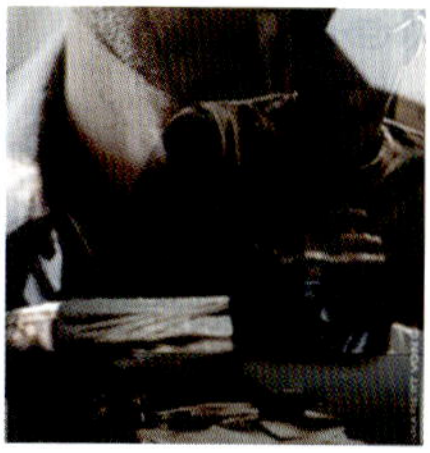

Es ist für mich immer interessant, das Gegenteil zu testen: ein Bild mit viel Dynamik, diese eher herausnehmen und es flächiger gestalten, um es zu harmonisieren. Farben eher herausnehmen (das Auge wird empfindlicherer und damit steigt die Wahrnehmung). Der Sinn: Indem ich das, was wichtig ist, reduziere, zwinge ich den Betrachter zum genaueren Hinsehen. Darüber hinaus finde ich Bilder interessanter, die einen „Makel" haben, in denen etwas irritiert. Perfektion und Hochglanz sind Domäne der Werbung, die letztlich unsere Sehgewohnheiten prägt. Das führt gesellschaftlich zu dem Gefühl des Einzelnen, nicht dem zu entsprechen, was man überall sieht, zum Gefühl des Selbst-makelbehaftet-Seins. Der Makel im Bild hebt sich also von der Werbung ab. Das könnte der Mensch, das „nicht perfekte Modell", sein, aber eben auch das bewusst „nicht perfekte" Bild, und der Mensch kann dahinter toll erscheinen. Fotografie und Malerei haben einen ähnlichen ästhetischen Anspruch, aber die Malerei kann Idealisieren, die Bildbearbeitung in diesem Sinne auch, die Fotografie an sich hebt sich jedoch durch die Möglichkeit des Dokumentarischen ab.

www.model-kartei.de/sedcards/fotograf/25483/grischa/

Günther Kubiza

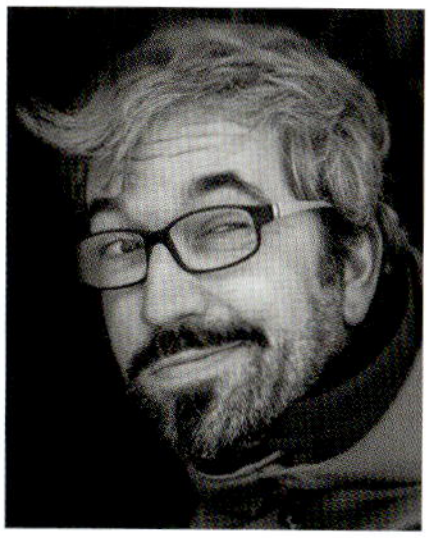

Günther Kubiza ist ein preisgekrönter, international gefragter Porträt-, People- und Reportagefotograf, Videoproduzent und Künstler. Der gebürtige Grazer Jahrgang '76 hat nach einer künstlerischen Fotografieausbildung in Wien Ende der 1990er-Jahre in den Niederlanden Bildende Kunst und Design mit den Schwerpunkten Medienkunst, Fotografie und Bühnenbild studiert. Fotografie, Gestaltung und Technik unterrichtete er unter anderem an der Fotoakademie in Graz, bei staatlich geförderten Seminaren und im Einzelunterricht. Die Meisterprüfung im Handwerk Fotografie, ein Studium „TV- und Filmproduktion" sowie eine mehrjährige systemische, kybernetische Coachingausbildung in Deutschland komplettieren das Gesamtpaket.

www.kubiza.smugmug.com/

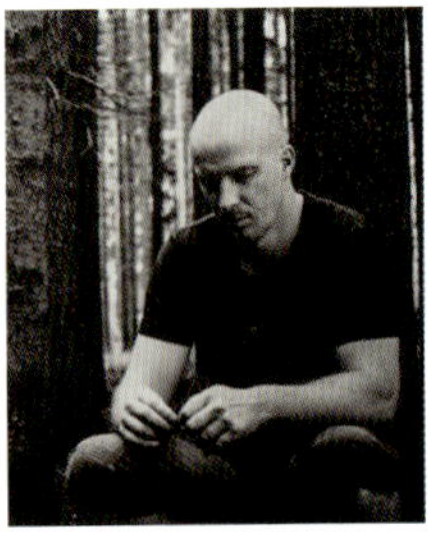

Leave a Scar

Geboren 1982 in Plauen (Vogtland). Seit 2009 wohnhaft in der Nähe von Bad Kreuznach. Ich beschäftige mich nun seit 2008 intensiver mit der Fotografie, über die ich eigentlich nur über die Bildbearbeitung gekommen bin. Mir ging immer das Material aus, und durch das Fotografieren konnte ich selbst für Nachschub sorgen. Die ersten Jahre lag mein Fokus auf Architektur und Landschaften, wie wohl fast jeder so angefangen hat. Man fotografiert einfach alles, was vor die Linse kommt. Seit 2011 immer häufiger Menschen vor die Kamera gezogen und seit Mitte 2013 ist Leave a Scar mein kleines Projekt, in dem ich aufgehe. Mein Fokus liegt hierbei auf Portraits, die nah, intensiv und intim sind. Ich mag das Ungestellte und lasse meine „Models" einfach so sein, wie sie sind. Ich liebe es, mit Tageslicht zu arbeiten, und experimentiere inzwischen auch mehr mit Kunstlicht und Mischlichtern mit verschiedensten Farbtemperaturen.

www.leave-a-scar.de

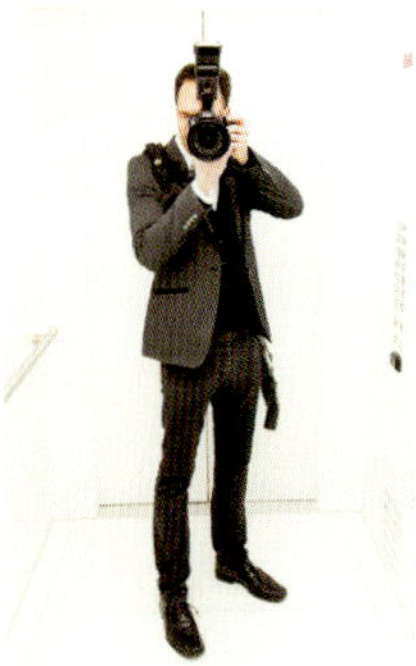

Marc Boesing

Seit 2006 versuche ich, meine Ideen und Vorstellungen in Fotos festzuhalten. Personen zu fotografieren wurde schnell meine große Leidenschaft und fasziniert mich immer wieder aufs Neue. Ob Beauty, Fashion, Akt oder auch mal eine Hochzeit – Menschen stehen dabei immer im Vordergrund.

Ich bin gespannt auf weitere interessante Projekte und neue Menschen, die ich kennenlernen darf.

www.marcboesing.de

Markus Hirner

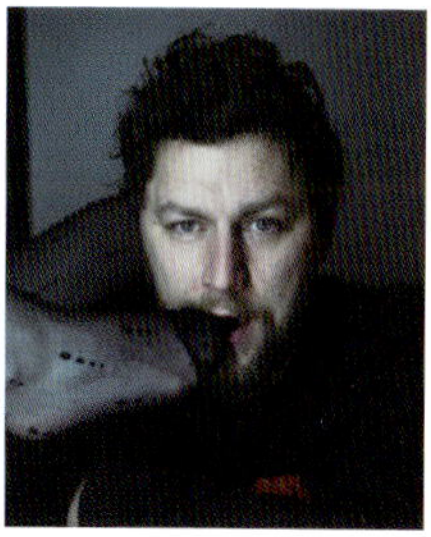

Eigentlich wollte ich nie und habe auch nie fotografiert. Komme eher aus der Richtung Zeichnen, Malen. Habe mich dann aus einer Laune heraus bei einem Fotografen um eine Ausbildung beworben (meine Bewerbungsmappe bestand aus einem Stapel von ca. 100 Bleistiftzeichnungen). Der war tatsächlich empfänglich dafür und hat mir einige Tage später meine erste analoge Spiegelreflex übergeben. Habe mich dann recht schnell in sie verliebt. Auch recht schnell habe ich die Arbeiten von Wolfgang Tilmans kennengelernt, die (immer noch) die Grundausrichtung für mein Verständnis von Fotografie gelegt haben. Hauptsächlich arbeite ich für die Werbung (Klamotten, Bier, Jungs/Mädchen, eigentlich alles). Der Verzicht von Klamotten ist manchmal notwendig, oft auch gut. Mehr nicht. Sobald die Nacktheit zum Selbstzweck wird, bin ich in der Regel raus ... Trotzdem besteht mein Portfolio aus viel Nacktem, weil die Nacktheit einen sehr viel tieferen und unverfälschteren Blick auf das Model freigibt.

www.markus-hirner.de

www.myfriendtona.tumblr.com

Melanie Plum

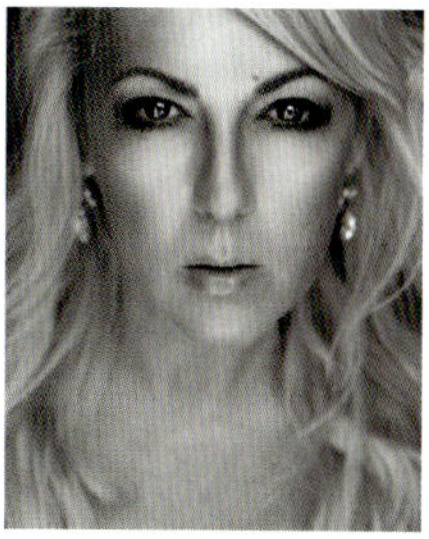

Autodidaktin und 2008 über das Modeln zur Fotografie gekommen. Ich lebe und arbeite im Raum Aachen. In meinen Bildern geht es um Geschichten, um Momente, Gefühle, eine Aussage. Mal verspielt, mal melancholisch, mal verträumt, mal traurig. Dabei versuche ich immer, das Besondere einzufangen, ob es in der Location, dem Model oder wie so oft im Verschmelzen von Mensch und Ort zu finden ist. All das, um den Betrachter zu bewegen, ihn zum Nachdenken zu bringen oder ihm ein Staunen zu entlocken. Oft ist dabei der Weg das Ziel und dieser Weg spiegelt sich in all meinen Bildern wider.

www.au-contraire.de

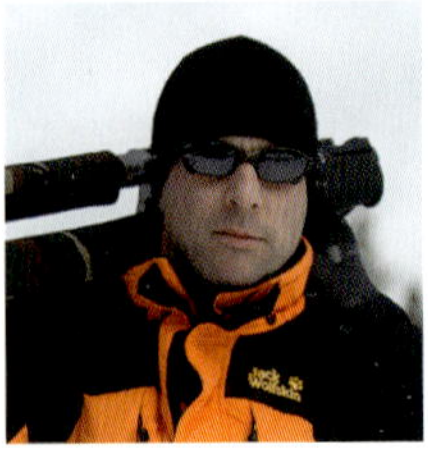

Peter Grüner

Zusammen mit meiner Frau reise ich gerne, bevorzugt in die Nationalparks in den USA (wo auch mein „Profilbild" entstanden ist). Hier in Deutschland befasse ich mich überwiegend mit der erotischen Fotografie von Frauen, bevorzugt in der freien Natur oder besonderen Locations. Dies dient mir als geistiger Ausgleich zu meinem Bürojob in einem großen Konzern und hält mich fit.

In den vergangenen zwei Jahren habe ich auch begonnen, in kleineren Gruppen mit maximal vier Personen Workshops zum Thema Aktfotografie zu geben.

www.500px.com/peter_gruener

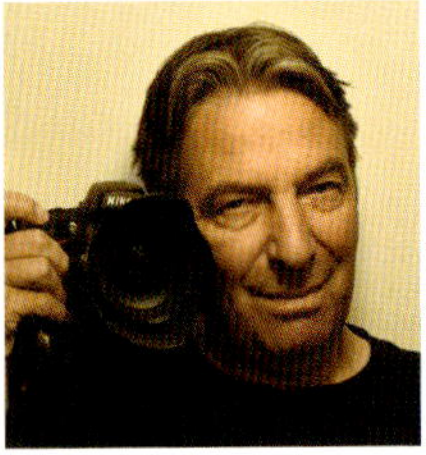

ValMont

Ich habe viele Jahre als freier TV-Kameramann Reportagen und Dokumentationen gedreht, und das hat meinen Stil, Models zu fotografieren, sehr beeinflusst: Ich benutze bei Außenaufnahmen immer nur das vorhandene Licht (available light) und auch innen soweit wie möglich das Tageslicht. Wenn ich künstliches Licht brauche, benutze ich Scheinwerfer, die ich so anordne, dass sie wie natürliches Raumlicht wirken. Aber auch meine Herangehensweise an das Bild selbst ist eher die eines Dokumentaristen. Denn für mich ist die Schönheit des Models das Kunstwerk, um welches es geht, und nicht das Bild, das ich von ihm mache. Meine Arbeit besteht also darin, das Kunstwerk „junge weibliche Schönheit" so authentisch wie möglich abzubilden. Daher hat Natürlichkeit für mich oberste Priorität, damit der Charme und die Unschuld des Augenblicks im Bild sichtbar werden. Aus den Aufnahmen forme ich dann Bildersets, die man auf meinem Onlinemagazin girls-mag.de zum Download ordern kann. Viele ambitionierte Amateurfotografen und zunehmend auch Profis nutzen diesen Service für ihre Inspiration.

www.val-mont.com

www.girls-mag.de

SCHLUSSWORT

Vor einer bunten Kiste Bonbons stehst du am Ende dieses Buchs. So habe ich mir das vorgestellt! Ein kleines Feuerwerk an Inspirationen und Ideen, mit denen du deine eigene Kreativität beflügeln kannst.

Mit Sicherheit gibt es noch viele Fragen und Dinge, die in diesem Buch nicht geklärt oder erklärt werden konnten. Ich bezweifle allerdings auch, dass das möglich ist, denn die Vielfalt an Bildbeispielen zeigt uns ja gerade, was für unendliche Möglichkeiten dir zur Verfügung stehen, wenn du dich nur darauf einlässt. Die beste Schule bleibt am Ende die Erfahrung.

Also möchte ich dir auch am Ende dieses Buches erneut zurufen:

Augen auf – und los geht's!

Register

Fotografieren mit Aha-Effekt

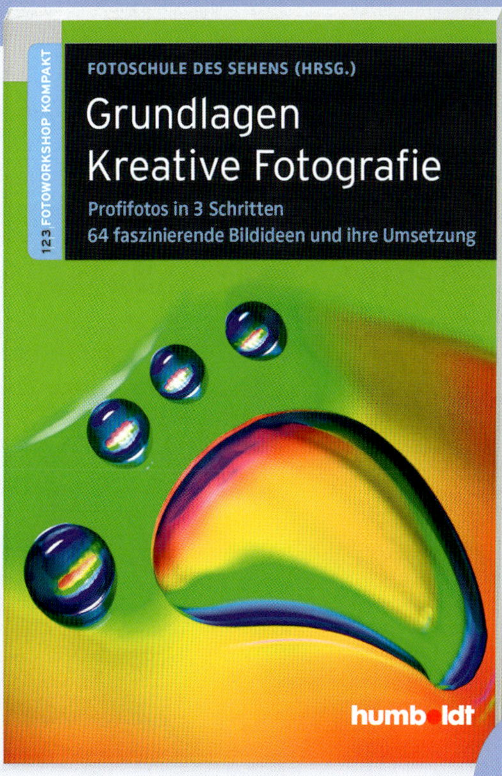

- 1,2,3 Fotoworkshop kompakt – die praktische Fotoratgeber-Reihe im Fototaschenformat!
- Für den gelungenen Einstieg in die Kreative Fotografie, kein theoretisches Wissen nötig!
- 64 faszinierende Bildideen und ihre Umsetzung
- Beispiele und Anleitungen für drinnen und draußen

Auch als eBook erhältlich

Stand Juli 2015. Änderungen vorbehalten.

Fotoschule des Sehens (Hrsg.)
Peter Uhl/Martina Walther-Uhl

Grundlagen Kreative Fotografie

224 Seiten, ca. 100 Fotos
11,8 x 17,0 cm, Broschur
ISBN 978-3-86910-215-3
€ 16,99 [D] / € 17,50 [A]

Weitere Bücher zum Thema: www.humboldt.de

humboldt
...bringt es auf den Punkt.

Bibliografische Information der Deutschen Nationalbibliothek
Die Deutsche Nationalbibliothek verzeichnet diese Publikation in der Deutschen Nationalbibliografie; detaillierte bibliografische Daten sind im Internet über http://dnb.ddb.de abrufbar.

ISBN 978-3-86910-216-0 (Print)
ISBN 978-3-86910-238-2 (PDF)
ISBN 978-3-86910-239-9 (EPUB)

Der Autor: Henrik Pfeifer fotografiert seit über 15 Jahren ausschließlich Menschen. Der Berliner Fotograf ist für viele Models und Schauspieler erste Wahl, wenn es darum geht, Persönlichkeit gekonnt in Szene zu setzen. Für diesen Ratgeber verzichtet er bewusst auf umfangreiches Equipment und zeigt, wie Hobbyfotografen – nur mit ihrer Kamera ausgerüstet – professionelle Ergebnisse in der Aktfotografie erzielen können.

Originalausgabe

Eine Marke der Schlüterschen Verlagsgesellschaft mbH & Co. KG,
Hans-Böckler-Allee 7, 30173 Hannover
www.schluetersche.de
www.humboldt.de

Lektorat: Dateiwerk GmbH, Nathalie Röseler, Pliening
Covergestaltung: Kerker + Baum Büro für Gestaltung, Hannover
Layout: Sehfeld, Hamburg
Coverfoto: Henrik Pfeifer, Berlin
Satz: PER Medien+Marketing GmbH, Braunschweig
Druck und Bindung: Grafisches Centrum Cuno GmbH & Co. KG, Calbe